한글날과
한글기념가의
역사

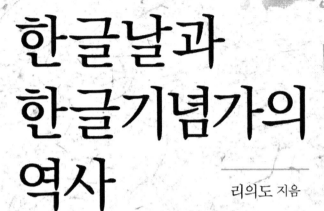

한글날과
한글기념가의
역사

리의도 지음

보고사
BOGOSA

머리말

한겨레는 수천 년을 겨레말로 소통하며 살아왔다. 15세기에 이르러서는 전례 없는 문자 한글을 창제하였다. 민주 사상과 창조 정신이 조화롭게 엉기어 빚어진 결정체였다. 20세기의 갓밝이에 국권이 흔들림에 이르자 한겨레의 선각은 겨레말의 힘과 한글의 가치를 재발견하여 널리 가르쳤다.

국권을 아주 잃고 질곡의 나날살이를 하는 동안 겨레말과 한글은 그 힘과 가치를 한껏 발휘하였다. 한겨레의 능력과 주체성의 상징이 되었으며, 한겨레의 길잡이가 되고 구심점이 되었다. 뜻있는 겨레는 겨레말 조선어를 부여안고 겨레정신을 추슬렀고, 조선어와 한글로써 그 질곡을 격파할 방도를 모색하였다. 조선어사전을 편찬했으며, 한글날을 제정하여 기념행사를 치르고, 한글기념가도 창작하였다. 그로부터 100년이 넘는 동안의 변천상은 한겨레의 현대사와 궤를 같이한다.

나는 일찍이 한글날의 유래와 역사를 추적하여 기술하고 몇몇 한글기념가를 찾아 알리기도 했는데, 2006년 9월 발표한 「한글날의 발전사」와 2011년 8월 발표한 「한글 노래의 변천사」가 그 대표적인 결과물이다. 그 후로도 관심을 거두지 않고, 시간을 늘리고 공간을 넓혀 참참이 자료를 찾아 모으고, 한편으로 잘못을 바로잡는 일도 하여 왔다. 그러던 중에 지난해 한무희 님의 은근하신 채근에 힘입어 이 책의 원고를 완성하게 되었다.

이 책은 크게 세 부분으로 나누어져 있는데, 먼저 제1편에서 대한제국 때부터 2022년에 이르기까지 한글날의 발전사를 추적하였다. 앞서 발표한 논문 「한글날의 발전사」를 토대로 삼았으나, 전반적으로 시간을 연장하고 내용을 크게 확장·확충하였으며, 짜임새도 고쳤다. 특히 제1장(대한제국 시기)과 제6장(북쪽의 훈민정음 기념일)은 논문에서 전혀 다루지 않았던 새로운 내용이다.

제2편에서는 앞서 발표한 논문 「한글 노래의 변천사」를 토대로 한글기념가의 변천상을 기술하였다. 시간을 늘려 잡고 내용을 크게 확충했는데, 오래 잊혀져 있던 여러 한글기념가를 찾아내어 소개한 것과, 2022년까지의 초등·중등학교 음악 교과서를 두루 살펴본 것은 앞선 논문에는 없던 내용이다.

제3편에는 제1~2편의 내용을 더 자세히, 또는 입체적으로 이해하는 데에 도움이 될 만한 자료들을 골라 원문대로 옮겨 실었다. 후반부에 수록한 다섯은 평양에서 간행된 신문들에서 옮겨 왔는데, 그 가운데 특히 둘은 신문의 복사 상태가 매우 좋지 않아 판독에 어려움이 많았다.

그리고 '참고 문헌'은 너무 방대하여 일부는 줄였다. '음악 교과서' 부분이 특히 그러하다.

1924년 2월 1일은 '훈민정음 창제 기념회'를 최초로 거행한 날이다.

흔히 알려진 '가갸날'보다 2년 10달이 앞서 치른 기념행사였다. 그러니 올해 2024년 2월 1일은 그로부터 100년이 되는 해이다. 그런 역사적인 날에 이 책의 머리말을 쓰게 되니 가슴이 벅차고 느낌이 새롭다. 질곡과 격동의 현장에서 겨레말을 지키고 가다듬는 일에 평생을 바치신 선각들의 음성이 들리는 듯하다.

고르지 못한 여건 속에서도 이 책을 펴내는 데에 아낌없는 지원을 해 주신 (주)자뎅의 윤영노 회장께 감사한다. 일찍이 한국 커피산업의 새로운 길을 개척하신 윤영노 님은 한편으로 한국의 인문학 발전을 위하여 물심양면의 도움을 베풀어 오셨다.

그리고 귀한 자료를 열람하는 데에 도움을 주신 분들과, 보고사의 이소희 님과 김규범 님께 고마움을 전한다. 소희 님은 따뜻한 눈길과 친절한 손길로 번거로운 원고를 말끔히 편집해 주셨고, 규범 님은 호소력 있는 표지를 만들어 주셨다.

여러 이웃의 배려와 도움으로 나오게 되는 만큼, 이 책이 우리 공동체에 조금이나마 이바지되기를 빈다.

2024년 2월 1일
지은이 리의도

일러두기 – 표기에 관하여

1. 본문과 각주는 한글로 표기함을 원칙으로 하였다. 참고용으로 한자를 덧붙일 때에는 ( ) 없이 작게 표기하였다.
2. 유의해야 할 낱말이나 구절에는 따옴표(' ')나 흰고리점(°), 또는 밑줄을 삽입하였다. 따온글에서도 마찬가지이다.
3. 신문과 책, 그에 버금가는 것은 『 』(겹낫표)를 둘러 표시하고, 논문을 비롯하여 글, 기사, 작품, 법령 등은 「 」(낫표)를 둘러 표시하였다. 다만, 『 』는 경우에 따라 생략하기도 하였다.
4. 지명을 비롯하여 학교, 제도, 직업, 직책 등의 명칭은, 특별한 맥락을 제외하고는, 그 사용 당시의 것을 사용하였다.
5. 곳곳의 "(☞~)" 표시는 '~을 참조하라'는 뜻이다.
6. 따온글(인용문)과 '참고 문헌'의 표기는 원문대로 함을 원칙으로 하되, 아래와 같은 요령으로 가다듬기도 하였다.
   (1) 한자는 되도록이면 한글로 바꾸어 쓰되, 당시의 표기 양상을 보이기 위하여 더러는 원문대로 두었다.
   (2) 원문대로 쓴 한자에는 위 1의 요령에 따라 한글을 덧붙였다. 다만, ( ) 속에 쓴 한자는 원문 그대로 쓴 것이다.
   (3) 한글은 대부분 원문대로 표기했는데, 필요에 따라 오늘날의 「한글 맞춤법」 규정에 맞게 고쳐 표기한 것이 있다.
   (4) 띄어쓰기는 오늘날의 규정에 맞게 다듬었는데, 시(노래말)에 한하여 더러 원문을 따랐다.
   (5) 『 』, 「 」, 《 》 등의 부호는 원문대로 썼다. 다만, 이해의 편의를 위하여 반점(,)을 추가하기도 하였다.
   (6) 세로판은 가로판으로 바꾸었다.

차례

머리말 … 5

일러두기 … 8

제 1 편 한글날의 발전사 ——————————— 15

1. 대한제국 시기 ……………………………………… 16

1.1. 훈민정음 창제일과 반포일에 대한 이해 …………… 16

1.1.1. 국문 연구 위원의 「국문 연구」 ………………… 16

1.1.2. 국문연구소의 「국문연구 의정안」 ……………… 19

1.2. 훈민정음 창제 기념식 염원 ……………………… 22

2. 항일 투쟁 시기의 한글날 ………………………… 26

2.1. 훈민정음 창조 기념 ……………………………… 26

2.1.1. 훈민정음에 대한 애정과 인식 ………………… 26

2.1.2. 훈민정음 창조 기념회 ………………………… 29

2.2. 훈민정음 반포 기념 축하 ………………………… 33

2.2.1. 병인년(1926년)의 역사적 의의 확인 …………… 33

2.2.2. 반포일을 '음력 9월 29일'로 잡음 ……………… 36

2.2.3. 반포 8회갑 기념 '가갸날' 축하회 계획 ………… 39

2.2.4. 반포 8회갑 기념 '가갸날' 축하회 거행 ………… 44

2.2.5. 조선어연구회 단독의 기념 축하회 ·················· 49

2.2.6. 가갸날의 영향과 효과 ································ 51

2.2.7. '가갸날'이라는 이름에 대한 논란 ·················· 58

2.2.8. '한글날'로 고쳐 부름 ······························· 62

2.2.9. '기념식'으로 자리잡음 ····························· 66

2.2.10. 날짜를 '양력 10월 28일'로 고쳐잡음 ············· 68

2.2.11. 『훈민정음』 해례본 발견 및 '10월 9일' 확정·공표 ······· 72

3. '공휴일' 시기의 한글날 ······································· 77

3.1. 1945년 한글날 기념행사 ···························· 77

3.2. 500돌 한글날 및 임시 공휴일 ······················ 81

3.2.1. 500돌 기념행사 ································· 81

3.2.2. 500돌의 효과 및 지방의 기념행사 ············· 86

3.3. 법정 공휴일이 됨 ·································· 90

3.4. 한국전쟁 동안의 한글날 ···························· 96

3.5. '법정 국경일 제정' 건의 ····························· 98

3.6. 중앙 기념식의 이모저모 ··························· 108

3.7. 중앙 기념식의 주최권을 정부로 넘김 ·············· 114

4. '법정 기념일' 시기의 한글날 ································· 116

4.1. 법정 기념일이 된 한글날 ·························· 116

4.2. '법정 공휴일 제외' 움직임과 그 반대 운동 ·········· 120

4.3. '법정 국경일 제정'으로 목표 전환 ·················· 123

4.3.1. '법정 국경일 제정' 운동의 재점화 ············· 123

4.3.2. 법률 개정 운동의 전개 ····················· 125

4.3.3. 「국어기본법」 속의 한글날 ···································· 130

5. '법정 국경일' 시기의 한글날 ······································· 133

5.1. '법정 국경일'이 됨 ··· 133

5.2. 다시 '법정 공휴일'이 됨 ······································ 136

5.3. 경축식의 이모저모 ·· 138

6. 북쪽의 훈민정음 기념일 ·· 141

6.1. 훈민정음 창제 기념일 ··· 141

6.1.1. '1월 15일'의 등장 ··· 141

6.1.2. '훈민정음 창제 기념일'의 첫 행사 ···················· 144

6.1.3. 1950~1963년 동안의 창제 기념일 행사 ············· 146

6.1.4. 1964년 이후의 창제 기념일 행사 ····················· 152

6.2. 『훈민정음』 해례본 저작 기념일 ························· 156

제 2 편 한글기념가의 변천사 ························· 159

1. 대한제국 시기의 한글기념가 ····································· 160

2. 항일 투쟁 시기의 한글기념가 ···································· 165

2.1. 전라남도 지역의 「가갸날 노래」와 「한글노래」 ·········· 165

2.2. 『조선일보』의 「한글기념가」 ······························· 169

2.3. 일로 지은 「글날 노래」 ······································ 170

3. 광복 직후의 한글기념가 ··· 173

3.1. 이극로 작사의 「한글노래」 ·································· 173

12

3.2. 「한글노래」 부르기의 확산 ························· 180

3.2.1. 1945년의 「한글노래」 부르기 ····················· 180

3.2.2. 1946~1949년의 「한글노래」 부르기 ··············· 181

3.3. 「한글 반포 오백년 기념가」 ······················ 184

3.4. 또 다른 노래 「한글날」 ························· 187

4. 한국전쟁 직후의 한글기념가 ························· 189

4.1. 최현배 작사 「한글의 노래」 ···················· 189

4.2. 두 가락의 「한글의 노래」 ······················ 193

4.2.1. 나운영 작곡 「한글의 노래」 ·················· 193

4.2.2. 박태현 작곡 「한글의 노래」 ·················· 199

4.3. 「한글의 노래」 가사의 차이 ···················· 202

5. 노래 제목의 바뀜 ····························· 208

5.1. 「한글 노래」로 제목이 바뀜 ····················· 208

5.2. 「한글날 노래」로 다시 바뀜 ···················· 212

제 3 편 자료 ———————————— 219

01. 1909. 훈민정음 창제·반포에 관한 「국문 연구」의 내용 ············ 220

02. 1443/1446. 훈민정음 창제·반포에 관한 사료(한문본) ············· 222

03. 1946. 「500돌 한글날 담화」_문교부장 유억겸 ··············· 225

04. 1949. 「503돌 한글날 담화문」_대통령 이승만 ··············· 227

05. 1956. 「한글은 겨레정신의 결정」_최현배 ················· 229

06. 1962. 516돌 한글날 기념식 「기념사」_세종기념사업회 회장 김상협 ··· 233

07. 1965. 「(519돌) 한글날에 즈음하여」_대통령 박정희 ················ 235

08. 1966. 「건의서-한글날을 국경일로 정하는 일-」_한글학회 등 ······ 238

09. 1969. 523돌 한글날 기념식 「식사」_한글학회 이사장 최현배 ········ 240

10. 1976. 530돌 한글날 기념식 「식사」_한글학회 이사장 허웅 ········· 243

11. 1979. 533돌 한글날 기념식 「식사」_세종기념사업회 회장 이관구 ···· 246

12. 1981. 535돌 한글날 기념식 「기념사」_국무총리 남덕우 ············· 250

13. 1990. 544돌 한글날 기념식 「기념사」_국무총리 강영훈 ············· 253

14. 1991. 「그래도 한글날은 국경일이어야 한다」_리의도 ················· 256

15. 1991. 「한글날은 국경일로 격상돼야」_리의도 ······················· 266

16. 2006. 560돌 한글날 경축식 「경축사」_대통령 노무현 ················ 268

17. 2008. 한글날 경축사는 오류투성이_『헤럴드경제』 ·················· 271

18. 1954. 「훈민정음 창제의 력사적 의의」_김병제 ······················ 274

19. 1954. 「조선 인민의 문자」_리극로 ································· 279

20. 1954. 「우리 문자의 과학성과 인민성」_김수경 ······················ 284

21. 1962. 「자랑스러운 우리의 민족 문자」_류렬 ························ 289

22. 2004. 「자랑스러운 민족 글자 훈민정음」_김인호 ···················· 294

참고 문헌 ───────────────────── 297

찾아보기 ─────────────────────── 331

제1편

한글날의 발전사

우리 겨레가 한글날을 정하고 행사를 벌이기 시작한 것은 주권을 잃은 채 근근이 살아가던 1926년이다. 그때의 이름은 '한글날'이 아니었고 날짜도 10월 9일이 아니었다. 그런데 그 이전에도 한글날을 기념하는 행사가 있었으며, 훈민정음 기념에 대한 관심의 표출은 대한제국 때부터 있어 왔다. 그런가 하면 남북 분단 이후 북쪽에서는 한글날과는 다른 기념일을 쇠고 있다.

이 자리에서는, 한글날의 그러한 발전 과정을 상세히 정리하고, 기념행사의 중요 내용도 살펴보고자 한다. 되짚어 볼 대목도 있고, 좀더 상세히 밝혀 두어야 할 내용도 있다. 살필 기간은 대한제국 때로부터 2023년 6월까지로 하며, 편의상 그 전체를 대한제국 시기(1897~1910년), 항일 투쟁 시기(1910~1944년), 공휴일 시기(1945~1990년), 법정 기념일 시기(1991~2005년), 법정 국경일 시기(2006~2023년)로 나누고, 시간의 흐름에 따라 진행하기로 한다. 특히 항일 투쟁 시기의 사정에 대하여 비교적 상세히 살펴볼 것이며, 분단 이후 북쪽의 기념일에 대해서도 다룰 것이다.

1. 대한제국 시기

1.1. 훈민정음 창제일과 반포일에 대한 이해

1.1.1. 국문 연구 위원의 「국문 연구」

15세기 중엽, 세종임금은 새로운 문자 훈민정음을 온 백성 앞에 내놓았다. 그 아들 세조임금은 아버지의 뜻을 이어 훈민정음의 보급에 정성과 국력을 기울였다. 그런데 그 이후 점차로 훈민정음에 대한, 조정의 관심과 노력이 소홀해졌으며, 대다수 지식인이 훈민정음의 가치와 효용을 깨닫지 못하거나 인정하지 않았다. 그러한 상황이 오래 계속되면서, 한겨레의 문자 생활은 혼란스러워졌고, 대다수 민중은 훈민정음의 혜택을 누리지 못하였다.

생겨나고 400년이 훨씬 지난 후에야 훈민정음은 '나라의 문자', 곧 '국문'으로 공식화되었다. 1895년 5월 8일, 대한제국大韓帝國의 황제가 '모든 법률과 명령은 國文국문으로써 본을 삼는다'는 내용을 포함한 「칙령 제86호」를 공포한 것이다. 그로부터 12년이 지난 1907년 7월에는, 국문에 관한 모든 것을 연구할 국가 기관으로 '국문연구소'를 학부學部에 설립하고, 전문가 몇 명을 그 위원으로 위촉하였다. 그 연구소에서는 연구 주제를 10개로 정하고, 먼저 각 주제에 대한, 위원들의 연구 보고서를 받았으니, 그것이 「국문 연구」(필사본)[1]이었다.

---

1 「국문 연구」는 위원별로 제출한 연구 보고서이다. 애초 이름은 「국문 연구안」이고,

제1 주제가 '국문의 淵源연원과 字體자체 및 발음의 연혁'이었으니, 그 주제에 대한 「국문 연구」 중에서 국문의 연원과 관련한 내용을 가려내어 알기 쉽게 가다듬어 올리면 아래와 같다.

(1) '국문의 연원'에 관한, 「국문 연구(1909.03)」의 내용[2]

   (ㄱ) 어윤적 = 세종대왕은 하늘이 내리신 성인으로서 〔줄임〕 즉위 25년 계해년 겨울에 28자를 새로 지으시니 이름이 언문諺文이다. 궁궐 안에 국局을 여시고 문신文臣 정인지 신숙주 성삼문 최항에게 상세히 풀이를 붙이라 분부하시고 〔줄임〕 3년이 지난 병인년에 한 책을 완성하니, 그 이름을 훈민정음이라 하라 분부하시어 <u>민간에 반포</u>하니.

   (ㄴ) 이능화 = 세종대왕 28년 병인년에 자음자 · 모음자 28자를 지으시어 언문이라 명명하시고 이를 <u>민간에 반포</u>하시니.

   (ㄷ) 주시경 = 세종대왕께서는 하늘이 내리신 큰 성인으로, 국어에 알맞은 문자가 없음을 깊이 생각하시고 친히 국문 28자를 창제하시어 계해년 겨울에 완성하시고, 이름을 훈민정음이라 하여 28에 반포하시니.

위에서 보듯이 어윤적(1868년 출생), 이능화(1869년 출생), 주시경(1876년 출생)의 보고 내용은 대체로 비슷하다. 그 근거 사료는 『세종실록』을 비롯하여 「신숙주 行狀행장」, 『동각 잡기』, 『문헌비고』 등이었

제1 주제에 대한 보고서들을 제출한 최초 시점은 1907년 10월 말경이었다. 그런데, 사업의 마무리 단계에서 학부에 제출할 '종결 보고서(1909.12.28)'에 첨부하기 위하여, 위원마다 이미 제출한 각자의 「국문 연구안」을 다시 정리하여 1909년 3월 제출했으니 그것이 「국문 연구」이다(이기문 1970.05 : 77). 「국문 연구안」은 아직 접하지 못하며, 따라서 세부 내용의 차이는 확인할 수가 없다.

2 「국문 연구」의 원문은 이기문(1970.05)의 부록(影印)에 있는 것을 이용하였다. 「국문 연구 의정안」 등도 마찬가지이다. (ㄱ)~(ㄷ)의 원문은 제3편에 자료 01로 싣는다.

을 것으로 짐작되는데, 『세종실록』[3]의 관련 기록만 번역하여 간략히 올리면 아래(원문☞ 제3편의 02)와 같다.

㉮ 『세종실록』 25년 계해 12월
　이달에 임금께서 친히 언문 28자를 지으셨다. 그 문자는 옛 전자篆字를 닮았으며, 〔줄임〕 글씨가 비록 간략하나 전환이 무궁하다. 이를 훈민정음이라 한다.

㉯ 『세종실록』 28년 병인 9월
　㉠ 이달에 훈민정음이 완성되었으니, 임금께서 글을 지어 이렇게 이르시었다. '우리 말소리가 중국과 달라서 〔이하 줄임〕'
　㉡ 예조판서 정인지는 발문(跋文, 후기)에서 〔줄임〕 '계해년 겨울에 우리 임금께서 정음 28자를 창제하시고, 간략히 보기와 취지를 게시하여 그것을 보이시고, 이름을 훈민정음이라 하시었다.'
　㉢ 드디어 '풀이를 상세히 붙이어 모든 사람을 깨우치게 하라.'고 분부하시었다. 이에 신은 〔줄임〕 이선로 등과 더불어, 삼가 여러 풀이와 용례를 짓고, 그 대강을 서술하였다.

　앞에 올린 (1)의 내용을 여기 ㉮~㉯의 기록들과 비교해 보면, 어윤적이 '궁궐 안에 국局을 열다'라고 한 것은 『세종실록』에는 없던 내용이다. 그 후에 생산된 「신숙주 행장」, 『동각 잡기』, 『문헌비고』 등의 기록을 그대로 인용한 것으로 보인다. 그리고 어윤적과 이능화가 적은

---

3 『세종실록』의 편찬은 세종임금이 승하하고 4년이 지난 1454년 3월에 완료하였다. 그 편찬 과정에서 『훈민정음』 원본(해례본)을 두루 참조했을 것은 더 말할 나위가 없다.

'민간에 반포⁴' 및 주시경이 적은 '28년에 반포'도 『세종실록』은 물론
이요 다른 문헌에도 없던 내용이다. 그럼에도 세 위원은 각자의 「국문
연구」에서 하나같이 '세종 28년(병인년)에 민간에 반포하시다'라고
기술하였다. 하지만 반포의 대상에 대해서는 견해가 엇갈렸으니, 어
윤적은 '책'을, 이능화와 주시경은 '문자'를 반포하였다고 하였다.

1.1.2. 국문연구소의 「국문연구 의정안」

국문연구소에서는 제1 주제에 대한 개별 보고서 「국문 연구」를 받
은 날로부터 10달쯤 지난 1908년 9월 1일의 전체회의⁵에서, 앞의 (1)
에 올린 내용들에 대해서 심의하여 의결하였다(이기문 1970.05 : 51).
의결한 내용은 '종결 보고서'인 「국문연구 議定案의정안」에 기록되어
있는데, 알기 쉽게 다듬어 올리면 (2)와 같다.

(2) 「국문연구 의정안(1909.12.28)」
　　세종대왕께서 즉위 25년 계해년에 국문 28자를 새로 지으시고, 정인
　　지 신숙주 성삼문 최항 등에게 해석을 상세히 붙이게 명하시어, 한 책을
　　이루니 훈민정음이라 명명하시고, 3년이 지나 병인년에 민간에 반포하
　　시다.⁶

4　낱말 '頒布반포'는 『태조실록』에서부터 많이 쓰였고, 훈민정음 관련 기록만 하더라도
　　『세종실록』 권103 : 21에 "(세종 26년 2월 20일) 鄭昌孫曰 頒布三綱行實之後〔정창손
　　이 말하기를 '삼강행실을 반포한 후에도'〕와 같은 기록이 있다.
5　당시의 위원은 8명이었다. 어윤적, 이능화, 주시경, 권보상, 송기용, 지석영, 이민응,
　　윤돈구.

「국문연구 의정안」의 본문 1~2쪽. 왼쪽 끝의 3줄
가운데쯤에 "世宗大王게옵셔"가 보인다.

병인년에 이르러 상세히 해석한 책을 민간에 반포하였다고 결론한
것이다.

(1)과 (2)를 통하여 우리는, 훈민정음의 창제와 반포에 대한, 대한제
국 지식인들의 이해의 한 측면을 확인할 수 있다. 그 골자를 다시

---

6 이 부분의 원문은 아래와 같다.
  "世宗大王게옵셔 즉위 25년 癸亥계해에 국문 28자를 新制신제ᄒ시고, 정인지 신숙
  주 성삼문 최항 등을 命명ᄒ샤 해석을 祥加상가ᄒ야, 一書일서를 成성ᄒ니 훈민정음
  이라 명명ᄒ시고, 越三年월3년 丙寅병인에 민간에 頒布ᄒ시다."
  그런데 4달 전, 곧 전체회의 직후에 작성한 '議決錄의결록(1908.09.01)'에는 아래와
  같이 기록되어 있다.
  "세종대왕게옵셔 25년 癸亥에 국문 28자를 刱造창조ᄒ샤 훈민정음이라 명명ᄒ시
  고, 越三年 丙寅에 민간에 頒布ᄒ시다."
  두 기록을 비교해 보면, 「국문연구 의정안」에서 '刱造'가 '新制'로 바뀌고 "정인지
  신숙주 ~ 一書를 成ᄒ니"라는 구절이 추가되었음을 확인할 수 있다.

한번 간추리면 이러하다.

- 세종 25년(癸亥年) 겨울(음력 12월)에 임금께서 문자[7]를 새로 지으시다.
- 임금께서 정인지·신숙주·성삼문·최항 등에게 (모든 사람이 새 문자를 깨우칠 수 있도록) 풀이를 상세히 붙이라고 명하시다.
- 세종 28년, 1446년(丙寅年)에 그 풀이가 책으로 완성되니 『훈민정음』이라 하시고, 이를 민간에 반포하시다.

창제와 반포의 단계로 나누어, 문자를 창제하신 때는 음력으로 서기 1443년(계해년) 12월이고, 민간에 널리 반포하신 것은 1446년(병인년)이라는 것이었다. 새 문자를 창제하신 세종은 신하들로 하여금 해설서를 편찬·간행하게 하셨고, 그 해설서가 완성되자 그 책과 함께 문자를 민간에 반포[8]하신 것으로 보았다. 다시 말하면 1446년은 해설서 『훈민정음』을 간행한 해이며, 동시에 문자 훈민정음을 민간에 널리 반포한 해로 이해한 것이다.

  2.1~2.2에서 보게 될 바와 같이, 그 후로 대다수 지식인은 그렇게 이해하였다.

---

7 그 문자를 가리켜, 어윤적과 이능화의 보고서에서는 '언문', 주시경의 보고서에서는 '국문'이라 하였다.
8 특별한 의식이나 행사를 치렀다는 기록은 없다.

1.2. 훈민정음 창제 기념식 염원

대한제국 시기에 훈민정음을 기념하는 행사가 있었을까? 이러한
의문과 관련하여 아래[9]의 기록이 눈길을 끈다.

(3)   우리글 創製창제 紀念歌기념가
   1. 높이 소슨 장백산에 곻은 天然界천연계 / 여적 우리 씨가 처음으로
      생겻네 / 특별한 땅 특별한 씨 우리 天賦천부로 / 저로 쓸 말 내섯네
      〈후렴〉 만세 만세 우리말 만세 / 만세 만세 우리글 만세
                우리 맘에 늘 이날을 굳게 삭이세 / 삭이세 늘 이날을
   2. 거룩하고 밝은 우리 先王선왕 세종조 / 말에 맞은 글을 새로 지여내시
      니 / 아름답고 아름답다 우리 나라 글 / 特性특성을 그럿도다
   3. 동서양에 列強열강들을 삻어보건대 / 말과 글이 구역 달나 각각 달
      도다 / 大韓帝國대한제국 말과 글을 발전하기는 / 우리의 擔負담부 重
      중하네
   4. 腦髓뇌수 중에 祖國精神조국정신 배양하기는 / 國文국문 崇用숭용함이
      제일 필요하도다 / 輕便경편하고 簡易간이하다 우리 국문은 / 세계에
      웃듬일세
   5. 기부도다 기부도다 오날날이여 / 국문 창제 기념식 거행해 보세 / 바
      라노라 어서 속히 연구하야서 / 영원히 빛내 뵈세
                                              - 이규영 1913.09 : 19.

한겨레의 말과 글에 관하여 읊은, 노래말 형식의 글이다. 제5절의 "국

---

9 오늘날의 표준에 맞추어 표기한 것을 제2편(한글기념가의 변천사)의 1에 싣는다.

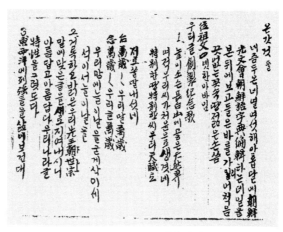

『온갖것』 둘의 1~2쪽.

문 창제 기념식 거행해 보세"라는 구절에서 훈민정음 창제 기념식의
거행에 대한 염원을 넉넉히 읽어낼 수 있다. 한글과 관련하여 '기념
식'을 발설한 최초의 기록인 듯하다. 당시에 활자화하지는 않은 것으
로 보이는데, 그렇다 하더라도 이 기념가의 역사적 의의는 가볍지
않다.

　이것은 한힌샘 주시경의 문하생[10] 이규영이 필사하여 남긴, 자신의
비망록『온갖것』에 기록되어 있는 내용이다. 그는『온갖것』의 내용을
'하나', '둘', '셋'으로 구분하여 묶었는데, '조선광문회 조선어자전字典
편집하는 일을 본 뒤에 보고 들은 바를 가리어 적은' 것들의 묶음을
'둘'이라 하였다. 이 기념가는 그 '둘'의 맨 첫 자리에 적혀 있다. 보고

---

10 이규영은 한힌샘이 운영하던 조선어강습원 중등과의 1911학년도(1911.09.~1912.03.)
　　수강생이었는데, 사제의 관계가 돈독하였다.

들은 바를 가려 적었을 뿐이지, 그가 지은 것은 아니다. 다만, 「우리글 창제 기념가」라는 제목은 기록 과정에서 이규영이 붙인 듯하며, 원이름은 '국문 창제 기념가'였을 것으로 추정된다. 지은이를 특정하기는 쉽지 않은데, 한힌샘 주변의 인물일 개연성이 높다.

그러면 이 기념가는 언제 지어졌을까? 이에 대한 답의 실마리는 이규영의 기록에 있는 '조선광문회 조선어자전'에서 찾을 수 있다. 그 자전은 한힌샘과 그의 제자 세 사람이 편찬한 『말모이』를 가리킨다. 그 세 사람은 김두봉과 권덕규와 이규영인데, 이규영은 1912년 3월 조선어강습원 중등과를 마쳤으니 그 무렵에 합류했을 보인다. 그렇다면 이 노래말은 이규영이 『말모이』 편찬 작업에 합류하기 전, 다시 말하면 '1912년 3월' 이전에 지어졌다고 보아야 할 것이다.

노래말의 내용에도 창작 시기를 짐작하게 하는 대목이 있으니, 제3절에 있는 '대한제국'이 그것이다. 대한제국이 무너진 1910년 8월 29일임을 생각할 때에, 이 노래는 그 이전에 지은 것으로 보아야 할 것이다. 좀 더 좁히자면, 나라에서 국문연구소를 설립하고(☞1.1), 한힌샘이 개인적으로 '하기夏期 국어강습소'를 개설한 1907년 7월 즈음이 아닐까 추정해 본다.

그런데, 그즈음에 '국문 기념식'을 거행했다는 기록은 접하지 못하고 있다. 위의 "국문 창제 기념식 거행해 보세"라는 대목에 근거하여, 김민수(1980.06 : 67)에서는 당시에 기념식이 거행된 듯이 보인다고 하였다. 하지만 그 시기와 장소와 참석한 사람, 세 요소 가운데 어느 하나도 밝혀진 것이 없다. 게다가 "거행해 보세."는 식을 거행하는 현장에 부합하는 표현이 아니다. 제4~5절의 전체적인 내용은 '조국

정신'을 배양하기 위하여, '국문을 높이 받들어 사용하는(國文崇用)' 기풍을 일으키기 위하여 국문 창제 기념식을 거행해 보자는 제안이다. 이제부터 그렇게 해 보자는 호소이며, 그 실행에 대한 염원이다.

이런 점들을 고려하면 노래말의 존재만으로 기념식을 거행했다고 단정하기가 어려워진다. 하지만 실행하지 못했다 할지라도 그즈음에 그런 취지로 '국문 창제 기념식'을 구상하고 제안한 것은 분명하다. 그것만으로도 「우리글 창제 기념가」의 역사적 의의는 가볍지 않다. 그리고 그즈음 서양 음악의 가락(선율)에 조선어 가사를 붙여 부른 애국가들이 있었던 것을 생각할 때에, 이 기념가도 그렇게 불렸을 개연성을 배제할 수 없다(☞제2편의 1).

하지만 그 선각의 염원과는 딴판으로 한겨레는 끝내 '조국'을 지키지 못하고, 1910년(경술년) 8월 29일 대한제국의 주권을 일본에게 강탈당하고 말았다.

2. 항일 투쟁 시기의 한글날

2.1. 훈민정음 창조 기념

2.1.1. 훈민정음에 대한 애정과 인식

1919년의 삼일항쟁에 당황해진 일제는 이른바 '문화 정치'를 표방하였다. 각 방면의 한겨레 유지有志는 그 틈을 이용하여 저마다 의미있는 사업과 활동을 적극적으로 펼쳤다. 1920년 3월 5일 『조선일보』 창간, 4월 1일 『동아일보』 창간도 그때의 산물인데, 그밖에 각종 잡지도 창간했으니, 그러한 매체를 통하여 한겨레의 언어와 문자에 대한 글들이 대중 속으로 퍼져 나갔다.

음력 1923년(癸亥年) 새해 첫날(양력 2월 16일)의 『조선일보』 제1면 첫자리에 「조선 正音정음의 元始원시된 舊曆구력 癸亥계해」가 실리었다. 꽤 긴 사설社說인데 중요 내용은 아래와 같았다.

(4) 오늘은 곳 음력 癸亥계해 정월 1일인딕, 역사를 按안ㅎ건딘 480년 전 세종 25년 계해 12월에 上상이 친히 古篆고전을 倣방하야 28개 子母字자모자를 制제하사 초·중·종성을 분별하야 그를 합하야 成字성자가 되게 하옵신바 書字서자가 비록 간단하나 전환이 무궁하니, 此차가 곳 훈민정음인딕〔줄임〕인류사회에 가장 寶貴보귀한 문자를 大대성인의 叡裁예지로 창제된 8회 周甲주갑인 금년을 逢봉하야〔줄임〕각 개인 뇌중에 금년이 즉 우리의 문화가 大明대명한 계해의 8회 周甲이라는 기념이 無무하면 不可불가하도다.[11] - 조선일보 1923.02.16 : 1.

1923년(계해년), 곧 올해는 세종께서 보배롭고 귀한 훈민정음을 '창제'하신 세종 25년(계해년)으로부터 '8회 주갑'이 되는 해이니, 우리 겨레는 저마다 마음에 새겨야 한다고 역설한 것이다. '8회 주갑'이란 세종 25년, 곧 1443년으로부터 8번째 회갑(60년×8＝480년)이 되는 해라는 의미였다. 그러한 셈의 시작점은 1.1에서 확인한, 『세종실록』의 기록 ㉮와 ㉯ㄴ, 곧 '세종 25년 계해 12월(겨울)에 임금께서 28자를 지으셨다~창제하셨다'라는 기록이었음은 더 말할 나위가 없다.

'설날 아침'이라는 게재 시점, 그리고 첫째 면의 2개 단을 거의 다 채운 분량 등으로도 그 신문사에서 이 사설에 쏟은 정성을 짐작할 수 있는데, 훈민정음과 관련하여 '기념'을 널리 공론화公論化한 글로는 처음이었다. 조선일보사에서는 그로부터 11달쯤 지난, 그해(계해년) 음력 12월 1일(양력으로는 1924년 甲子年 1월 6일)치 지면에 다시 아래와 같이 시작하는 「조선 문화의 大대기념」이라는 사설을 실었다.

⑸ 甲子갑자 新元신원의 축배를 든 지 6일이 되는 是日시일에 다시 계해년 일을 말하는 것은 舊曆구력으로는 아즉도 癸亥의 殘冬잔동이 남아 잇셔 是日이 비로소 계해 12월 初吉초길인바, 이 계해 12월은 반만년 大역사를 누리는 우리 2천만 大민중의 精華정화가 爛漫난만한 『우리글』[12] 곳 조선문 혹은 언문이라 하는 문자를 우리 세종조께옵셔 距今거금 481년 계해(세종 在位재위 25년) 是月시월에 창조하시던 제8회 還曆환력이니, 그

창조가 계속적 연구로 된 것임으로 何日하일인 것은 摘示적시함이 업스나 세종실록, 日省錄일성록, 기타 史牒사첩에 『是年시년 是月에 上親製諺文二十八字 〔줄임〕 是謂訓民正音』이라 한 것을 보면 是月은 적확한 것으로, 是月 初吉 되는 是日로써 그 還曆이라 하야 년년히 是日로 우리 문화의 大기념일이라 하는 것도 쏘한 適當적당한 것이라 하노라.[13] - 조선일보 1924.01.06 : 1.

이 사설에서 훈민정음 '창조일'을 구체적으로 제안하였다. 『세종실록』을 비롯하여 여러 역사서의 기록으로 볼 때에 새 문자를 창조하신 때가 음력으로 계해년 '12월'임은 분명한데, 며칠인지는 적시한 기록이 없으니 그달의 '初吉초길' 곧 '1일'을 가려, '12월 1일'을 훈민정음 창조일로 보는 것이 적당하다고 결론하였다. 그리하여 그날로부터 '제8회 환력', 곧 8번째 회갑이 되는 음력 1923년 12월 1일에 이 사설을 게재한 것이었다.

위의 두 사설을 통하여, 당시 한겨레 지식인의 인식과 노력의 조각을 확인할 수 있다. 그들은 겨레문자 훈민정음에 큰 관심을 기울였으며, 음력으로 1923년(계해년)을 훈민정음 창조~창제 8번째 회갑(480년)이 되는, 매우 의미 깊은 해로 인식하였다. 한글을 한겨레의 귀중한 보물로 인식했으며, 한글에서 겨레의 고난을 극복할 실마리를 찾아보고자 애를 썼던 것이다.

---

13 〔낱말 풀이〕'甲子'→ 갑자년. '新元'→ 정월 초하루. '是日'→ 이날. '舊曆'→ 음력. '初吉'→ 초하루, 1일. '距今'→ 이제로부터 거슬러. '是月'→ 이달. '還曆'→ 환갑. '何日'→ 며칠, 어느날. '史牒'→ 역사서. '是年'→ 이해. "上親製諺文二十八字 〔줄임〕 是謂訓民正音" ☞제3편 02의 ㉮.

2.1.2. 훈민정음 창조 기념회

▮『**동아일보**』**의 예보**　1923년(계해년)에 훈민정음 창제를 기념하는 집단적인 행사를 치렀을까? 이 물음에 대한 답은 아래의 기사에서 찾을 수 있다.

(6)　　　　　　　正音정음 創造창조 紀念기념

　음력 계해년은 세종대왕쩨서 우리 조선말의 근본인 훈민정음(訓民正音)을 창조 반포한 지 71주[14] 회갑에 해당함으로 시내 휘문고등보통학교 안에 잇는 조선어연구회에서는 음력 금월 27일 오후 세시 반에 훈민정음 창작創作 반포 71주 회갑 긔념식을 원동 휘문고등보통학교 내에서 개최할 터이며, 동시에 약간의 명사를 청요하야 우리 조선말의 긔원과 연혁에 대한 강연이 잇스리라는대, 그 긔념식을 음력 12월 27일로 정하야 행하게 된 것은 처음으로 세종대왕쩨서 훈민정음을 창조하시기는 즉위 25년에 맛치섯스나 반포하시기는 동 27년이엿슴으로 27년이라는 '27'의 의미를 취하야 27일에 행하기

14　음력 1923년(계해년)을 '71주 회갑'이라 한 이유나 근거를 이해할 수 없다. (4)~(5)의 보도문에서 보듯이 먼저 『조선일보』에서 '8회 주갑', '제8 환력'이라 표현했음에도 굳이 '71주'라고 한 것을 보면 특별한 이유가 있을 듯도 하나 딱히 잡히는 것이 없다. 조선어연구회나 기자의 착오였을 수 있다.

로 한 것이라더라.[15] - 동아일보 1924.02.01 : 2.

1924년 2월 1일은 음력으로 1923년(계해년) 12월 27일이니, (6)은 기념식 당일 아침의 예보 기사였다. 조선어연구회[16]에서 음력 12월 27일 오후 3시 반에 휘문고등보통학교에서 '훈민정음 창초 반포 기념식'을 개최할 계획임을 보도한 것이다.

그런데, 『조선일보』의 사설 (5)에서 제안한 '(12월) 1일'을 두고, 기념식 날짜를 따로 잡았다. 그렇게 잡은 근거를 (6)의 후반에서 전하고 있는데, 세종께서 훈민정음을 창조하기는 즉위 25년에 마쳤으나, 반포하기는 '즉위 27년'[17]이었으므로 '27일'로 잡았다는 것이다. 그 발상이 다소 동화童話스러운데, 어떻든 기자 개인의 해석이 아니라 조선어연구회에서 밝힌 내용을 그대로 전한 것으로 보아야 할 것이다. 먼저 (4)~(5)에서 '창제~창조'라고 했음에 반하여, '창조 반포'나 '창작 반

---

15 〔낱말 풀이〕 '금월'→ 今月, 이달. '청요하야'→ 請邀하야, 초청하여. '동 27년'→ 同 27년, 즉위 27년.

16 조선어연구회의 근원은 1908년 8월 30일 한힌샘 주시경이 중심이 되어 조직한 '국어연구학회'이다. 이 학회는 시대 상황에 따라 심한 굴곡을 겪었으니, 1911년에 '배달말글몯음 / 朝鮮言文會조선언문회'로, 1913년에는 '한글모'로 이름을 바꾸며 활동하였다. 1914년 7월 한힌샘이 별세한 후로 1917년께부터 잠시 활동이 침체하였으나, 1919년 가을에 '조선어연구회'로 부활하였다. 그 후로 1931년에는 '조선어학회'로, 1949년에는 '한글학회'로 이름을 바꾸어(☞각주 96) 오늘에 이르고 있다.

  〈참고〉 '조선어연구회'의 조직 시점을 오래도록 '1921년 12월 3일'로 기록해 왔는데, 리의도(2006.09 : 12)에서 신민사 작성의 자료(1927.03 : 67)에 근거하여 '1919년 가을'로 고쳐 잡았으며, 한글학회 지음의 『한글학회 100년사』(20009.08 : 45~46)에서도 그렇게 기술하였다.

17 '세종 28년'을 '즉위 27년'으로 셈하는 법도 있었던 듯하다.

포'라고 표현한 것은 그러한 발상과 관련이 있어 보인다. 하지만 중심
은 여전히 '창조~창작'에 두었으니, 기사의 제목이 '창초 기념'인 것도
그 점을 방증한다.

▮훈민정음 8회갑 창조 기념회 거행   『동아일보』의 예보대로 일이
진행되었다면, 그것이 훈민정음을 기리는 최초의 기념행사가 된다.
그런데 사후 보도는 없었고, 그 행사와 관련하여 조선어연구회~조선
어학회에서도 남긴 기록이 없었다. 그러므로 리의도(2006.09 : 12)에
서는, "기념식이 계획대로 치러졌다고 단언하기는 어렵지만, 계획의
구체성으로 볼 때에 실시된 것으로 보는 것이 옳을 것 같다."고 추정
했었다. 그런데 그 후에 조선어연구회 회원이던 이병기의 『가람 일기』
에서 아래의 기록을 찾아내었다.

(7)   1924년 2월 1일 (금)
　　맑다. 오후 4시부터 휘문고등보통학교에서 훈민정음(訓民正音) 8회
갑(回甲) 기념회를 하였다. 모인 이가 수십 명, 그 중에 다수는 조선어연
구 회원(朝鮮語研究會員)이고, 나머지는 동지자(同志者)들이다. 동同 교
장校長 임경재(任璟宰) 씨의 사회로 개회사를 마치고 신명균(申明均) 군
의 세종대왕의 공적에 대한 이야기가 있었고, 그 다음에는 내가 나서
훈민정음에 대한 강화(講話)가 있었고, 그 다음에는 장지영(張志暎) 군의
주시경(周時經) 선생에 대한 강화가 있었고, 그 다음에는 권덕규(權悳奎)
군의 정음의 유래에 대한 이야기가 있었고, 그만 폐회하였다. 때는 오후
7시. 다시 교장실로 모여서 과자에 차를 먹었다. ─ 이병기 1975.05 : 229.

(7)의 줄거리는 (6)에서 본 예보의 내용과 크게 다르지 않다. 이로써

우리는, 음력 1923년(계해년) 12월 27일 조선어연구회에서 '훈민정음 창조 8회갑 기념회'를 거행한 것을 확인하게 된다. 그런데 『동아일보』에서 '기념식'이라고 한 것과는 달리 '기념회'라고 적었다.[18] 장소를 휘문고보로 정한 것은 조선어연구회의 간사장[19] 임경재(1876년 출생)가 그 학교 교장이고, 회원 이병기[20]가 그 학교 교원이었던 것과 관련이 있었다.

그 기념회는 강화(강연) 중심이었으며, 신명균, 이병기, 장지영, 권덕규가 연사로 나섰다. 그들은 일찍이 주시경 선생의 가르침을 알뜰히 받은, 조선어연구회 회원으로, 각각 세종대왕의 공적, 훈민정음, 주시경 선생, 정음의 유래에 대하여 이야기하였다. (7)의 기록만으로는 강연 내용을 자세히 알 수는 없는데, 아마도 신명균은 세종대왕의 공적 중에서 훈민정음 창제에 초점을 맞추어 이야기하고, 이병기는 훈민정음에 관한 문헌을 소개하고, 장지영은 훈민정음의 가치를 재발견하여 교육한 주시경 스승의 공적을 기리고, 권덕규는 훈민정음이 걸어온 발자취를 말하였을 것으로 추정된다. 어떻든 강연의 상위 주제는 훈민정음이었다. 연사는 30대 초~중반의 청년이었는데, 청중의 대다수도 그와 비슷한 나이였을 것이다.

그렇게 조선어연구회에서는 음력으로 '계해년 12월'에 틀림없이 훈

---

18 초창기에는 집회의 이름으로 '기념회', '기념식', '기념 축하회', '축하회', '축하식', '축하연祝賀宴' 등이 혼용되었고, 모임의 내용이 조금씩 다르기도 하였다. 이 글에서는 되도록이면 원문의 표현을 따르기로 한다.

19 그 무렵 조선어연구회에는 "간사장 1인, 간사 2인"의 임원을 두었다.

20 이병기는 그때 그 회의 간사였던 것으로 보인다(한글학회 2009.08 : 50).

민정음 창조 기념회를 거행하였다. 하지만 그것은 기획성이 충분한 행사가 아니었으며, 따라서 사회의 주목도도 높지 않았다. 그때 한겨레 다수의 공감이나 참여가 있었더라면, 다음해에도 그런 행사를 치렀을 것이고, 1926년에 이르러 기념일을 새로 정하는 일이 없었을 것이다. 그런데 (7)의 기념회는 한 번으로 그쳤고, 그런 만큼 일찍부터 한글날의 역사에서 비켜나 있었다.[21] 하지만 그 기념회의 역사적 의의는 작지 않다. 역사상 최초로 거행한 훈민정음 기념회였으며, '가갸날' 제정의 시발점이 되었음은 부인할 수 없다.

남과 북으로 나뉘고 나서 북쪽(평양)에서 양력 '1월[22] (15일)'을 '훈민정음 창체 기념일'로 삼는데(☞6.1), 의도한 것은 아니었겠으나, 결과적으로 그것은 이 1924년의 '창조 기념회'를 계승한 셈이 된다.

2.2. 훈민정음 반포 기념 축하

2.2.1. 병인년(1926년)의 역사적 의의 확인

1926년에 이르러 지식인 사회에서 훈민정음에 대한 관심이 다시

---

21 (7)의 기념회에 참석하고 강연까지 한 신명균·이병기·권덕규 등이 그로부터 3년 후인 1927년 2월 창간한 동인지 『한글』의 창간사에서도 "작년의 병인(丙寅)이 세종대왕의 훈민정음 반포 후 제8 회갑"(☞따온글 (19))이라고 기록했으며, 조선어학회의 기관지 『한글』 제5호(1932.10 : 206)에서도 "이날을 記念기념하기 시작한 것은 한글이 80회의 환갑을 맞던 丙寅年병인년부터이었다."라고 기록하였다. 이처럼 조선어연구회 내부에서도 당시부터, 계해년의 창조 기념회를 언급하지 않았는데, 그 후로 한글날의 유래에 대해서 이와 다르게 기록한 일이 없다.

22 "세종 25년 음력 12월"을 양력으로 환산하면 "서기 1444년 1월"이 된다(☞6.1).

증폭하였다. 가장 먼저 눈길을 끄는 것은 양력 1926년 1월 1~2일치
『시대일보』에 연재한, '갈배사람'[23]이 쓴 「8回甲회갑을 마지하는 정음
의 發源발원」이라는 글이니, 그 서론이 아래와 같았다.

(8) 그 글이 누구의 지혜로 어느 해에 맨들엇느냐 할진대, 距今거금 480년
  곳 단기 3776년 세종 25년 계해 12월에 세종의 聖智성지로 맨들어 내시
  어, 兩個양개 年년을 두고 실험한 뒤에 곳 세종 29년[24] 병인에 반포하야
  전국에 통용케 되엇스니, 이것으로 상고하야 보면 우리의 글 곳 정음이
  胎태ㅅ속에 들기는 계해라 할지라도 이 세상에 産出산출하기는 병인임을
  쌀하, 금년 곳 병인년이 쏘 다시 돌아오는 것은 우리의 썩지 안는 만세
  문화의 發祥발상 年년이 8회갑으로 다시 오는 것을 맛는 것임으로 滄桑창
  상의 늣김이 그득한 가운대서, 그 당시에 그 글을 맨들어 내시든 모든
  顚末전말을 대강 쓰는 것이다.[25] - 갈배사람 1926. 01.01 : 15.

'세종 28년(병인년) 반포'는 앞의 (1)에서 본 바와 같이 17년 전의
보고서 「국문 연구」에 등장한 내용인데, 갈배사람은 그것을 받아
1926년(병인년)을 '정음(글) 반포 8회갑'의 해로 규정했으며, 시대일
보사에서는 그 논설을 그해 1월 1일치 지면에 게재한 것이다. 유의할

---

23 '갈배사람'은 신문기자로 활동한 조규수趙奎洙이다. '갈배'는 그의 호인데, '가을배(秋
    航)'를 줄인 말이다. 경기도 이천에서 태어났고 보성전문학교를 졸업하였으며, 한학漢
    學과 사학史學에 대한 지식이 풍부하였다. (8)의 글을 쓸 때에는 시대일보사 기자였고,
    그 이듬해에는 『조선일보』의 가갸날 특집면(1927.10.25 : 5)에 「우리의 목숨 붙은 한
    글날」을 발표하였다. 1928년 11월 26일 숙환으로 이승을 떠났다.
24 '세종 29년'은 '세종 28년'의 착오이다.
25 〔낱말 풀이〕'聖智'→ 성스러운 지혜. '兩個 年'→ 2년. '쌀하'→ 따라. '發祥 年'→ 시작된
    해. '맛는'→ 맞는, 맞이하는. '滄桑'→ 세상일이 크게 변함.

점은, 1923~1924년의 (4)~(7)에서와는 달리, 이해에는 훈민정음 반포 시점을 기준으로 8회갑을 거론했다는 사실이다.

그런가 하면 신민사新民社에서도 1926년 2월치『신민』[26]에 "훈민정음 반포 제8 회갑 기념"이란 문구를 올렸고, 4월치에는 아래와 같이 광고하였다.

(9) 금년(丙寅)은 국문이 세상에 반포되야서 제8 회갑(480년)이 되는 해다. 그러나 아직까지 〔줄임〕 그러틋 애써서 製作제작 반포한 國寶국보(국문)의 발달이 조곰도 업는 것을 볼 째에 우리로서는 赧面난면을 금치 못하는 바이다. 〔줄임〕 우리는 이에 국문의 발전과 통일에 도움이 될가 하야 江湖강호 諸賢제현의 의견을 수집 발표코저 한다.[27] - 신민사 1926.04 : 63.

1926년(丙寅年)이 '훈민정음 반포 제8 회갑'이 되는 해임을 말하고, 국문, 곧 한글의 발전과 통일을 위한 의견을 수집한다고 되어 있다.

그 5월치, 곧 제13호는 창간 1주년 기념호였는데, 지면의 대부분을 '훈민정음 제8 회갑 기념'의 글과 자료로 꾸몄다. 정렬모의「正音정음 頒布반포 8회갑을 당하야」를 비롯하여, 이병도, 이윤재, 권덕규, 사공환, 안자산, 이병기, 이능화, 육당의 글을 차례로 실었으며, 이어서 (9)의 광고에 응모한 독자 6명의 글을 싣고,『훈민정음』언해본(육당본)을 조판하여 함께 실었다. 그 9명의 집필자는 최고의 지식인이었

---

26 『新民』은 1925년 5월 창간된 월간잡지이다. 사회·문화·교육·정치·경제에 관한 각종 글을 중점적으로 다루면서 문학 작품도 꾸준히 실었다. 1920년대 중반을 통틀어 거의 유일한, 조선어 대중잡지였다.

27 〔낱말 풀이〕'赧面'→ 부끄러움. '江湖'→ 세상. '諸賢'→ 여러분.

으며, 그 가운데 정렬모·이윤재·권덕규·이병기는 조선어학계를 이끌던 학자로서 조선어연구회의 중추 회원이었다. 이러한 사실로 미루어보건대 그 특집은 조선어연구회 사람들과 긴밀히 상의하고 협력하여 마련한 것이 분명하다.

위와 같은 글과 기사들로 말미암아 1926년이 '훈민정음 반포 제8회갑'이 되는 해라는 이해와 인식이 한겨레 공동체에 확산되어 갔다.

2.2.2. 반포일을 '음력 9월 29일'로 잡음

대한제국 시기부터 학계에서는 서기 1446년, 병인년에 해설서『훈민정음』을 완성하여 간행하고, 그로써 문자 훈민정음을 민간에 반포한 것으로 이해하였다. 그러니 1446년은 '해설서『훈민정음』완성의 해'이며 동시에 '문자 훈민정음 반포의 해'가 되는데, 1920년대 한겨레의 선각들은 '문자 훈민정음 반포'에다 초점을 맞추었으니, 그것은 우연한 행보가 아니라 의도적이며 미래 지향적인 선택이었다. 한겨레 개개인의 나날살이는 물론이요 겨레 공동체의 미래를 개척할, 실제적인 방편을 문자 훈민정음에서 찾으려고 했던 것이다. 훈민정음, 곧 '가갸'야말로 주권도 없이 하루하루를 살아가는 한겨레를 한데 모으고, 그들의 나날살이에 힘이 되고 동무가 되어 줄 무기라고 믿었다. 한겨레의 선학들은 그런 생각으로 '훈민정음 반포 기념일'을 제정한 것이고, 그러했기 때문에 그 이름을 '가갸날~한글날'이라 하였다.

그리고 1.1에서 보았듯이 국문연구소의 보고서에서는 '몇 월 며칠'

인지에 대한 언급이 없었는데, 이즈음에 이르러 '음력 9월 그믐날'로
의견이 모이었다. 세종 28년, 곧 1446년(병인년) 음력 9월의 그믐날은
'30일'이 아니고 '29일'이었음도 확인하였다. 그렇게 하고 보니 1926
년(병인년) 음력 9월 29일이 훈민정음 반포 8회갑 기념일이 되었으며,
그날이 양력으로는 11월 4일이었다.

그렇게 날짜를 결정하게 된 데에는 그 분야의 원로이던 어윤적의
해석과 의견 제시가 큰 영향을 미쳤다(☞따온글 (10)ⓒ). 그러한 사정은
첫 기념식(1926년 11월 4일)에서 행한 강연에서 '훈민정음을 제정하
고 나서 성삼문·정인지 등으로 하여금 그것을 해석하게 하여 병인년
음력 9월 끝날에 마치고 그것을 세상에 반포한 것'(동아일보 1926.
11.06 : 2)이라고 한, 그의 강연을 통하여 확인할 수 있다. 열흘 후인
11월 14일에는 『동아일보』 제3면에 '9월 그믐날(말일)에 기념 축하함
이 당연하다'는 내용의 글도 발표하였다. 그렇게 '음력 9월 그믐날'을
주장한 근거는 『세종실록』 '세종 28년 병인 9월' 조의 끝줄에 있는
"이달에 훈민정음이 완성되었으니, 임금께서 글을 지어 이렇게 이르
시었다."(☞1.1.1의 ㉮㉠)라는 기록이었다.

그에 반하여 경성京城 내자동에 사는 김문식金汶植이 같은 신문 12월
10일치 제3면에 '음력 11월 8일'로 가갸날을 고쳐 잡아야 한다는 요
지의 글을 발표하자, 그는 곧바로 12월 29일치에 반박하는 글을 투고
하였다. 다음해의 축하회 자리에서도 '9월 중에 발표된 것만 알 수
있으니, 29일을 기념일로 정하면 그뿐'(동아일보 1927.10.26 : 3)이라
고 다시 못을 박았다.

그 후로 대다수 연구자는 '세종 28년 9월'에 훈민정음을 반포한 것

으로 기록했으며, 조선어연구회~조선어학회에서도 줄곧 '음력 9월 29일'을 '훈민정음 반포 기념일'로 잡아 기념하여 왔다.[28] 1930~40년 대의 몇몇 기록을 올리면 아래[29]와 같다.

(10)(ㄱ) 훈민정음이 완성되기는 세종실록이 증거하여 줌과 같이 세종 25년 계해 12월의 일이었다. 그러하나 세종은 즉시 이 글을 發布발포하지 아니하고 〔줄임〕當代당대 일류 학자들을 다 모아 이 글을 더 검토도 하고 實用실용도 하여 보아 부족한 점이 없다고 확인된 뒤에야 발포하 시느라고 3년 후인 28년 병인 9월에 『是月, 訓民正音成 〔줄임〕便於日 用耳』라 함과 같은 詔勅조칙을 붙이어 천하에 발포하신 것이다.[30]
– 김윤경 1930.11.19 : 4.

(ㄴ) 훈민정음은 병인 9월 29일에 中外중외에 반포하여, 國人국인으로 하 여금 사용하게 하신 것이다.[31] – 이윤재 1932.10 : 190.

(ㄷ) 훈민정음 반포 日字일자가 未詳미상하고 달만 세종 28년 병인 9월인 것은 史家사가로나 조선어학회원으로 필자 개인으로나 기타 웬만한 상식을 具有구유한 사람이면 모를 이가 없을 것이오, 일자가 미상한 이상 어느 날로써 기념일을 정하는 것이 가장 타당할가 하는 것은

---

28 다만, 박승빈 중심의 조선어학연구회에서는 1935년에 이르러 '음력 9월 1일'에 명월 관 본점에서 '훈민정음 반포 기념식'을 가졌다. 조선어연구회에서 '끝날'을 기준 삼는 것에 맞서 '첫날'을 선택했는데, 그 후로 흐지부지되었다(이윤재 1935.11 : 5).

29 여기 (ㄱ)~(ㄹ)은 『훈민정음』 해례본이 발견되기 전에 쓴 글이며, 필자는 모두 1926년 당시 조선어연구회 회원이었다. 기념회에도 거의 빠짐없이 참석했을 것이다. 다만, (ㅁ)은 해례본이 발견된 이후에 쓴 글이다.

30 〔낱말 풀이〕'發布'→ 널리 펴서 알림. '當代'→ 그 시대. '詔勅'→ 임금이 내리는 문서. "『是月, 訓民正音成 〔줄임〕便於日用耳』" ☞제3편 02의 ㉯㉮.

31 〔낱말 풀이〕'中外'→ 조정과 민간, 서울과 시골. '國人'→ 나라의 사람들, 국민.

故고 어윤적 씨의 고증이 昭然소연하지마는, 조선어학회에서는 다시 史家의 諸제 권위를 망라한 진단학회와 그 외에 여러 史學사학 전문가에게 위촉하야 훈민정음 반포일에 관한 실록 기사의 해석을 質正질정 하였었다. - 이희승 1935.10.28 : 4.[32]

(ㄹ) 그 반포는 그보다 3년 뒤인 28년 병인 9월이다. 〔11줄 줄임〕『실록』의 記法기법에 日字일자의 불명확한 사건은 그달 끝에 '是月시월'이라 기록하는 것이요, 또 상고한 바에 의하면 當年당년의 9월이 적은 달이 었으므로, 〔줄임〕陰음 9월 29일(양력 10월 28일)로써 훈민정음 반포의 기념일, 곧 한글날로 정하고, 이를 해마다 기념하게 되었다.[33] - 최현배 1940.05 : 54~55.

(ㅁ) 훈민정음은 분명히 세종대왕 25년에 창제가 완료되었고, 그 후 3년째 되는 28년 병인 9월에 이것이 한 간행물로서 일반에게 반포된 것임을 의심할 여지조차 없는 것이다. - 방종현 1948.01 : 51.[34]

2.2.3. 반포 8회갑 기념 '가갸날' 축하회 계획

훈민정음(문자) 반포 제8 회갑 기념일인 1926년 음력 9월 29일(양력 11월 4일)이 다가오자 신민사 사장 리각종(1888년 출생)과 조선어연구회 회원 권덕규(1890년 출생)가 앞장서서 움직였다. 두 사람의

---

32 후일 이희승(1955.08 : 31~32)에서는 "세종 25년 12월에 완성하였고 세종 28년에 국내에 正式정식으로 公布공포한 것으로 생각된다."고 하였다.

33 〔낱말 풀이〕'記法'→ 기록하는 방법. '日字의'→ 날짜가. '當年'→ 그해.

34 여기 (ㅁ)은 『훈민정음』 해례본까지 접한 상황에서 쓴 글이다. 이보다 앞서 발표한 글(방종현 1946.09 : 39~40)의 들머리에서도 "광복 직후로부터 몇 번이고 강습에서 말한 것"이라고 밝혀 두었으니 그 요지는 (ㅁ)과 다르지 않았다.

발기로 조선어연구회 회원과 중등학교 조선어 교원과 유지 들이 양력 10월 27일 밤에 국일관이라는 음식점에 모여 조선어에 관한 여러 문제에 대하여 논의하였으며, 구체적 결정은 사회 일반의 여론에 따르기로 하였다(동아일보 1926.10.31 : 5).[35]

그날의 결의에 따라 주변의 의견을 수렴한 결과, 11월 4일(음력 9월 29일) 훈민정음 반포 480년 기념 모임을 열기로 하였다. 그 소식을 『조선일보』는 (11)과 같이 보도하였다.

(11)　　　　　　　가갸날 기념 懇談會간담회 開催개최

긔보＝오는 4일은 훈민정음 제명 발표(訓民正音制定發表)한 지 480년 회갑에 해당함으로 이날을 '가갸'날로 뎡하야 우리 글의 운동을 이르키고저 여러 가지 방면으로 그 선전에 노력하리라 함은 긔보와 갓거니와, 그날 오후 여섯시경에 시내 식도원에서 뜻잇는 이를 모아 그 실행 방법을 강구하리라는데, 회비는 2원 지참이라더라.[36] - 조선일보 1926.11.02 : 2.

---

35 그 보도문은 이렇게 끝났다 : "조선어를 천대하는 그릇된 사상을 타파할 필요와 일반의 문맹 퇴치의 의미로 농촌에까지 조선어 강습을 보급식힐 것과 표어(標語)로 선뎐할 것과 학교의 조선어 교수 시간을 증가할 운동을 개시하자는 의견이 잇섯스나, 구톄뎍 결뎡은 사회 일반의 여론에 맛기기로 하고 헤여젓다더라."

36 〔낱말 풀이〕'긔보'→ 旣報, 이미 보도함. '지참하다'→ 持參하다, 가지고 참석하다. '식도원'→ 食道園, 오늘날의 남대문로 1가(광교 부근)에 있던 대형 음식점.

그런데 (11)의 제목에 쓰인 '간담회'는 기자가 임의로 선택했던 낱말
로 보인다. 다음날, 곧 축하회 하루 전날에는, 아래 (12)에서 보듯이,
조선어연구회와 신민사가 '훈민정음 반포 제8 회갑 기념 축하회'를
개최한다고 보도하였다. 행사의 구체적인 내용을 파악한 후에 다시
보도한 것이다.

(12)　　　　쓴잇는 이는 다 오시요! / 가갸날을 긔념 축하하리라
　　　긔보＝훈민정음 반포 뎨8 회갑(訓民正音頒布第八回甲)의 긔념할 날
　　　을 당하야 문화 창조의 긔원을 긔념도 할겸 이 자랑할 만한 우리 글을
　　　보급식히는 데 대하야 의견도 교환할겸, 그 반포일인 음력 9월 29일(11
　　　월 4일)에 긔념 축하회를 개최코자 조선어연구회와 신민사가 일반
　　　유지에게 통지를 발송하엿다 함은 긔보와 갓거니와, 통지를 밧지 아니
　　　하신 이라도 쓴이 잇스신 이는 참석하여 주시기를 바란다 하며, 이
　　　모임에 참가하여 주실 이는 3일 날 안으로 다옥뎡 98번디(茶屋町九八)
　　　신민사로 엽서를 보내시든지 뎐화 '광화문 1670번'으로 통지하여 주시
　　　기를 바란다 하며, 장소와 시일은 좌긔와 갓습니다.[37]
　　　십일월 사일 오후 륙시
　　　장소 : 식도원
　　　회비 : 이원(당일 지참)　　　　　　　　　- 조선일보 1926.11.03 : 2.

　그리고 『동아일보』와 『매일신보』는 행사 당일 아침에 각각 아래와
같이 전하였다.

---

37 "좌긔左記와 갓다"는 '왼쪽(左)에 쓴(記) 바와 같다'는 뜻이다. 오늘날의 가로짜기에서
　"아래와 같다"라고 하는 것을 그렇게 표현한 것이니, 글줄이 오른쪽에서 왼쪽으로
　이동하는 세로짜기였기 때문이다.

(13)   '한글'[38]의 새로운 빗 / 오늘이 '가갸날'

◇…금 4일은 음력 9월 29일로, 이날은 지금으로부터 480년 전인 세종 29년[39]에 세계에 자랑될 만한 훈민정음을 처음 제명 발표한 귀엽고 아름다운 날이라 하야, 조선어연구회(朝鮮語研究會) 신민사(新民社) 주최로 훈민정음 뎨8갑 긔념(第八甲紀念)으로 동일 오후 여섯시부터 시내 식도원(食道園)에서 긔념 축하회를 개최하는 동시에

◇…6일 오후 일곱시부터는 시내 중앙긔독교청년회관 안에서 사계에 전문 대가의 강연 등으로 종래 한문에 눌려 언문이라고까지 멸시를 밧고 학대를 밧든 조선어에 대한 옹호 사상을 고취 식히는 동시에

동아일보 1926.11.04 : 5.   매일신보 1926.11.04 : 3.

---

38 '한글'을 사용한 것이 눈길을 끄는데, 이틀 후의 보도문 (15)에도 '한글'이 등장한다. 그즈음 『동아일보』만이 아니라 『조선일보』에서도 '한글'이란 낱말을 적극적으로 쓴 것을 확인할 수 있다(☞ 65쪽).

39 '세종 28년'의 착오인 듯하다.

◇ … 농촌의 문맹 타파(文盲打破)를 목덕으로 '가갸'문 강습회를 개최
하는 등 적극적 활동을 하야 <u>귀중한 훈민정음의 부활을 쇠하리라는데</u>
이날(음력 9월 29일)은 영원히 '가갸'날로 뎡하야 긔념케 하리라더라.[40]
- 동아일보 1926.11.04 : 5.

(14)　　　쯧잇게 열닐 가갸날 / 祝賀宴축하연과 大講演會대강연회

죠선사람의 글, 죠선사람의 글씨인 훈민정음을 세종대왕(世宗大王)
쎄서 발표하신 지 임의 여덜번 회갑이 도라와 금今 11월 4일에 사계斯界
의 유지와 신민사(新民社)와 죠선어연구회 쥬최로 쯧잇는 축연祝宴을
연다 함은 긔보한 바와 갓거니와, 〔줄임〕당일 츌셕자에게는 『훈민정음』
칙 한 권식 배부할 터인대 누구던지 회비 2만원 당일에 지참하면 죠흐
며, 쯧잇는 이날을 선전하기 위하야 오는 6일 오후 일곱시부터 즁앙청
년회관(中央靑年會館)에서 강연회를 개최할 터인바, 강사는 사계의 전
문가를 청탁할 터이라더라. - 매일신보 1926.11.04 : 3.

위의 (11)~(14)를 통하여 1926년의 행사와 관련된 여러 사실을 확
인할 수 있는데, 종합하여 간추려 보면 이러하다 : ① 1926년 음력
9월 29일(양력 11월 4일)은 훈민정음 문자를 '반포~발표'한 지 480년,
곧 제8 회갑이 되는 날이다. ② 조선어연구회와 신민사는 공동으로
그날 오후 6시부터 식도원(음식점)에서 기념 축하회를 연다. ③ 우리
글을 보급하기 위하여 다른 사업도 널리 벌일 계획인데, 6일에는 강
연회를 열고, 차차 '가갸'문 강습회도 개최할 것이다. ④ 해마다 돌아
오는 '훈민정음 반포 기념일'(음력 9월 29일)을 '가갸날'로 정하여 앞

---

40 〔낱말 풀이〕'금 (4일)'→ 今, 오늘. '제뎡'→ 제정. '동일'→ 同日, 이날. '사계에'→ 斯界
에, 이 분야의. '목덕'→ 목적.

으로 영원히 기념할 계획이다. 그에 더하여, (13)에서 "귀중한 훈민정음의 부활을 꾀하리라"고 한 대목이 특히 주목된다. 당시 한겨레 선각들이 훈민정음과 가갸날에 걸었던 기대와 포부를 엿보게 한다.

2.2.4. 반포 8회갑 기념 '가갸날' 축하회 거행

1926년 음력 12월 29일의 기념 축하회는 어떻게 진행되었을까? 『동아일보』의 아래 기사를 통하여 당시의 상황을 확인할 수 있다.

(15)　　　　　이 하늘과 이 짜 우에 거듭 퍼진 '한글'의 빛
正音정음 頒布반포 8회갑 紀念式기념식

　조선어 연구에 뜻이 깁흔 유지들의 주최인 훈민정음 반포 뎨8 회갑 긔념식은 예명과 갓치 재작 4일 식도원(食道園)에서 사계斯界에 연구가 깁흔 선배를 비롯하야 사회 각 방면의 인사들이 다수히 참석한 성황리에 열리엿는데,

　발긔인 측으로부터 리각종(李覺鍾) 씨가 대표하야 개회사가 잇슨 후 윤치호(尹致昊) 씨 송진우(宋鎭禹) 씨의 뜻깁흔 소회(所懷)의 말을 니여, 지석영(池錫永) 민태원(閔泰瑗) 씨 등의 여러 가지 뎨안(提案)과 아울너, 권덕규(權悳奎) 씨의 급무急務로 긔념할 날을 '가갸날'로 함이라던지 우리가 속칭 언문(諺文)이라 종래 불너 온 것을 크고 무한하다는 '한'이라는 것을 취택하야 '한글'이라 함은 엇더하냐는 의견 설명이 잇섯고, 그에 대하야 조선에서 가장 조선어 연구가 깁다는 어윤적(魚允迪) 씨의, 그에는 찬성치 안코 세종 째부터 불너 온 '정음(正音)' 날이라 함도 무방하다는 등, 여러 가지 문답이 잇는 외에,

　윤치호 씨의 급무로는 신문지新聞紙를 비러 언문 글씨를 가장 미술덕으

동아일보 1926.11.06 : 2.

로 궁인의 글씨를 비러 어린이들을 배화 줄 필요가 잇다는 등 장래 선뎐 방침에까지 여러 가지 의론이 분분하엿스나, 그 여러 가지를 숙고 할 필요가 잇다 하야 그 모든 것을 일톄一切 당석當席에서 당선된 권덕규, 金永鎭김영진, 송진우, 민태원, 洪承耉홍승구, 홍병선, 이종린, 권상로, 姜相熙강상희, 玄櫶현헌, 이윤재, 윤치호, 박승빈, 어윤적, 이상협, 지석영, 朴熙道박희도, 李肯鍾이긍종 씨 등에게 일임하기로 하고,

마즈막 어윤적 씨의 정음에 대한 고뎐덕 이야기가 잇슨 후 동同 열시에 폐회하엿더라.[41]   - 동아일보 1926.11.06 : 2.

(16)   각 방면의 名士명사 雲集운집 / 大盛況대성황의 가갸날
              두 가지 결의로 원만히 폐회

[줄임] 이미 루보한 바와 갓거니와, 당일에는 각 방면의 유지 백여 명이 얼골에 감격의 빗을 쯰우고 모여들어 근래에 듬은 성회를 일우 엇다.

일곱시 반에 식당에 들자 [줄임][42] 본사 편집국장 민태원(閔泰瑗) 씨

---

41 〔낱말 풀이〕'재작'→ 再昨, 그저께. '고뎐덕'→ 고전적.
42 리긍종의 개회 인사에 이어서 윤치호의 감상담, 지석영의 제의, 송진우의 감상담이

가 이러나 '오늘 저녁 모임이 이만큼 성회인 것을 볼지라도 일반사회
의 가갸날에 대한 감개가 깁흔 것은 가히 짐작할 수 잇는 것이다. 이
째와 이 긔회에 이 모임을 더욱 의미잇게 하기 위하야 정음 보급시키
는 실제 운동을 이르키는 것이 조켓스며, 그것을 실현하는 방법으로
이 석상에서 각 방면 유지로써 위원회를 조직하기 바라며, 그 위원으
로는 좌긔左記 17인을 지명하노니 이에 대하야 의견을 말하여 주기
바라며, 또 위원으로 적당한 인사를 더욱 추천하여 주기 바라노라.'
예의하매 만장이 박수로 이를 찬성하엿스며,
윤치호를 위시하야 몇 사람의 의견 진술이 잇슨 후, 정음 발표일을

조선일보 1926.11.06 : 2.

있었다는 내용이다. (15)의 줄거리와 다르지 않다.

영구히 긔념일로 뎡할 일, 정음을 보급시키는 실행위원회를 만들 일, 두 가지를 결뎡하고, 그 위원으로는 민태원 씨의 뎨의한 17인 외에 뎨안자를 더한 18인으로 지명하엿다.

다음 우리 글은 아즉 뎍당한 통일뎍 명칭이 업스니 그 명칭을 무엇으로 하며, 또 긔념일의 명칭은 무엇으로 할 것이냐 하는 것에 대하야 여러 가지 의견이 잇섯으며, 또 정음 보급의 목뎍을 달하기 위하야는 상설뎍 긔관이 필요할 것인대 그 긔관은 무슨 회로 하며 엇더한 형식으로 조직할 것이냐 하는 의견이 잇섯스나, 결국 모든 것을 위원회에 일임하기로 하고,

끗흐로 어윤뎍(魚允迪) 씨의 정음 반포 이후의 부침사(浮沈史)라고 할, 일장의 강화가 잇슨 후 열시경에 원만히 폐회하엿스며, 위원회는 다시 날을 가리여 개회할 터이라더라. 委員위원 氏名씨명 〔줄임〕[43]

- 조선일보 1926.11.06 : 2.

위의 (15)~(16)으로써, 조선어연구회와 신민사가 공동으로 주최한 1926년 축하회[44]의 진행 순서와 상황의 대강을 확인할 수 있는데, 종합하여 보면 이러하다 : ① 음력 9월 29일(양력 11월 4일) 어문 관련인을 포함하여 각계 사람 100여 명이 식도원이라는 음식점에 모인 가운

---

43 〔낱말 풀이〕 '루보한'→ 屢報한, 여러 번 보도한. '듬은'→ 드문. '성회'→ 盛會, 활기찬 모임. '뎨의'→ 제의提議. '뎍당한'→ 적당한. '목뎍을'→ 목적을. '달하기'→ 達하기, 이루기. '긔관'→ 기관機關, 조직체. '끗흐로'→ 끝으로. '부침사(浮沈史)'→ 오르내림의 역사. '일장의'→ 一場의, 한바탕. '강화'→ 講話, 강연.

44 앞의 (12)~(14)에 올린 보도문에서 '기념 축하회' 또는 '축하연(祝賀宴) / 축연'이라고 예보했듯이, (15)~(16)의 보도문에서도 '개회, 폐회, 모임'이라는 낱말을 주로 썼으며, (15)에서는 '기념식'이라고도 썼다. 표현은 그렇게 달랐으나 내용으로 보면 '식(式)'보다 '회 / 모임'이나 '잔치(宴)'에 가까운 자리였다.

데 밤 7시 반에 개회하였다. ② 리각종(신민사 사장)이 발기인을 대표하여 개회사를 하고, 뒤이어 윤치호(1865년 출생), 지석영(1855년 출생), 동아일보 주필 송진우(1890년 출생)가 의견 또는 감상을 말하였다. ③ 조선일보 편집국장 민태원(1894년 출생)이 정음 보급 운동을 일으킬 것과 그 일을 실행할 위원회를 조직할 것을 제의했으며, 대다수가 찬성하였다. ④ 정음 발표일을 기념일로 정하여 영구히 기념할 것과, 정음을 보급할 실행위원회를 조직할 것을 결정하였으며, 위원 18명[45]을 선정하였다. ⑤ 권덕규(조선어연구회 회원)가 기념일의 명칭을 '가갸날'로, 우리 글의 명칭을 '한글'로 하자는 의견을 내고 설명했는데 결론을 짓지 못하고, 그 처리를 실행위원회에 일임하였다. ⑥ 그밖에도 언문 글씨의 교육과 선전, 정음 보급 기관의 조직, 등등에 대한 제안과 의견이 분분했으나, 결국은 모든 것을 실행위원회에 일임하였다. ⑦ 정음의 굴곡진 역사를 내용으로 한, 어윤적의 강연을 끝으로 10시경에 폐회하였다.

　그리고 기념 축하회를 치른 닷새 후, 곧 양력 11월 9일[46]에는, (13)~(14)의 예보대로 종로에 있는 중앙기독교청년회 강당에서 기념 강연회를 개최하였다. 남녀 학생을 비롯하여 청중이 가득 찬 가운데, 오후 7시부터 10시 반까지 정렬모, 어윤적, 권덕규, 최현배가 각각 '경제상

---

45 그 18인은 각 단체와 분야를 대표하는 사람들이라 하겠는데, 조선어연구회 회원은 권덕규와 이윤재, 둘뿐이었다. 다만, 그 첫 회의에는 정렬모도 참석한다(☞각주 64). 목사 홍병선洪秉璇도 위원이었는데, 그는 일찍이 1907년 여름 '제1회 하기 국어강습소'에서 주시경의 가르침을 받았다.

46 (13)의 보도에서 '6일'이라 한 것은 착오였다.

으로 본 우리글', '역사와 훈민정음', '훈민정음의 연혁', '조선문의 橫
書횡서'라는 주제로 강연하였다.

2.2.5. 조선어연구회 단독의 기념 축하회

한편, 조선어연구회는 11월 6일 오후 6시 국일관에서 기념 축하회
를 열었다. 11월 4일의 공동 축하회와는 다른, 조선연구회가 단독으
로 마련한 자리였다. 연희전문학교와 보성전문학교를 비롯한 각급
학교의 조선어 담당 교원들과 신문사 등에 재직하는 유지들이 참석하
였다. 30여 명이 모였는데, 2.2.3의 사전 협의 모임(☞40쪽)에 참석했던
사람이 중심이었으며, 다수가 조선어연구회 회원이었다.

중앙고보 교원 이광종李光鍾이
좌장을 맡은 가운데 조선어 교
육에 관한 실제적이고도 의미
깊은 의견을 나누었다. 조선총
독부의 교육 당국을 성토하기도
하고, 날로 가벼워지는 조선어
교과의 비중과 조선어 교과서의
불미한 점이 논의의 초점이 되
었다. 그밖에도 여러 논의가 있
었고, 최종적으로 다음의 일곱
가지 기념사업을 하기로 결의하
였다(동아일보 1926.11.08 : 2).

동아일보 1926.11.08 : 2.

(17) 조선어연구회의 기념 축하회에서 결의한 7가지 사업
① 각처에서 조선어에 관한 강연회를 개최할 일.
② 현재 총독부에서 편찬한 조선어 교과서를 수정하기로 하고 학무 당국에 진정할 일.
③ 조선어 연구에 필요한, 간이(簡易)한 잡지라도 위선 발간하고 세종대왕의 전기도 발간케 할 일.
④ 조선 각지에 조선어 강습회를 개최할 일.
⑤ 조선어연구회의 응낙이 있으니 저간(這間)에 연구하여 쌓아 둔 것을 등사판에라도 등사하여 각기 나누어 갖게 할 일.
⑥ 이날을 기념키 위하여 매년 이날에는 순 언문으로 통신케 할 일.
⑦ 세종대왕을 기념키 위하여 그의 기념비를 세울 일.

그리고 실행 위원으로 권덕규, 장지영, 최현배, 신명균, 이세정, 이원규, 이완응, 이병기, 심의린, 박승두, 모두 10명[47]을 선정하여 실행을 일임하고, 12시경에 폐회하였다.

선정된 실행 위원들은 축하회가 끝난 후에 그 자리에서 회의를 열고, 우선 다가오는 방학을 이용하여 조선어에 연구가 깊은 선생을 초빙하여 12월 26일부터 닷새 동안 강습회를 열기로 결정하였으며, 또한 각 신문의 지면에 '정음' 난(欄)을 신설해 줄 것을 교섭하기로 하고 조선어연구회 회원 장지영·최현배·신명균을 교섭 위원으로 선정하였다(동아일보 1926.11.10 : 2, 이병기 1975.05 : 296). 신문사에 대한 교섭은 다음해 1월 1일치 『조선일보』에 '한글'이라는 이름의 연재란을

---

47 이완응과 박승두(보통학교 훈도)를 제외한 나머지 8명은 조선어연구회 회원이었다.

개시하는 성과를 거두었다(☞각주 73).

12월 26일에 열기로 한 강습회는 일정을 늦추어 1월 3일 개강하였다. 물론 조선어연구회 주최였으며, 강습회 이름은 '조선어 강습회'였다. 6일까지 날마다 정오부터 3시간씩 강의를 베풀었는데, 과목은 '철자법', '문법', '시조'이며, 각 과목의 강의는 조선어연구회 회원 신명균, 권덕규, 이병기가 맡았다. 수강자는 남녀 60여 명이었고, 장소는 수송동의 보성고등보통학교를 빌려 썼다. 1회로 끝내지 않고 1927년 5월 23~28일에 제2회, 6월 13~18일에는 제3회를 베풀었으니,[48] 그로부터 방방곡곡에서 조선어와 한글을 주제로 한, 각종 강습회가 들불처럼 일어났다.

2.2.6. 가갸날의 영향과 효과

지금까지 살펴본, 1926년 음력 9월 29일의 '가갸날'이 '한글날'의 뿌리이다. 우리의 선각들이 '훈민정음 반포' 제8 회갑을 계기로 우리 민족 공동체에 '새 바람과 새 노력'을 일으킬 방편으로 가갸날을 제정한 것이다. 단순히 과거사를 회고하거나 훈민정음을 찬양하기 위하여 제정한 것이 아니었다. 민족혼의 보람인 훈민정음에 대한 행사를 광대히 가짐으로써, 직접적으로는 우리 글과 말에 대한 관심과 사랑을 불러일으키며, 궁극적으로는 일제의 폭압으로 사그라들어 가는 민족

---

48 제2회와 제3회의 과목은 '음운'과 '문법'이었다. 이병기와 권덕규가 '음운'을, 최현배와 정렬모가 '문법'을 맡아 강의하였다.

정체성을 지켜 나가는 데에 뜻을 두었던 것이다.

▮지식인의 호응 그에 부응하여 일간신문에서는 '가갸날' 관련 소식을 앞다투어 보도했으며, 한겨레 지식인들은 그러한 소식을 접하며 예사롭지 않은 관심을 기울였다.

관음굴觀音窟에 머물던 만해 한용운은, 축하회가 있은 지 1달 후 『동아일보』에 실린 「가갸날에 대하야」라는 글에서 자신의 감격을 아래와 같이 썼다.

(18) 가갸날에 대한 印象인상을 구태여 말하자면 오래간만에 문득 맛난 님처럼 익숙하면서도 새롭고 깃브면서도 슯흐고자 하야 그 衝動충동은 아름답고 그 감격은 곱습니다. 또 한편으로는 바야흐로 장여 노은 砲臺 포대처럼 무서운 힘이 잇서 보임니다. - 한용운 1926.12.07 : 5

가갸날에 대한 신문 기사를 보고는, 강력한 화약을 쟁여 놓은 대포를 보는 느낌을 받았다고 하였다. 매우 과감한 발언이었다. 그는 가갸(한글)에서 침략자 일본을 물리칠 강력한 무기를 보고 있었던 것이다(허웅 1997.10 : 7). 그리고 끝으로, '검'(신령)을 향하여 이렇게 다짐하고 빌었다 : "검이어 우리는 서슴지 안코 소리처 가갸날을 자랑하겟습니다 / 검이어 가갸날로 검의 가장 조흔 날로 삼어 주서요 / 왼 누리의 모든 사람으로 가갸날을 노래하게 하야 주서요 / 가갸날 오오 가갸날이어"

그런가 하면, 1927년 2월에는 조선어연구회의 중추 회원 다섯[49]이 동인同人을 조직하고 동인지 『한글』을 창간했으니, 그 창간사에서 아래와 같이 밝혔다.

(19)   작년의 병인(丙寅)이 세종대왕의 훈민정음 반포 후 제8 회갑으로,
　　　 우리 겨레의 맘을 찔러 깨우쳐 일으킴이 심절하였다. '가갸날'의 소리
　　　 가 삼천리 강산의 골골샅샅이 파급하였다. 사람사람의 맘은 그 뿌리로
　　　 부터 동하기 시작하였다. 그리하여 지나간 허물을 뉘우치며 앞에 오는
　　　 새 바람을 품고서 새 노력을 하려는 기운이 널리 동함을 본다. 이 귀중
　　　 한 조선민족의 문화적 운동의 양육 기관으로 우리 『한글』이 난 것이다.
　　　 - 한글동인 1927.02 : 2.

여기서 확인되듯이 동인지 『한글』도 가갸날이 빚어낸 성과물이었다.
그것을 계승한 것이 2023년 6월 30일 현재 제340호를 헤아리는, 한글
학회의 논문집 『한글』이니, 가갸날이 우리 말글 연구의 역사에 끼친
영향 또한 크고도 무겁다.

　▮곳곳의 갖가지 기념행사　두 번째로 맞이하는, 1927년 가갸날에
즈음해서는 신문사들이 더욱 대대적으로 보도하였다. 『조선일보』와
『동아일보』는 10월 24일, 가갸날 아침신문의 제3면을 온통 한글에
관한 글들로 꾸며 발행했으니, 『조선일보』의 지면을 보이면 다음 쪽
의 그림과 같다.
　그러한 보도에 힘입어 가갸날의 소식과 열기는 각처로 퍼져 나갔

---

49 그 다섯은 최현배·권덕규·신명균·이병기·정렬모이다. 1909~1914년 동안에 앞서
　 거니 뒤서거니 국어강습소(국어연구학회의 교육기관) ~ 조선어강습원(조선언문회의
　 교육기관)에서 한힌샘 주시경의 가르침을 받은 바 있다.

조선일보 1927.10.24 : 3.

고, 동서남북 곳곳에서 축하회를 비롯하여 시가행진, 선전문 배포, 강연회, 간담회, 한글 강습회, 음악회 등의 기념행사를 펼쳤다. 당시의 일간신문을 대충 검색해 보아도, 1926~1929년 동안 기념행사를 벌인 지방으로 함경남도 단천, 평안북도 의주·정주, 평안남도 덕천, 황해도 사리원, 강원도 이천伊川, 충청남도 천안·공주·예산, 경상북도 흥해·포항, 전라북도 옥구·군산, 전라남도 영광·순천 등이 확인된다. 그리고, 신문사 지국, 청년회, 교회, 야학회, 독서회, 사회단체, 그리고 유지 등, 행사의 주최자도 다양하였다.[50]

당시의 여러 기념행사 가운데서 1926년 의주와 천안, 1927년 영광에서 벌였던 행사의 보도문을 소개하면 아래와 같다.

(20)   正音정음 頒布반포 8회갑을 祝賀축하하는 쯧으로 本報본보 의주지국에서는 『가갸날』 기념 宣傳선전 講演강연을 去거 4일 오후 7시에 當地당지 公會堂공회당에서 개최하엿다는데 당일 義州市의주시에는 『이날을 좀더 쯧잇게 보내자』 『둘도 업는 우리의 글은 조선의 비치다』 『사백팔십년의 눈물겨운 력사를 들으라』 등 3대 표어를 인쇄한 五色오색 선전 『비라』가 휘날니며 의주 시민으로 이날을 더욱 의미잇게 기념케 하엿스며 〔줄임〕 9시 폐회하엿다는데 演題연제와 演士연사는 如左여좌하다더라.

　　　조선사람과 조선글 : 白世明백세명

　　　한글의 녜와 이제 : 朴潤元박윤원[51]　　　- 동아일보 1926.11.08 : 4.

---

50 조선어연구회~조선어학회~한글학회 또는 중앙정부의 주최로 경성~서울에서 행한 것을 '중앙(의) 기념식', '중앙의 기념행사'라 일컫기로 하며, 그 이외의 것은 '지방(의) 기념식', '지방의 기념행사'라 일컫기로 한다.

51 〔낱말 풀이〕 '當地'→그곳. '本報'→우리 신문(사). '去'→지난. '비라'→ bira, 선전쪽

(21) 충남 천안 읍내 禮拜堂예배당에서 去 11월 13일 오후 7시부터 當地
천안청년회와 기독청년회 주최로 『가갸날』 기념 講演會강연회를 개최
하얏는데, 當日당일은 雨天우천임으로 주최측에서는 無限무한 우려하얏
섯스나 의외로 盛況성황을 이루엇스며, 강사 權悳奎권덕규 씨의 의미깁
흔 『가갸』史사를 講論강론하야 일반 청중은 神祕신비한 所得소득이 만엇
다더라.**52** - 중외일보 1926.11.18 : 4.

(22) 전남 靈光郡영광군 읍내에 잇는 『한글會회』에서는 훈민정음 반포일
인 『가갸날』을 성대히 기념하는 동시에 넓히 선전하기 위하야 〔줄임〕
24일(음 9월 29일) 오후 4시 30분에 當地당지 영광공립보통학교 강당에
서 축하 기념식을 片晉鈺편진옥 씨 司式사식 하에 거행하게 되엇는바,
〔줄임〕 대성황 裏리에 소년소녀의 『가갸날』 놀애 합창대의 합창과 악대
의 주악으로 開式개식을 한 후 〔줄임〕 鄭東允정동윤 씨의 개회사가 잇섯
고, 이어 左記좌기와 如여한 演題연제로 연사 제씨의 熱血열혈이 넘치는
강연이 잇슨 후 同동 오후 6시 반경에 긴장하고 和氣화기 충만한 가운데
奏樂주악으로써 폐회하얏다더라.

　　　세종대왕과 훈민정음 반포 : 柳相殷류상은

　　　가갸날의 意義의의 : 曹雲조운

　　　文盲문맹 퇴치 운동 : 趙龍조룡

　宣傳旗 행렬 〔줄임〕 오후 7시경부터 악대와 합창대를 선두로 宣傳旗선
전기 행렬을 시작하고, 시내를 순회하며 각종 비라를 撒布살포하고 읍의
중앙인 十字街십자가에서 한글 만세 3창이 잇슨 후, 선전부인 영광청년회
관으로 돌아와 만세 3창으로 8시경에 산회하얏더라.

지. '如左하다'→ 왼쪽과 같다. '녜'→ 예.

52 〔낱말 풀이〕 '當日은 雨天임으로'→ 그날 비가 내렸으므로. '無限'→ 크게.

祝賀 紀念宴기념연 선전기 행렬을 마친 후 니어 8시 반에 영광금융조합 樓上누상에서 축하 기념 宴會연회를 開개하고, 편진옥 씨의 개회사와 중외일보 지국장 이영수 씨의 답사가 잇슨 후 〔줄임〕 오후 10시에 산회하엿다더라.[53] - 조선일보 1927.10.28 : 4.

音樂음악演劇會연극회[54] 이어서 오후 10시부터 가갸날 기념 음악연극회를 公會堂공회당에서 개최하엿는데, 넓은 장내는 暫時間잠시간에 立錐입추의 여지가 업시 대만원이 되어, 순서에 따라 성악, 奏樂주악, 연극 등으로 제1부를 맛추고, 제2부에 入입하야 純순조선 음악으로 三絃삼현六角육각, 風流풍류 등이 잇슨 후, 숨은 명창 金宗吉김종길 씨의 조선소리(춘향가)가 잇서 일반 청중 大대환호 裡리에 靈光영광 空前공전의 대성황을 이루고 同동 12시에 무사히 폐회하엿다더라.[55] - 동아일보 1927.10.27 : 5.

(22)에서 보듯이, 특히 영광에서는 기념식과 강연, 선전기 행렬, 연회, 음악·연극회 등의 행사를 알차게 거행하였다. 동아일보(1927.10.27 : 5)에서는, 그날 식장에 모인 군중이 500여 명이었으며, 행렬에는 500여 명이 소년소녀가 더해져 1000여 명이 참여하여, 수천 매의 선전쪽지를 뿌렸다고 보도하였다. 그처럼 다채로운 행사를 설계하고 준비하고 실행한 중심체는 '한글회'였으며(동아일보 1927.09.20 : 5),

---

53 〔낱말 풀이〕'司式'→ '式식의 진행', '司會사회'를 달리 표현한 말. '左記와 如한'→ 왼쪽(아래쪽)에 적은 바와 같은. '同 오후 6시'→ 그날 오후 6시. '撒布하고'→ 흩뿌리고, 나눠주고. '開하고'→ 열고.

54 이 항은 동아일보(1927.10.27)의 기사로 보충하였다. 그에 관하여 보도한, 조선일보(1927.10.28)의 해당 지면을 판독하기가 어렵기 때문이다.

55 〔낱말 풀이〕'立錐의 여지가 업시'→ 송곳 하나 꽂을 틈 없이. '入하야'→ 들어가. '裡에'→ 속에. '靈光 空前의'→ 일찍이 영광에 없었던.

그 회를 중심으로 영광에서는 그런 행사를 수년 동안 계속하였다.

더 말할 나위도 없이, 일제의 감시 속에서 그런 일들을 기획하고 진행했으니, 크고 작은 고초를 각오해야 했다. 예를 들면, 함경남도 문천에서는 가갸날 기념 선전문의 '출판법 위반' 혐의로 집행위원 김동수가 검거되었으며(조선일보 1926.11.16 : 2), 포항에서는 계획했던 기념 강연회를 당국이 금지하여 열지 못했다(동아일보 1928.11.14 : 4).[56] 그런가 하면, 조선일보사에서는 1926년 11월 5일치, 곧 제2208호에 「가갸날 긔념도 경찰 간섭」이라는 제목의 기사를 실었다가 신문을 압수당하고 말았다(조선일보 1926.11.07 : 2).[57]

2.2.7. '가갸날'이라는 이름에 대한 논란

지금까지 살펴본 대로 '가갸날'은 '훈민정음 반포 기념일'을 일컫는, 고유한 이름이다. 여기 '가갸'는 수많은 한글 글자를 대표하는 것이니,[58] '한글'이 가리키는 바와 다르지 않다. 그런데 그때에는 우리 겨레에게 '한글'이 낯선 이름이었으므로 친근하고 실제적인 이름 '가

---

56 강연회 도중에 해산당하는 일도 있었으니, 1931년 한글날 전라남도 영광에서의 일이 그 사례의 하나이다. 동아일보사 영광지국 주최의 강연회에서 '국어란 무엇이냐'라는 제목으로 강연하는 중에 연사 최세문崔世文이 국어와 민족어를 해설하는 즈음에 일본 경관으로부터 제지당하고 강연회를 해산 당하였다(동아일보 1931.11.01 : 3).

57 현재 '조선일보 아카이브'(웹DB)에도 제2208호는 올려 있지 않다.

58 더 말할 나위도 없이, '가갸'는 "가갸거겨고교구규ㄱ, …, 하햐허혀호효후휴흐히ㅎ"(반절 본문) 중에서 맨 앞쪽의 두 글자를 딴 것이다. 'ㄱㄴ날'이라 하지 않고, 이처럼 '가갸날'이라 한 것은 한글의 문자적 특성을 충분히 반영한 결과라 할 수 있다.

갸'를 사용했던 것이다. 앞에 올린 (13)의 "문맹 타파를 목적으로 가
갸문 강습회를 개최하는 등 적극적 활동을 하야"라는 구절에서 짐작
할 수 있듯이, 당시의 선각들은 우리 문자를 널리 보급하는 것이 시급
하고 중요하다고 보았으니(☞따온글 (13)과 (16)), 그렇게 하려면 대중에
게 익숙한 '가갸'라는 이름이 효과적이라고 판단했을 것이다(☞2.2.3).
한편으로는 우리 문자를 우리 민중에게 힘써 가르쳐야 할 당위성과
그렇게 하겠다는 다짐을 담는 의미도 더했을 것이다.

　　그런데 '가갸날'이라는 이름과 관련하여, "(8회갑 기념식 자리에서)
이 기념날을 명절로서 부를 이름이 있어야 하겠다는 의논이 나서 어
떤분이 '가갸날'이라 함이 어떠냐 하는 말이 있었으므로 신문 지상에
'가갸날'이란 명칭을 쓰게 되었다"(이극
로 1946.04 : 33)는 기록이 있고, 이를 그
대로 인용하는 사례가 적지 않다. 그러나
그것은 사실과 조금 다르다.

　　앞의 (11)~(14)에서 이미 보았듯이 일
간신문에서는 기념식의 예고 보도(1926.
11.02~04)에서 이미 '가갸날'이란 이름
을 사용하였다. 1926년 11월 1일 발행된
잡지 『신민』 제19호에도 '가갸날'이란 이
름이 등장했으니,[59] 그 내용을 올리면 아

신민 제19호(1926.11) 52쪽.

59　리의도(2006.09 : 18)에서 "그 무렵에 발간한 『신민』의 어디에도 '가갸(날)'이란 낱말
　　은 없다."고 썼었는데, 사실과 다르므로 바로잡는다.

래와 같다. (23)은 조선어연구회 회원 권덕규의 제안이며,[60] (24)는
김영진金永鎭이 쓴 「정음 반포 기념일을 당하야」의 한 부분이다.

(23)   大명절로의 가갸날을 정하자
     우리의 것이라면 모조리 못쓸것인 것처럼 배척하는 오늘날에도 아즉
싸지 찬란한 光輝광휘로 우리에게 빗취고 잇는 것은 세계적 자랑거리
인 훈민정음이다. 금년은 正정히 그 8회갑이요 陰음 9월 29일(11월
4일)은 정히 그 반포한 날이다. 우리가 이날을 전 민족적으로 마즘이
엇지 無用무용의 事사일가 부냐? 우리는 금년만 此日차일을 기념함에
止지치 안코 차후 영원히 기념하기 위하여 '가갸날'이라는 새 명절을
정하고 년년히 쯧깁게 기념하기를 바란다.[61] - 권덕규 1926.11 : 52.

(24)   세계에 가장 아름답고 가장 과학적인 우리 문자는 그가 이 세상에
비롯오 반포된 탄생일을 가지고 잇다. 〔줄임〕그럼으로 우리는 그의
8회갑 되는 금년 9월 29일은 물론이요 금년을 爲始위시하야 이날을
'가갸날'이라 일홈하고 영구히 기념하야 잇지 아니함도 우리의 문화를
세계에 顯揚현양하는 가장 有意味유의미한 일 됨을 밋는다.[62] - 김영진
1926.11 : 9.[63]

---

60 『신민』제19호의 52~56쪽에 '우리 문자의 보급책'이라는 특집으로, 지식인 10인의
   제안 또는 의견을 받아 실었다. 앞쪽의 그림에서 보듯이 권덕규의 제안을 그 첫자리에
   싣고, 뒤이어 안재홍, 이윤재, 이병기, 이병도, 송진우, 민태원, 이광수, 이서구, 정렬모
   의 말을 차례대로 실었다.
61 〔낱말 풀이〕'마즘'→ 맞음. '無用의'→ 쓸모없는. '事일가 부냐'→ 일일까 보냐. '此日
   을'→ 이날을. '止치'→ 그치지.
62 〔낱말 풀이〕'비롯오'→ 비로소. '爲始하야'→ 시작으로, '顯揚하는'→ 드높이는.
63 전체적으로 ① '가갸날' 기념, ② 가갸 강습회 개최, ③ '조선어' 과목의 시간 늘림을
   주장했는데, 여기 (24)는 ①의 결론 부분이다. 김영진은 문필가와 시인으로 활동했는

이처럼 조선어연구회의 회원과 그 주변에서는 (11)~(14)의 신문 보도 이전에 이미 '가갸날'이란 이름을 입과 글에 올렸으며, '가갸날을 정하여 영원히 기념할 작정'까지도 했었다.

　그리하여 권덕규 회원이 첫 기념 축하회 자리에서 그러한 취지와 내용을 설명했던 것인데, 흔쾌한 동의를 얻지 못하고(☞따온글 (15)), '정음날'이라는 이름과 경쟁을 벌이는 상황이 되고 말았다. 그렇게 의견이 갈리자 그 축하회 자리에서는 그 결론을 실행위원회에 일임하였다.

　그 실행 위원들[64]은 11월 10일 계명구락부에 모여 윤치호의 사회로, 축하회 자리에서 위임받은 문제들(☞48쪽)을 토의하였는데, 두 일간신문에서는 기념일 이름에 대한 회의 결과를 조금 달리 보도하였다. 조선일보(1926.11.12 : 2)에서는 그 이름을 '정음 기념일'이라 하기로 했다[65]고 썼으며, 동아일보(1926.11.12 : 2)에서는 '정음날'로 작정했다고 썼다가, 이틀 후에는 "그렇게 확정한 것이 아니라고 상무위원 민태원이 말하더라."라고 다시 보도하였다.[66] 당시 기념일의 명칭

데, 이 글을 쓸 때에는 신민사의 기자였다.

64　모두 15인이 모였으니, (15)~(16)의 '18인' 중에서 13인이 참석하고 송진우 대신으로 이광수가 참석했으며, 그밖에 정렬모가 참석하였다.

65　우리 문자의 이름을 '우리글'로 하기로 했다는 내용도 있었다.

66　정음 보급 기관과 관련된 내용도 두 신문은 달리 보도하였다. 조선일보(1926.11.12)에서는 "11월 4일 식도원에 모였던 모든 사람을 회원으로 하는, 우리글의 연구와 보급을 목적으로 하는 정음회를 조직하였다."라고 썼으며, 동아일보(1926.11.14 : 5)에서는 그 조직을 '정음반포기념회 위원회'라고 하였다. 주로 '정음회'로 통했으니, 『동광』(흥사단 배경의 잡지) 제8호(1926.12 : 58)에서도 그 사실을 소개하면서 '정음회'라고 하였다. 소개 내용은 조선일보(1926.11.12)의 보도와 대체로 같은데, 會趾회지

문제가 매우 민감한 사안이었음을 알게 하는데, 두루 만족할 만한 결론을 내리지 못하고 지나갔다.

그러나 얼마 지나지 않아 여러 문건에서 '가갸날'이란 이름은 '1926년에 붙였다'고 기록하기 시작했으며, 그것이 오늘날까지 이어지고 있다. 몇 원로의 반대가 있었을 뿐이지, 1926년부터 대다수 관련자와 언론인은 '훈민정음 반포 기념일'을 가리키는 명칭으로 '가갸날'을 지지하고 찬동했던 것이다.

또한 1926년의 가갸날을 '480번째' 가갸날로 셈하였다. 바꾸어 말하면 '가갸날'이란 명칭을 1447년까지 소급하여 적용한 것이다. 예컨대 동아일보사는 1927년 가갸날 특집 기사에서 '한글의 생일 놀이－제481週주 기념－'이라는 제목을 달았으며, 조선일보사도 그해의 특집 기사에서 '한글 탄생 기념－제482회[67]－'라고 제목을 붙였다. 이러한 셈법은 그로부터 오늘날까지 그대로 이어지고 있다.

2.2.8. '한글날'로 고쳐 부름

1927년 음력 9월 29일(양력 10월 24일)에도 1926년과 비슷한 내용의 축하회를 가졌다. 주최한 단체로는 조선어연구회와 신민사 외에 동인지 『한글』의 발행소인 한글사, 그리고 정음회도 이름을 올렸으

___

를 '계명구락부 內내'라고 명시한 것과, 상무 위원으로 이광수·심대섭·민태원을 쓴 것이 다르다. 『조선일보』에서 '심우섭'이라 했던 것을 '심대섭'으로 바꾸었는데, 그 연유는 알 수 없다. 두 사람은 형제이며, 심대섭은 소설가 심훈이다.

67 '482'는 셈을 잘못한 결과였으니, 1930년 보도에서부터 '484'로 고쳐 썼다.

며(한글동인 1927.11 : 1), 각계 인사 50여 명이 명월관 지점(서린동)에 모였다. 오후 6시 민태원의 개회사를 시작으로 10시 반까지 어윤적, 이관구, 홍순필洪淳泌, 김준연金俊淵, 이성환李星煥, 신명균, 이종린, 최현배가 의견을 진술하거나 토론했는데, 중요 내용은 한자 폐지, 한글의 보급과 교육(문맹 타파), 한글 풀어쓰기, 한글 표기법 등이었다(동아일보 1927.10.26 : 3). 그 자리에서 기념일의 이름에 대해서는 별다른 논의가 없었으며, 신문들에서는 여전히 '가갸날'을 눌러 사용하였다.

   그런데 한편으로, 그해에 몇 신문과 잡지의 지면에 '한글날'이라는 이름이 등장하였다. 『조선일보』의 경우, 1월 3일치 '전해의 중요 사건'을 정리한 특집 기사의 삽화[68]에 "11월 4일 한글날"이라는 문구가 쓰였으며, 10월 25일치의 가갸날 특집면에는 「우리의 목숨 붙은 한글날」이라는 조규수의 글이 실렸다. 또, 10월 26일치 『매일신보』에는 10월 24일 행사의 사후 보도문이 사진과 함께 게재되었는데, 아래에

매일신보 1927.10.26 : 2.

---

68 "1926년 11월 4일 가갸날 기념회 개최"라는 기사를 보조하는 그림이었다.

서 보듯이 그 행사를 '한글날 축하회'라 하였다.

(25)　　　　　　　'한글날' 祝賀會축하회 24일 밤에 거행

　　한글날! 죠선 언문의 싱일날을 긔념하기 위하야 24일 밤 서린동 명월관 지뎜에서 각 학교의 조선문 션싱이며, 『한글』 연구자, 각 신문사 관계자가 모혀서 축하식과 축하연을 여럿셨다."[69] - 매일신보 1927. 10.26 : 2.

또, 11월치 『신민』의 앞머리에는 「제2회 한글날을 당하야」[70]라는 제목의 글이 게재되었다.

　이러한 흐름을 배경으로 조선어연구회에서는 1928년에 이르러 기념일의 이름을 '한글날'로 확정하였으며, 그해부터 조선어연구회 단독으로 기념 축하회를 열었다. 1926년 첫 축하회 자리에서 선정된 18명의 실행 위원은 그 나흘 후에 회의를 열어 '정음회'를 조직하는 등의 일을 했으나 후속 활동이 없었다. 하지만 조선어연구회는 물러설 수 없었다. 1926년 11월 6일 국일관 축하회(☞2.2.5)에 모였던 사람들을 중심으로 흔들림 없이 축하회를 꾸려 나갔다. 그렇게 되니 의견을 모으기가 수월해졌다.

　'한글날'이란 이름에 앞서, '한글'[71]은 이미 1926년부터 신문 지면

---

69 〔낱말 풀이〕'션싱'→ 선생, 교사. '여럿셨다'→ 열었다.

70 필자(김영진)가 붙인 제목은 「제2회 '한글' 기념일을 당하야」인데, 목차에는 이렇게 인쇄되었다.

71 '한글'이란 용어는 한힌샘 주시경에게서 비롯되었다고 보는 것이 옳을 것 같다. 1910년 6월 발표한 글의 제목을 '한나라말'이라 한 것을 보면, '한나라글'(이나 '한겨레글')

에 등장하였다. 앞의 (13)과 (15)에 올린, 『동아일보』의 보도문이 그것
인데, 그 후로도 '한글'을 즐겨 썼다. 특히 1927년 10월 7일치 제3면
에 「가갸날 긔념 한글 글씨 현상 모집」 광고를 내었으며,[72] 응모 작품
(붓글씨)에 대한 심사 결과는 10월 24일 발표하고 당선된 글씨를 그날
부터 연재하였다. 또한, 그해 10월 26일치 제3면의 「盛況성황의 정음
祝宴축연」이라는 제목의 보도문에서는 '한글'을 9번이나 사용하였다.
한편, 『조선일보』는 1926년 11월 12일치 제1면에 "조선의 문자를 '한
글'이라 하는 것이 가장 적당하다."는 내용을 담은 사설 「가갸날과
한글 문제」를 실었으며, 1927년 1월 1일에는 '한글'이라는 이름의 난
을 특설하여[73] 형태주의 표기의 실례를 연재하였다. 또한, 1926년 가
갸날 이후로 조선반도 곳곳에 '한글회' 또는 '한글연구회' 들이 생겨
났으며, 1927년 가갸날 행사 때에는 '한글 만세'를 삼창하기도 하였

    도 생각했을 개연성이 충분하며, 그것을 '한글'로 줄여 쓰는 것은 특별한 일이 아니다.
    ('큰 글', '하나의 글', '첫째 글', '최고의 글' 등은 사후에 부여한 의미라 하겠다.)

72 1926년 첫 기념 축하회 자리에서 나왔던, 윤치호의 한글 글씨 교육에 대한 제안(☞따
   온글 (15))을 받아들여 마련한 것이었다.

73 오랜 세월 계속되어 온 '綴音式철음식' 표기와는 다른 형태주의 표기의 실제를 선보일
   목적으로 신설하여(조선일보 1927.01.01 : 2), 7월 20일까지 조선어연구회 회원 몇
   사람이 번갈아 내용을 집필하였다. 1926년 11월 6일, 조선어연구회 주최의 가갸날
   축하회 자리에서 구성한 실행위원회(☞2.2.5)가 조선일보사에 교섭하여 얻어낸 성과
   였다.
   한편, 『동아일보』에서는 1930년 11월 19일(그해의 한글날) '한글 質疑欄질의란'을 신
   설하여 1932년 6월 10일까지 계속하였다. 한글 정서법에 관한 갖가지 질의에 대하여
   이윤재가 응답하였다. 이와는 별도로 3월 17일~9월 27일에는 '한글란'이란 이름으
   로, 이윤재가 형태주의 표기 원칙을 적용하여 집필한 「대성인 세종대왕」을 28회 연재
   하였다.

동아일보 1928.11.11 : 3.   조선일보 1930.11.19 : 4.

다(동아일보 1927.10.28 : 3). 그렇게 한겨레 문자의 새 이름 '한글'[74]
의 사용이 확대되면서 훈민정음 반포 기념일의 이름은 자연스럽게
'한글날'로 굳어져 갔다.

위의 그림에서 보듯이 1928~1930년에도 『조선일보』와 『동아일보』
는 한글날 아침신문의 1개 면을 온통 한글에 관한 글들로 꾸며 발행
하였다. 그리고 여느 날과 달리 그 면을 한글만으로 조판하였다.

2.2.9. '기념식'으로 자리잡음

1930년의 기념 모임은 음력 9월 29일(양력 11월 19일), 예고한 시각

---

74 한편 동아일보(1930.11.19 : 4)에 조종현의 동요 「한말 한글」이 실렸으니, 한겨레의
    언어를 '한말'이라 일컫기도 했던 것을 알 수 있다.

보다 늦은 저녁 7시 반에 시작하였다. 장소는 돈의동에 자리한 음식점, 명월관 본점이었고, 모인 이는 70명 가량이었다. 그런데 그해의 모임은 이전과 좀 달랐으니, 지금까지 확인한 4가지[75] 기록을 종합하여 그 순서를 정리하면 아래와 같다.

(26) 1930년의 한글날 기념모임의 순서
     1. 개회사
     2. '훈민정음 서문' 봉독
     3. 한글 경력 보고
     4. 축사
     5. 토의
     6. '한글 만세' 삼창

위에서 보듯이, 1930년의 행사는 그 내용과 진행 방식이 오늘날의 '식式'에 아주 가까웠다.[76] 조선어연구회 간사장 장지영(1887년 출생)이 개회사를 하고 순서를 진행하는 가운데 간사 최현배(1894년 출생)가 '훈민정음 서문'을 봉독奉讀하고, 회원 신명균(1889년 출생)이 반포 이후로 한글이 걸어온 발자취를 보고하였다. 연이어 외부 인사로서 이화여고보 교원 김창제와 동아일보 편집국장 주요한이 간곡한 축사를 하였다. 그리고 조선어연구회에서 내놓은 안건을 의결하였으며,

---

75 그것은 1930년 11월 21일치 『동아일보』, 『매일신보』, 『조선일보』 및 이병기(1975.05 : 351) 들이다.
76 그럼으로써 ('기념회', '축하회' 등의 표현이 혼용되는 중에도) '기념식'의 사용이 상대적으로 확대되었다.

끝으로 참석자 전원이 한 목소리로 '한글 만세'를 3번 외침으로써
식을 마치었다. 그러고는 함께 저녁을 먹었다.

더 말할 나위도 없이, 2의 '훈민정음 서문'은 "우리의 말소리가 중국
과 달라"로 시작하는, 세종께서 지으신 '예의例義 서문'이었으니, 참석
자들이 모두 일어선 가운데 최현배가 그것을 낭독하였다(이병기
1975.05 : 351, 이숭녕 1976.05 : 13[77]). 한글날 식전式典에서 그런 순서
를 가진 것은 그때가 처음이고, 그것은 오늘날까지 그대로 이어지고
있다. 3의 순서를 가진 것도 최초인데, 상황에 따라 '사업 성과 보고',
'한글 운동 보고', '한글날의 유래 설명'으로 이름과 내용이 바뀌기도
하면서 대체로 1970년대 중반까지 이어졌다.[78]

2.2.10. 날짜를 '양력 10월 28일'로 고쳐잡음

앞의 (26)에 올린, 1930년 기념모임의 '5. 토의'에서 다룬 안건은
양력이 일반화된 추세에 맞추어 한글날의 날짜를 양력으로 바꾸는
것이었다. 세종 28년의 '음력 9월 29일'이 양력(율리우스력) '10월 28
일'에 해당한다는, 전문가의 조사 결과를 보고하고, 다음해부터 시행
하기로 결의하였다.

그런데 그 내용이 알려지자 곧바로 환산에 잘못이 있다는 지적이

---

77 이숭녕(1976.05 : 13)의 회고에는 시기가 명시되어 있지 않은데, 몇 가지 정황으로
　　보건대 1930년의 일에 대한 회고가 분명하다.
78 그 후로는 줄곧 그런 순서가 없었는데, 2006년 첫 '한글날 경축식'(☞5.1)에서 '한글날
　　경과 보고'의 순서가 있었다.

나왔다. 그 지적을 수용하여 조선어연구회에서는 수학자 이명칠에게
검토를 의뢰하였고, 그는 정밀히 살피고 계산하여 '10월 29일'임을
밝혀 주었다. 조선어연구회에서는 그 셈을 받아들여 한글날의 날짜
를 '양력 10월 29일'로 고쳐 정하고(조선어학회 1932.10 : 206), 1931
년부터 1933년까지는 그날 기념식을 거행하였다.

　하지만 1934년에 이르러, 어느 전문가가 율리우스력에 대하여 의
문을 제기하였다. 이에 조선어학회에서는 다시 몇몇 전문가와 전문
기관[79]에 부탁하여 답을 받아 보았는데, 조선에서는 율리우스력을 사
용한 적이 없었으므로 현행(1934년)의 '그레고리력'을 세종 때까지
소급하여 적용함이 옳다는 쪽으로 의견이 일치하였다. 그리하여 '세
종 28년 음력 9월 29일'을 그레고리력(양력)으로 환산한바 '서기 1446
년 10월 28일'로 판명되어, 한글날의 날짜를 '10월 28일'로 고쳐 잡았
으니(조선어학회 1934.10 : 1), 결과적으로 1930년으로 되돌아간 셈이
되었다. 1934년부터는 그날 기념식을 가졌다.

　날짜는 두어 번 변경했지만 기념식은 해마다 가졌다. 1933년 한글
날에는, 조선어 연구자들의 토론과 회의를 거듭하여 완성한 「한글맞
춤법(조선어철자법) 통일안」을 발표함으로써 한글날의 위상은 더욱
굳건해졌다. 1934년에는 기념식만이 아니라, 한글날을 중심으로 사
흘 동안 '조선어학 도서 전람회'를 열어 성황을 이루었으며, 방방곡곡

79　그 전문가와 기관은 이러하다 : 김시중(만주국립 중앙관상대 근무), 인천의 조선총독
　부 관측소, 경성의 경기도립 측후소, 이명칠(수학가), 권상로(수학가), 이원철(연희전
　문학교 교수).

에서 조선어학회로 보내 온 축전·축사가 198건이나 되었다(조선어학
회 1934.12 : 13~15). 그 무렵 한겨레가 한글날 행사에 쏟았던 기대와
관심의 정도를 짐작할 수 있다.

　1935년 한글날에도 조선어 일간신문 『동아일보』와 『조선일보』는
제4면을 온통 '한글날 특집'으로 꾸며 발행하였다. 조선일보(1935.10.
28 : 4)에는 그 신문의 편집 고문이던 이은상이 지은 시조 「우리글
노래」도 함께 실었으니, 오늘날의 표준대로 고쳐 올리면 아래와 같다.

(27)　　　　　　　　　　우리글 노래

　　　　　　　　　　　　　　　　　이은상

　　　이 동산 왜 묵혔노 우리 님 몸소 나서
　　　밭 갈고 씨 뿌리고 물 주고 거름하고
　　　잘 자라 꽃 피고 여름 하라 빌고 믿고 가시더니

　　　싹 나고 줄기 서고 가지가지 벋어 날 제
　　　독한 손 몇 번이나 꺾기도 하였건만
　　　미쁘다 거룩한 뜻이 뿌리 속에 들었더라.

　　　오늘은 내 창 앞에 희고 붉은 꽃송이들
　　　봄바람 밤이슬에 잘도 자라 피는구나.
　　　북돋고 손본 사람들 더욱 아니 고마운가.

　　　산골엔 난초 피고 바닷가엔 해당화라.
　　　연꽃은 진흙에 나고 진달래는 돌 틈에 보네.
　　　그밖에 이름 없는 꽃들 온 들판에 널렸구나.

　　　찬 서리 내린 뒤에 국화는 그제 피고
　　　눈보라 치는 날에 매화가 웃더구나.

이제야 눈 서리 치라 하라 허허 웃고 맞으리라.

"그밖에 이름 없는 꽃들 온 들판에 널렸구나"와 함께 마지막 연이 특히 눈길을 끈다. 우리 겨레에게 한글이 있으니, 그것으로써 모진 눈보라와 찬 서리를 견뎌내어 우리 들판에 온갖 꽃을 피우겠다는 각오와 자신감의 표현이었다. '찬 서리'와 '눈보라'가 왜정의 억압을 의미함은 더 말할 나위가 없다. 우리의 많은 지식인이 이처럼, 한글을 단순한 문자가 아니라 우리 겨레를 지켜 갈, 든든한 방편으로 인식했던 것이다.

1936년 기념식은, 조선어학회에서 여러 과정을 거쳐 확정한 '사정査定한 조선어 표준말'[80] 발표식을 겸하여 열었다. 150여 명이 인사동의 천향원天香園이라는 음식점에 모여 거행했는데, 도산 안창호가 축사를

1936년 한글날 기념식의 한 장면
(조선일보 1936.11.01 : 5).

---

80 69쪽에서 언급한 「한글맞춤법 통일안」과 여기 '사정한 조선어 표준말'에 관한 자세한
    내용은 리의도(2022.02 : 507~583)로 미룬다.

하는 중에 '인간다운 생활을 하자'는 내용의 발언을 하다가 왜경으로 부터 제지를 당하기도 했다(이병기 1976.04 : 470).

　1937년부터 1944년까지는 기념식이나 기념행사를 갖지 못하였다 (정인승 1956.12 : 17). 밖으로는 1937년 7월 시작된 중일 전쟁과 1941 년 12월 벌어진 태평양 전쟁으로 일제가 집회를 금지했기 때문이며, 안으로는 1942년 10월 1일에 시작된 '조선어학회 수난'(리의도 2019. 08 : 198~204)으로 학회의 대다수 회원과 후원자가 고초를 겪었고 이 극로·최현배·정인승 등 중추 회원들이 1945년 광복이 될 때까지 감 옥에 갇혔기 때문이다.

2.2.11. 『훈민정음』 해례본 발견 및 '10월 9일' 확정·공표

　한글날 기념식을 갖지 못하는 시대 상황에서 1940년 7월 경상북도 안동에서 한문본 『훈민정음』 1책이 발견되었다. 그 당시의 누구도 실체를 본 적이 없는 문헌이었다. 그것을 살펴본 조선어학회에서는 그것이 세종 당시에 간행한, 훈민정음 문자에 대한 해설서의 원본原 本[81]임을 확인하였다.

　그 책에는, 1.1의 ㉮~㉯에 올린 『세종실록』의 내용은 물론이요, 그동

---

81 한문으로 된 33장의 목판본이며, 앞표지는 '訓民正音'으로 되어 있다. "例義예의 + 解例해례 + 跋文발문"으로 구성되어 있는데, '해례' 부분은 오직 이 책에만 있으며, 그래 서 이 책을 흔히 '훈민정음 해례본'이라 일컫는다. 발견되자마자 간송 전형필이 간직 하게 되었으며, 20여 년이 흐른 1962년 12월 '국보'로 지정되고, 1997년 10월에는 '유 네스코 세계 기록문화유산'으로 등재되었다. (문자 훈민정음, 곧 한글이 세계유산으 로 등재된 것이 아니다. 물론 한글의 우수성에 대한 인증도 아니다.)

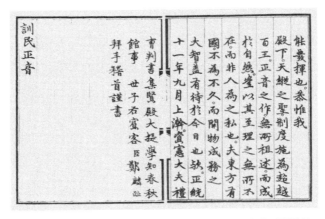

해례본 『훈민정음』의 마지막 장. 앞면(오른쪽)의
7번째 줄의 하단에 '正統'이 보인다.

안 어떠한 문헌에서도 접하지 못한 「解例해례」가 온전히 자리하고 있었
다. 정인지가 쓴 발문(후기)의 끝에 기록된 "正統 11년 9월 上澣"[82]도
처음 보는 것이었으니, 한글날의 날짜를 좀더 선명히 밝혀 줄 기록이
었다.

'正統정통 11년'은 서기 1446년이고 '上澣상한'은 '상순'의 다른 말이
니, "正統 11년 9월 上澣"은 '서기 1446년 음력 9월 상순'의 다른 표현
이었다. 그로써 훈민정음 반포 시점을 종래의 '음력 9월'에서 '음력
9월 상순'으로 좁힐 수 있었는데, 조선어학회에서는 상순의 끝날인

---

82 『세종실록』에 수록된 '정인지의 발문(후기)'은 "大智盖有待於今日也歟."로 끝나 있는
데(☞제3편 02의 ㉯㉰), 『훈민정음』 해례본에는 그에 이어서 "正統 11年 9月 上澣 資憲
大夫 禮曹判書 集賢殿大提學 知春秋館事 世子右賓客 臣鄭麟趾 拜手 稽首 謹書"가
더 기록되어 있다.

10일을 선택하였다. 그리고 '음력 9월 10일'을 양력(그레고리력)으로 환산하여 '10월 9일'을 얻었으며, 그 날짜를 한글날로 확정하였다. 그리고 그러한 사실을 1940년 11월 발행한 『한글』 제81호(앞표지 안쪽)를 통하여 공표하였다.

▌기념일의 성격과 날짜에 대한 논란 그 공표로부터 15년이 지난 후에 김민수(1955.12 : 68)에서는 매우 다른 주장을 하였다. 1940년에 발견된 『훈민정음』 해례본을 접한 후에 내놓은 주장인데, 정인지의 발문에 기록된 "세종 28년 음력 9월 상순"을 기준 삼아 정한 10월 9일은 '훈민정음 해례 완성 기념일'[83]은 될 수 있을지언정 '한글 반포 기념일'은 되지 못한다는 것이었다. 그리고 "세종 25년 12월 30일", 양력으로 '1444년 1월 18일'이 한글을 창제한 날이며 반포한 날이니, 1월 18일이 '한글 창제 기념일'이며 '한글 반포 기념일'이라는 것이었다. '1월 18일=문자 창제 기념일'이라는 주장은 '세종 25년 12월'을 기준 삼은 것이니 기존의 상식을 크게 벗어나지 않으나,[84] '1월 18일=문자 반포 기념일'이라는 주장은 특이하다. 여러 근거를 대며 '창제'와 동시에 '반포'했다고 주장했는데, 그 근거가 명확한 기록이 아니라 그의 해석이고 추정이니 그대로 받아들이기 어려운 면이 있다. "세종

---

83 북쪽(평양)에서는 1961년 10월 9일에 이르러 『훈민정음』(해례본) 처착 515주년 기념 보고회'를 갖는다(☞6.2).

84 1924년 2월 1일 조선어연구회에서 행한 '훈민정음 8회갑 기념회'가 '세종 25년 12월'을 기준으로 삼은 창초 기념회였다(☞2.1.2). 남북으로 갈라진 후에 북쪽에서도 그 기록에 근거하여 '1월 15일'을 '훈민정음 창제 기념일'로 삼는다(☞6.1).

25년 12월"에 문자를 반포하지 않았을 개연성까지 고려하면 기념일
은 늦추어 잡는 것이 순리이다. 일이 일어나기도 전에 기념일부터
정하는, 생뚱맞은 과오는 피해야 하며, 기념은 사후에 하더라도 큰
흠이 아닐 것이기 때문이다.

또, 그 후에 이숭녕(1976.05 : 14~15)에서는, "책자 훈민정음은 세
종 28년 9월에 간행 반포"되었다(이숭녕 1954.07 : 336)고 했던 자신
의 기술을 수정하여, 세종 28년 음력 9월 상한에 『훈민정음』의 "원고
가 완성되어 임금께 올린 것이지 책이 출판된 것은 아님"을 역설하였
다. 바꾸어 말하면, 한글날(10월 9일)은 '『훈민정음』 탈고脫稿 기념일'
이라는 것이었다. 그러나 정인지 발문의 '음력 9월 상한'은 간행일을
예정한 기록일 개연성을 배제할 수 없다. 설령 그의 지적대로 그날
원고만 완성되었다 하더라도, 공문서에 훈민정음(문자)을 사용하게
한 것이 같은 해의 음력 10월이고 또 12월에는 '리과吏科'와 '리전吏典'
의 시험 과목에 '훈민정음(문자)'을 포함했으니(이근수 1979.03 : 116,
홍이섭 2004.05 : 369), 해설서 『훈민정음』은 '음력 9월 상한'으로부터
멀지 않은 시점에 간행되었을 개연성이 높다. 이렇게 본다면, 명기된
시점이 없는 조건에서 "세종 28년 음력 9월 상한"을 훈민정음(문자)
반포일로 잡은 것은 무리가 아니다.

또한 "처음에는 '한글 제정의 완성일'로 삼고 나오다가 도중에 방종
현 교수의 지적으로 태도가 바뀐 것"이라고도 했는데, 그것은 사실을
왜곡한 기술이다. 앞의 논의와 여러 따온글에서 확인했듯이, 조선어
연구회~한글학회에서는 처음부터 한결같이 '한글 반포[85] 기념일'을
가갸날~한글날이라 했었다.

한편, 조선어학회의 공표(1940.11)로부터 65년이 지난 후, 정광 (2006.06 : 21)에서는 "『훈민정음』이 간행된 날을 훈민정음 창체의 기념일로 삼는 것은 무리한 일"이라 하였다. 그런데 그때까지 어느 단체에서도 『훈민정음』 간행일을 훈민정음(문자) 창체 기념일로 삼은 일이 없었으니, 사실을 벗어난 지적이다. 평양의 『조선말 대사전 (증보판)』(2006.12)에서는 '가갸날'을 '훈민정음 창체 기념일에 붙인 이름'이라고 풀이했는데,[86] 그 또한 사실과 다르다.

---

85 1926~27년에 생산한, 따온글 (24)에 '탄생일', (25)에 '싱일날'이 있었는데, 그것은 글쓴이 개인의 표현일 뿐이다.

86 그 뜻풀이를 그대로 올리면 아래와 같다.
   "가갸날 조선어연구회가 주체15(1926)년에 11월 4일을 훈민정음창제기념일로 정하면서 붙인 이름. 1928년에 한글날로 바꾸었으며 후에 10월 9일을 훈민정음창제기념일로 날자를 바꾸었다." - 사회과학원 언어학연구소 2006.12.

3. '공휴일' 시기의 한글날

3.1. 1945년 한글날 기념행사

1945년 10월 9일(화요일)은 주권을 되찾고서 처음 맞는 한글날이었다. 광복한 지 채 2달이 되지 않았음에도 조선어학회에서는 아래와 같은 기념행사를 규모 있게 벌였다(조선어학회 1946.04 : 66).[87]

(28)(ㄱ) 기념식 : 10월 9일 10시 반부터 경운동의 천도교 강당에서 기념식을 올렸다.
  (ㄴ) 추도회 : 기념식에 이어 그 자리에서 조선어학회 수난으로 옥사하신 환산 이윤재, 효창 한징, 두 회원에 대한 추도회를 가졌다.
  (ㄷ) 시가행진 : 오후 1시부터 한글문화보급회[88] 등의 문화단체와 합동으로 초등·중등 학생들과 함께 시가행진을 하였다.
  (ㄹ) 대강연회 : 오후 6시부터 중앙기독교청년회관에서, 학술원·진단학회·조선문화건설 중앙협의회와 공동으로 한글날 기념 대강연회를 개최하였다.

그날의 모임은 해 밝은 대낮에 남녀노소 1,000여(☞각주 92) 명이

---

87 박병녹(1946.03 : 48)에서는, 같은 날의 행사에 대하여 쓰면서, '기념식' 대신에 '축하식', '시가행진'은 '축하기 행렬'로 표현하였다.
88 광복 직후의 분주한 상황에서도 조선어학회는 국어교사를 양성하기 위하여 '국어과 지도자 양성 강습회'도 운영하였다. 1945년 9월 24일 그 제1회 수료식을 가졌는데(☞제2편의 3.1), 그날 수료생을 중심으로, 생활 현장에서 국어운동을 담당할 조직체로 '한글문화협회'를 창립하였다.

한자리에 모여 마음껏 치른, 첫 번째 기념식이었다. 왜경의 눈총을
받으며, 해 넘어간 밤에 회비 낸 몇몇이 음식점에 모여 가진 축하회가
아니었다. 목청껏 애국가를 합창하고, 마음껏 겨레의 문제를 말하고,
소리 높여 '조선독립'을 외쳤으니, 식은 국기에 대한 경례, 애국가 합
창, '훈민정음 서문' 봉독, 식사, 한글날 유래 설명, 내빈의 축사, '조선
독립 만세'[89] 외치기의 순서로 이어졌다. 그 기념식에 관하여, 일간신
문 『신조선보』와 주최자 조선어학회의 기관지 『한글』에서는 각각 아
래와 같이 보도하였다.

(29)   한글 사수死守의 전투부대(戰鬪部隊) 조선어학회에서는 한글 반포
    기념일인 9일을 마지하여 10시[90]브터 부내府內 천도교 강당에서 훈민
    정음 반포 제499주년 기념식을 거행하였다.
        〔줄임〕해방 후 처음의 거식擧式이니만치, 시간 전에 장내는 빈틈없이
    초만원을 이르고, 식은 천지를 진동시키는 듯한 애국가의 합창으로브
    터 시작되었다. 이어서 장지영(張志暎) 씨가 훈민정음 서문을 엄숙히
    봉독한 후, 힌 두루매기를 입은 리극로(李克魯) 간사장이 일짜一字로
    다문 입에 강렬한 투혼을 비치며 등장하여 열열한 식사를 하자 만뢰萬
    雷의 박수는 끈칠 줄을 모른다.
        다음 정인승(鄭寅承) 씨가 한글 기념일의 탄생 유래를 력사적으로
    설명한 후, 권동진(權東鎭) 유억겸(俞億兼) 제씨諸氏의 축사가 있고, 끝
    으로 "단군 만세"를 고창高唱하고, 11시 반에 폐식하였다. - 신조선보
    1945.10.10 : 2.

---

89 따온글 (29)에서 보듯이, 『신조선보』에서는 "단군 만세"라고 썼다.
90 따온글 (30)에서는 "열시 반"으로 기록하였다.

(30) 내빈 축사에 들어가 권동진, 유억겸 두 분과, 宋秉璣송병기, 趙憲泳조
      헌영 님의 차례로 등단하여 정중하고 열렬한 축사를 말하매 잃었던
      조국과 모어母語를 다시 찾은 감격에 청중은 모두 흐르는 눈물을 씻을
      줄 몰랐습니다. 끝으로 이극로 님 선창으로 '조선 독립 만세'를 3번
      부르고 우리 역사 위에 길이 잊지 못할 해방 후 첫 한글 반포 기념식을
      원만히 마쳤습니다. - 조선어학회 1946.04 : 66.

   감격에 넘치는 기념식을 위와 같이 마친 후에, 말글 독립 투쟁 중에
옥사하신, 두 회원에 대한 추도회는 엄숙한 가운데 진행하였다. 이극
로의 개회사를 시작으로, 김윤경이 두 분의 약력을 소개하고, 최현배
와 장지영이 눈물겨운 추도사를 하였다. 이어서 여러 제자의 사무치
는 말씀이 있었으며, 끝으로 두 분의 아드님 이원갑李元甲과 한무영韓武
英이 감사 표시와 함께 결의를 밝히는 인사를 하였다(조선어학회
1946.04 : 66).

   추도회를 마친 후에는, 맑게 갠 하늘을 머리에 이고 한글날과 세종
대왕의 성업을 선전하는 시가행진을 하였다. 서울 시내의 초등·중등
학생과 조선어학회·한글문화보급회 등의 문화단체 회원이 수송국민
학교에서 행렬을 갖추어 군정청 청사 앞(오늘날의 광화문 앞)으로 나
아가 남대문통을 거쳐 종로통을 돌았다. 축하기祝賀旗와 선전기를 들
었으며, 행진 중에는 「한글노래」도 불렀다. 이극로가 가사를 짓고 채
동선이 작곡한 노래였다(☞제2편의 3.2).

   그리고 ㉣에서 보듯이 밤에는 세 단체와 공동으로 강연회를 열었는
데, 이름은 '강연회'였지만 내용상으로는 '학술 발표회'였다. 조선어
학회 회원 최현배·정렬모·이승녕을 포함하여 7명이 발표자로 나서

1945년 한글날, 축하기와 선전막을 앞세우고 행진하는 모습. '한글날' 뒤로
군정청 청사로 사용하던 '조선총독부' 건물의 둥근지붕이 보인다.

각각의 주제로 강연하였다.

한편, 한글날 오후 6시부터 서울중앙방송국(오늘날의 한국방송공
사)을 통하여 이극로가 한글날에 대한 기념 방송을 하였다. 또 10일에
는 한글문화보급회 주최로 서울 천도교당에서 한글날 기념 강연회를
열었다. 중앙여자상과商科학교 학생들의 「한글노래」 합창에 이어 조
선어학회 회원 이희승·김윤경·정렬모가 연사로 나서 저마다의 주제
로 강연하였다.

이밖에도 한글날을 전후하여 곳곳의 학교와 단체 기관에서 갖가지
기념행사를 벌였다.

3.2. 500돌 한글날 및 임시 공휴일

3.2.1. 500돌 기념행사

1946년 10월 9일은 훈민정음 반포 500돌이 되는 날이었다. 조선어학회에서는 그날에 맞추어, 처음으로 『훈민정음』 해례본(☞각주 81)의 복제본을 발행하였다. 물론 소장자 간송 전형필의 특별한 배려가 있었으며, 인쇄는 보진재(출판사)에서 하였다.

한편, 조선어학회는 3월 23일 진단학회震檀學會와 함께, 이극로(조선어학회 이사)를 위원장으로 하는 '한글 반

해례본 『훈민정음』 복제본
(1946.10)의 앞표지.

포 500주년 기념사업 준비위원회'를 결성하고(이병기 1976.04 : 570), 기념사업을 거족적으로 준비하였다. 이에 호응하여 군정청에서는 한글날을 '공휴일'―오늘날의 개념으로는 '임시 공휴일'―로 제정하였으며(조선일보 1946.10.05 : 2), 각급 학교에서 「한글노래」를 가르치고 한글날 기념식을 하도록 지시하였다(조선일보 1946.10.04 : 2).

위의 준비위원회에서는 500돌 한글날 기념식의 장소를 덕수궁으로 결정하였다. 그에 발맞춰 동아일보사에서는 10월 6일 덕수궁을 출발하여 한글날 오전 덕수궁에서 끝맺는 '세종대왕 영릉 역전驛傳 봉심회奉審會'를 펼쳤다. 그것은 경기도 여주의 영릉에 잠들어 계신 세종대왕을 찾아뵙고(奉審) 돌아오는, 3박 4일의 '이어 달리는(驛傳)'

마라톤이었다. 왕복 550리를 33구간[91]으로 나누어 33명의 봉행원奉行
員이 1구간씩 달리도록 설계하였다. 그 출발식은 6일 오전 9시 덕수궁
에서 있었으며, 「한글 반포 오백년 기념가」도 합창하였다. 남쪽으로
영등포로 내려가 경기도 시흥·안양·군포·수원·용인·이천군을 차
례대로 달려 여주군의 영릉英陵을 봉심한 후에, 『훈민정음』 해례본을
받들어 들고 7일 오후 4시 서울을 향하여 달리기 시작하여 이천군을
거쳐 광주군을 횡단하여 10월 8일 뚝섬에 도착하였으니, 이제 33번째
구간, 곧 마지막 구간만 남겨 놓은 상황이었다.

　10월 9일 오전, 덕수궁 중화전 옆의 넓은 뜰에 여러 단체의 대표
자를 비롯하여 초등학생·중등학생·대학생과 시민 등, 5천여[92] 명이
모였다. 10시가 되자 역전 봉심회의 마지막 봉행원인, 마라톤의 패
왕 손기정이 『훈민정음』 해례본을 받들어 들고 식장으로 달려 들어
왔으니, 운집한 대중이 환호하였다. 기념식은 그렇게 기쁘면서도 한
가닥 슬픔도 머금은 가운데 12시 반까지 다양한 내용으로 이어졌으
니, 그날 기념식의 진행 상황을 『경향신문』에서는 아래와 같이 보도
하였다.

(31)　식장에는 〔줄임〕 가득히 모인 가운데 식은 개회의식(開會儀式)[93]에

91　구간을 '33'으로 나눈 것은 「기미 독립선언서」의 민족 대표 33인을 상징한 것임은
　　더 말할 나위가 없다.
92　조선일보(1946.10.09 : 2)에서는 "2천여", 동아일보(1946.10.10 : 2)에서는 "5천여"와
　　"만여 명"으로 보도하였으며, 조선어학회(1946.11 : 70)에서는 "2만여"라고 썼다.
93　조선어학회(1946.11 : 70)에서는 개회의식을 이렇게 썼다 : "준비위원장 이극로 박사
　　의 개식 선언에 이어 이중화 씨의 개회사".

이어 우렁차게 애국가를 제창하고, 리병도(李丙燾) 씨의 『훈민정음』
서문(序文) 랑독이 있은 후 구왕궁(舊王宮) 아악부(雅樂部)의 우아한
아악 연주가 있었다. 다음으로 정인승(鄭寅承) 씨가 훈민정음의 연혁
(沿革)을 이야기하고, 유억겸(俞億兼) 씨가 기념사(記念 辭)를 말한 후,
래빈 축사로 드러가 하-지 중장과 러-취 소장[94]의 축사를 각각 대리
인이 랑독하고, 이어서 장지영(張志暎) 씨의 축사가 끝나자, 예술대학
(☞제2편의 각주 40) 합창대의 합창이 시작되어 「기념가(記念歌)」를 소리
높여 부르고, 「한글노래」를 일동 계속하야 제창하였다. 끝으로 김병제
(金炳濟) 씨가 기념사업의 발의(發議)를 한 후, 리극로 박사의 선창(先
唱)으로 우리 한글 문화의 찬연한 앞날을 상징하는 듯 우렁차게 「한글」
만세를 세 번 부르고 폐회하니, 오후 영(零)시 반 경이었다. - 경향신문
1946.10.10 : 2.

경향신문　1946.10.10 : 2.

---

94 하지(John Reed Hodge)는 주한미군 사령관 겸 군정 사령관이고, 러치(Archer L.
　Lerch)는 군정 장관이었다.

앞에서 보는 바와 같이 유억겸이 참석하여 기념사를 하였는데, 그
는 그때 군정청 문교부장이었다. '부장'은 오늘날의 '장관'에 해당하
고 '문교부'는 오늘날 중앙정부의 '문화부'와 '교육부'를 합한 부처와
같았으니, 한글날 기념식에 중앙정부 부처의 장관이 직접 참석하고
기념사를 한 것은 그것이 처음이었다. 기념사의 내용은 한글날을 앞
두고 발표한 담화[95]와 다르지 않았을 것으로 보이는데, 아래에 한 구
절을 올려 본다.

(32) (세종대왕께서 28자를 만들어 주시니) 이로부터 우리 민족은 우리
     말에 맞는 글을 가지고 우리의 뜻을 유감업시 나타낼 수 잇게 되엇스
     며, 우리에게 필요한 모든 학문을 이 글로 적어 가지고 쉽게 배우게
     된 것이다.
       그리다가 우리는 한때의 불행으로 일본의 침략정치에 눌리게 되어
     우리의 문화는 말살을 당하게 되매 우리의 말과 글은 금지되어 쓰지를
     못하게 되엇섯다. 그러나 불의는 반듯이 정의에 굴복하는 것이라 지난
     8월에 일본은 마침내 항복하고 우리는 해방되어 민족이 다시 살아남에
     따라 우리의 말과 글은 다시 살아낫다. 이로부터 우리는 우리말과 우리
     글로 자유롭게 뜻을 나타내어 활발하게 학문을 닦게 되엇다. - 자유신문
     1946.10.09 : 2.

또, 그날 기념식에서, 전해의 시가행진 때에 불렀던 「한글노래」를

---

95 한글날을 앞두고 미리, 문교부에서는 각 학교에서 한글날 기념식을 거행하도록 조
   치하였으며, 문교부장 유억겸의 이름으로 '한글날 기념 담화'(☞제3편의 03)를 발표
   하였다.

500돌 한글날 기념식을 마치고 함께 모인,
준비위원회 관계인 및 조선어학회의 임원과 몇몇 회원.

제창했으니, 한글날 식전에서 참석자들이 한글기념가를 함께 부른 것도 그때가 처음이었다(☞제2편의 3.2.2 및 각주 34). 그리고 특별히 「한글 반포 오백년 기념가」를 만들어 널리 보급했는데(☞제2편의 3.3), 앞에 올린 보도문 (31)에서 「기념가」라고 한 것은 그것을 가리킨다.

서울 시내의 국민학교·중등학교·전문학교 학생과 일반 시민이 한자리에 모인 가운데 성대한 기념식을 치렀다. 그처럼 많은 국민이 모인 기념식도 처음이었으며, 실외에서 한글날 기념식을 치르기도 처음이었다. 국가 차원의 '공휴일'인 가운데 한글날 기념식을 거행하기도 최초였다. 기념식 후에는 오후 1시부터 천도교당에서 신석호, 최현배, 이숭녕이 연사로 나선 강연회를 열었다.

또 13일에는 조선어학회 회원을 비롯하여 각계 인사 102명이 버스 3대에 나누어 타고 경기도 여주의 영릉을 찾아 참배하였으며, 16~

31일 동안에는 예장동(남산골)의 국립 민족박물관에서 한글 관련 도서 전람회를 열었다. 전해와 같은 시가행진도 계획했으나 정부 당국의 지시로 실행하지 않았다.

위의 기념식과 별개로 여러 학교에서 자체의 기념식을 가졌는데, 예컨대 세브란스의과대학에서는 오전 8시에 대학 강당에서 기념식을 하였다(이병기 1976.04 : 577). 한

군정청 우편국에서 발행한
'한글 오백 주년 기념우표'

편, 군정청 우편국에서는 '한글 오백 주년 기념우표'를 발매하였다(경향신문 1946.10.12 : 2).

3.2.2. 500돌의 효과 및 지방의 기념행사

1947~1948년의 한글날도 '공휴일'로 제정되었다. 조선어학회가 중심이 되어 한글날 기념식을 올렸으며, 행정부·입법부·사법부를 대표한 고위 인사가 참석하고 각각 축사도 하였다. 특히 1947년의 기념식은 조선어학회가 오랫동안 피와 땀으로 지어낸 『조선말 큰사전』,[96]

---

96 남북의 분단과 대결의 소용돌이 속에서, 1950년 6월 1일 발행본부터는 '조선말'을 삭제한 『큰사전』으로 책 이름을 바꾼다. 그보다 먼저 1949년 10월 2일에는 총회를 열어 학회 이름을 '조선어학회'에서 '한글학회'로 바꾼다(☞제2편의 각주 42). 자세한 내용은 리의도(2019)로 미룬다.

그 첫째 권의 출판 기념식을 겸하여 거행하였다.

그리고 500돌을 기점으로 한글날의 열기는 일시에 방방곡곡으로 퍼져 나갔다. 지방 곳곳의 기관이나 단체 또는 학교에서도 저마다 갖가지 기념행사를 치르기 시작하였다. 아래의 보도문을 통하여 그러한 사정을 확인할 수 있다.

(33)(ㄱ) 오는 9일은 한글날로써 세종대왕께서 한글을 만드시사 반포하신 제5백 1주년 기념일이다. 이날을 기념하고저 北公立북공립국민학교 에서는 교내 음악회를 개최하여 그 덕을 찬양하고, 어린이들에게 40년 동안의 日帝일제가 빼앗고저 수난기를 격근 한글 배우는 기쁨 을 샅리깊게 인식시키게 되엇다 한다. - 제주신보 1947.10.06 : 2.

(ㄴ) 영남국어학회에서는 9일의 한글날을 기념하고저 同日동일 오후 1시 부터 중앙국민학교 강당에서 한글에 관한 講話강화 硏究연구 발표를 한다고 하는데, 교원과 학생, 기타 一般일반의 다수 來聽내청을 희망하 고 있다. - 영남일보 1947.10.08 : 2.

(ㄷ) 경기도에서는 〔줄임〕 한글 반포 5백 1주년 기념식을 경기도 여주군 능서면(陵西面) 왕대리(旺垈里) 북성산(北城山) 세종대왕 영릉에서 거행할 예정이었으나, 때아닌 구진 비로 말미암아 여주읍내 국민학 교 강당에서 하오 12시 반 유(俞億兼) 문교부장, 이(李) 농상부장, 구(具滋玉) 경기도지사, 최(崔斗善) 본사 사장, 그리고 도내 각 부윤府 尹, 군수 등 관민官民 3백여 명이 모인 가운데 성대히 거행하였다. 식은 경기도 성인교육협회장 박중강(朴重剛) 씨의 사회로 시작되여, 국기 배례, 애국가 봉창, 세종대왕 추념 묵상이 있은 후 이병규 경기 도 학무국장으로부터 훈민정음 서문(序文) 낭독이 있는 다음 구 경 기도지사의 기념사가 있었다. 이어 어학회 이희승(李熙昇) 씨의 강

연이 있은 다음 〔줄임〕 새로히 발간된 『조선말 큰사전』을 영능에 봉
정하고, 이에 이어 유 문교부장으로부터 축사가 있어 하오 한시 50분
에 성대히 마치었다. - 동아일보 1947.10.10 : 2.

　(ㄹ) 춘천 한글보급회에서는 춘천부(春川府)와 공동으로 9일 춘천중학
　　교 교정에서 기념식을 거행하였다.[97] - 강원일보 1947.10.10 : 2(간추림).

(34)(ㄱ) 군산부(群山府)에서는 상업학교 악대의 주악 속에 시가행렬을 하며
　　선전쪽지를 나눠주었다. - 군산신문 1948.10.12 : 2(간추림).

　(ㄴ) 성인교육협회 주최로 목포극장에서 관공서 직원을 비롯하여 일반
　　유지들이 참석한 가운데 기념식을 거행하였다. - 동아일보 1948.10.
　　14 : 2(간추림).

　1947~1948년 동안 제주, 대구, 여주, 춘천, 군산, 목포 등지에서
치른 기념행사의 내용을 확인할 수 있다. 이밖에 아직 확인하지 못한
기사도 있고, 아예 신문에 보도되지 않은 것도 많았을 것이다. 그런
중에서도 (ㄷ)의 기념식은 서울이 아닌, 도道 단위의 행사로는 **최초의
기념식**이었다. 그 규모가 컸음을 확인할 수 있는데, 실무는 학무국(오
늘날의 교육청)[98]에서 맡아 진행하였다(☞114쪽).

　(33)(ㄷ)과 (34)(ㄴ)의 '성인교육협회'가 눈길을 끄는데, 그것은 성인
문맹에 대한 한글 교육을 주목표로 조직한 관변단체였다. 군정청 문
교부가 주선하여 1946년 3월 중앙본부를 조직했으며, 점차로 도道는
물론이요 시·군·구 단위의 지회를 조직하여 관련 단체와 함께 활발히

97　경찰 당국과의 사이에 문제가 있어 애초 계획보다 간소하게 치러야 했다.
98　그때는 교육자치제를 시행하지 않았고, 학무국(교육청)은 도道의 하위 부서였다.

활동하였다. 8·15 광복 직후 국민의 70~80%가 한글 문맹이었으니 성인의 한글 해득이 매우 시급한 과제였던 것이다.

그런데, 1948년에는 한글날을 하루 앞둔 10월 8일 대통령 이승만이 아래와 같은 내용의 담화를 발표하였다. 한글날에 즈음하여 대통령이 담화를 발표하기는 그것이 처음이었다.

(35)　　　　　　　　　　대통령의 담화(1948.10.08)

우리 한글은 자모음(子母音)으로 취음해서 만든 글로는 세계에서 제일 과학적으로 되었고 또 충분하게 되여서 단시일 내에 배워 읽고 쓰지 못할 사람이 없으며, 우리 나라 문화·역사를 연구한 외국 학자들도 세종대왕(世宗大王)의 공적을 찬양하며 한국의 문화 정도가 높은 것을 또한 칭찬하고 있다. 다만 중간에 한문을 숭상하는 학자들이 편협한 관념으로 국문을 언문이라 해서 버려둔 까닭에 일반 평민은 학자들의 사조에 끌려서 귀중한 우리글에 무관심했고 4백여 년 동안을 썩혀 버렸던 것이다. 그래서 민간의 학식 정도가 충분히 발전 못 된 유감을 가져오게 된 것이다. 이 중에도 글을 보고 성명을 쓸 줄 아는 사람의 수효를 외국에 비교하면 우리의 상식 정도가 오히려 높다고 아니할 수 없다.

우리는 40년 동안 왜정의 압박으로 문명이 퇴보되었고, 잃었던 세월을 다시 회복하자면 신문과 잡지 등이 전혀 우리의 국문을 써서 남녀노소와 가정 부녀로 하여금 글을 못 보는 사람이 없게 하며, 나아가 세계에 지식을 얻도록 하여 날로 새롭게 세계 문명 무대에 용진해야 될 것이다. 중국은 자기 나라 글인 한문의 어려움을 깨닫고 백방으로 이를 쉽게 만들려 하며 취음(取音)해서 쓰려 해도 여의치 못함을 한탄하는 중인데, 우리로는 이러케 좋은 글을 두고 쓰지 않는다면 이보다

더 어리석은 일은 없을 것이다.

그러나 국문을 쓰는 데는, 한글이라는 방식으로 순편한 말을 불편케
한다든지 속기할 수 있는 것을 더디게 만들어서 획과 받침을 중첩하게
만드는 것은 아무리 한글 초대의 원칙이라 할지라도 이 글은 시대에
맞지 않는 것이니, 이 점은 길이 재고를 요하며, 여러 가지로 교정을
해서 제일 원만한 자전字典과 사전辭典을 통용케 해서 우리 글을 쉽게
사용하는 것을 부탁하는 바이다. - 조선일보 1948.10.09 : 2.

위에서 보듯이, 대통령은 우리 선조들이 한글의 가치를 알지 못하
고 오랜 세월을 썩혀 두었음을 지적하고, 이제 우리 겨레가 잃었던
세월을 회복하자면 한글을 두루 사용해야 한다고 강조하였다. 그리
고, 한글을 쉽게 사용할 수 있게끔 해 달라고 부탁하였다. 전반적으로
공감할 만한 내용이었고, 대통령이 그런 담화를 내는 것도 환영할
만한 일이었다. 조선어학회에서는, '한글을 쉽게 사용할 수 있게끔
해 달라'는 발언도 한글의 발전을 위하여 더 노력해 달라는, 의례적인
당부로 받아들였다. 그런데 대통령의 속셈은 그게 아니었음이 다음해
의 한글날 담화에서 드러났다(☞따온글 (38)).

3.3. 법정 공휴일이 됨

한글날은 1949년에 비로소 '법정 공휴일'이 되었다. 그해 6월 4일
정부에서 「관공서의 공휴일에 관한 건」을 제정했는데, 거기에 일요
일, 국경일, 추석 등과 함께 한글날이 명시된 것이다. 그 법령의 내용
을 그대로 올리면 다음과 같다.

(36)

官公署의 公休日에 관한 件건

(제정 1949.06.04. 대통령령 제124호)

官公署관공서의 公休日공휴일은 左좌와 같다.

일요일

국경일

1월 1일, 2일, 3일

4월 5일(식목일)

추석(秋收節)

10월 9일(한글날)

12월 25일(기독誕生日)

其他기타 정부에서 隨時수시 지정하는 날

附則부칙

本令본령은 공포한 날로부터 시행한다.

그로써 1949년 한글날부터 법정 공휴일로 쇠었다. 물론 국경일이 된 것은 아니었다. 중앙의 기념식은 예년과 같이 한글학회(☞각주 96)가 중심이 되어 태평로의 부민관[99](오늘날의 서울시의회 회관) 대강당에서 거행하였으며, 국회의장과 문교부 장관이 참석하여 축사를 하였다.

서울뿐만 아니라 지방에서도 나름대로 기념행사를 치렀으니, 아래

---

[99] 지난날 한성부, 경성부京城府, 부산부와 같은 행정구역이 있었고, 그 구역에 사는 사람들을 '부민府民'이라 하였으니 오늘날의 '시민'에 해당한다. '부민관府民館'은 그런 시절의 공공 건물인데, 행정구역 명칭이 '서울(특별)시'와 '부산시'로 바뀐 후에도 한동안 건물은 옛이름 그대로 일컬었다.

서울 태평로의 부민관에서 거행한 1949년 한글날 기념식의
한 장면(동아일보 1949.10.10 : 2).

와 같은 보도문들이 찾아진다.

(37)(ㄱ) 26일 부산 시내 문화단체 대표들이 경상남도 교육국 회의실에 모여
한글날 기념행사 계획을 세우고 준비위원회를 구성하였다. - 민주중
보 1949.09.30 : 2(간추림).

(ㄴ) 경북 도내 각 시군에서 한글 보급 공적자 85명을 표창하였고, 사범
대학에서는 9~11일 미국 공보원에서 한글 관련 작품 전시회를 열었
으며, 한글전용촉진회 경북지부에서는 한글 전용에 관한 방송을 하
였다. - 영남일보 1949.10.09 : 2(간추림).

(ㄷ) 뜻깊은 한글날을 의의 깊게 기념하기 위하여 (충남 도내) 각 초중등
학교에서는 다채로운 기념행사가 있을 것이라는바 금수 9일은 공휴
일임으로 명明 10일 상오 9시부터 다음의 식순에 의하여 기념식을
거행하기로 되었다 한다. - 동방신문 1949.10.09 : 2.

(ㄹ) 뜻깊은 한글 반포 503주년 기념일을 맞이하여 전남도에서는 10일

오전 9시 반부터 도청 회의실에서 李이 지사를 비롯하여 4백 정원이 모인 가운데 한글날 기념식을 개최하였는데, 국민의례에 이어 훈민정음 서문 낭독이 있은 후 李 지사로부터 세종대왕의 성덕에 보답하여 그 정신을 계승하고 우리 글을 옳게 가다듬자는 요지의 기념사가 있은 후 만세삼창으로 성대히 끝마치었다. - 호남신문 1949.10.11 : 2.

㉤ 우리 민족의 빛이요 보배인 한글 반포 5백 3주년 기념행사는 경향 각지에서 성대히 거행되었거니와 당지 목포에서도 지난 토요일 오전 10시 목포학도호국단 주최로 시내 유달국민학교 교정에서 『빛내자 우리 한글』,『한글은 민족의 빛 조국의 빛』이라는 푸랑카-드를 든 8천 학도와 각 학교장, 관민官民 유지 다수 참석한 가운데 거행되었는데, 목공(木工) 이(李) 선생의 사회로 식은 진행되어 먼저 국민의례를 맞이고, 단장團長 대리 목사(木師) 오(吳) 교장의 식사, 문중(文中) 문(文) 교장의 훈민정음 서문 낭독, 항도여중(港都女中) 조(曺) 교장

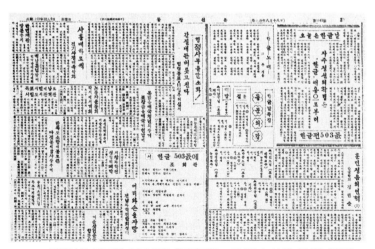

전라남도 광주의 일간신문 『동광신문』 1949년 10월 9일치 제2면.
'한글날 특집'으로, 여느 날과 달리 한글전용으로 발행하였다.

의 열열한 한글 강화에 이어 한글전용 촉진위원 임광규(林光圭) 선생의 한글전용 선전 강화가 있은 후 한글노래를 제창하고 대한민국 만세3창으로 식은 성대히 폐회하였는데, 곧이어 학도호국단의 시가 행진 등, 우리의 보배 한글을 천추만대까지 영원히 빛낼 것을 굳게 맹세하였다.[100] - 동광신문 1949.10.12 : 2.

위를 통하여 부산시, 경상북도와 대구시, 충청남도와 대전시, 전라남도, 그리고 목포시에서 거행한 기념행사의 모습과 내용을 확인할 수 있다.

▌'한글맞춤법 간소화' 파동 1949년에도 한글날을 하루 앞둔 10월 8일 대통령이 전해와 같이 담화를 발표하였다. 그 담화의 중심 내용은 아래(온글 ☞ 제3편의 04)와 같았다.

(38)　　　　　　　　　대통령의 담화(1949.10.08)
　　이상에서 말한 바와 같이 쓰기도 더디고 보기도 괴상하다는 예를 들어 말하자면, 가령 '잇스니'를 '있으니', '하셨슴니다'를 '하셨읍니다', '놋는다'를 '놓는다', '꼿을 꺽는다'를 '꽃을 꺾는다', '갑이 만타'를 '값이 많다'라고 쓰니, 더 말할 것 없이 이것만 가지고라도 이전에 쓰던 것과 지금 새로 쓰는 것을 비교하여 어느 것이 눈으로 보기 쉽고 입으로 부르기 쉽고 또 손으로 쓰기 속(速)한가, 누구나 지금 것이 이전 것만 못한 것을 다 알 수 있을 것이다.

---

100 〔낱말 풀이〕'목공(木工)'→ 목포공업고등학교. '목사(木師)'→ 목포사범학교. '문중(文中)'→ 문태중학교.

　　오직 그분들이 말하기를 지금 새로 쓰는 것이 과학적으로 된 것이라
하니 더욱 말이 되지 않는 것이다. 현대 과학이란 것은 날마다 개량해
서 개량한 것이 전보다 낫고 편하고 속한 것이 특징이다. 어렵고 보기
싫고 쓰기 더디고 읽기에 곤란한 것을 만들어 가지고 과학적이라고
하는 것은 누구나 우스울 일이다.” - 자유신문 1949.10.09 : 2.

‘있으니’, ‘많다’, ‘꽃을 꺾는다’와 같이 쓰지 말고 ‘잇스니’, ‘만타’, ‘꽃
을 꺽는다’로 적자는 것이었다. 전해의 담화에서 ‘획과 받침을 중첩하
므로 빨리 적을 수 없다’고 했던 것을 구체화한 것으로, 「한글맞춤법
통일안」을 폐기하겠다는 선언이었다.[101]

　　「한글맞춤법 통일안」은 주권을 잃은 상황에서 여러 학자와 전문가
들이 조국의 부흥을 꿈꾸며 충심을 다하여 이루어 낸 표기법이다.
많은 시간과 치열한 토론을 거쳤음은 더 말할 나위가 없다. 그러한
표기법을 ‘비과학’으로 몰아붙이며 혼란의 시대로 되돌아가자는, 그
야말로 비과학적인 발언이었다. 여느 날도 아니고 한글날, 대통령이
그러한 내용의 담화문을 발표했으니, 온 국민이 날벼락을 맞은 셈이
었다.

　　협소한 개인적 경험에 기초한, 참으로 어처구니없는 발언이었음에
도, 정부는 대통령의 발언대로 움직였다. “잇스니, 만타, 꽃을 꺽는다”
를 표준으로 삼는 표기법을 확정하기 위한 작업에 돌입하였다. 한글

---

101 또한, 그때 활발히 펼치던 토박이말 애용 운동에도 제동을 걸었다. 예컨대 “삼각형,
　　학교, 자전字典”을 “세모꼴, 배움집, 말광”으로 바꾸지 말자는 것이었다. 전해의 담화
　　에서 “순편한 말을 불편케 한다”고 했었는데, 그 ‘불편한 말’이란 바로 “세모꼴,
　　배움집, 말광” 들을 가리킨 것이었다.

학회는 앞장서서 그에 맞섰으며, 여섯 해의 정력을 소모하고 나서 1955년 9월에야 겨우 그 일방적인 시도를 거두게 하였다.[102]

3.4. 한국전쟁 동안의 한글날

1950년의 한글날도 예사롭지 않았다. 6월 25일 38선이 터진 사흘 후에 대한민국 대통령과 중앙정부는 수도 서울을 뒤에 두고 부산으로 옮겨갔으니, 그곳이 임시 수도가 되었다. 한글학회의 몇몇 임원과 직원도 부산으로 피란하여 그곳에 임시 사무소를 차렸다.

두어 달 후에는 유엔군과 국군이 펼친 인천 상륙 작전의 성공으로 9월 28일 서울을 되찾게 되었고, 각처로 피란했던 한글학회의 임원과 직원과 회원들이 하나둘 서울로 모여들었다. 하지만 학회 회관이 잿더미가 된 것을 비롯하여 각종 공공시설이 파괴되고, 시일까지 촉박했으므로 한글날 기념식을 치를 수가 없었다.[103]

그 사이 미군과 국군은 38선을 넘어 압록강 가까이까지 진격했으나, 11월 수많은 중공군의 대대적인 개입으로 전세는 다시 역전되었다. 1950년 12월 원산·함흥 철수에 이어, 1951년 1월 4일에 다시 서울을 떠나 부산으로 피란하였다. 그러한 소용돌이 속에서도 그해 한

---

102 그 일련의 과정을 흔히 '한글맞춤법 간소화 파동' 또는 '한글 간소화 파동'이라 한다. 자세한 내용은 리의도(2019.08 : 238~251)로 미룬다.

103 서울로 돌아온 직후의 한글학회 상황은 유제한(1955.04 : 45~49)에서 확인할 수 있는데, 한글날 행사에 관한 내용은 전혀 없다. 유제한은 그 당시에 한글학회의 사무를 도맡았던 사람이다.

피란 수도 부산의 부민관에서 거행한 1952년 한글날
기념식의 한 장면. 한 사람이 연설을 하고 있다.

글날에는 임시 수도 부산에서 한글학회와 문교부 등의 공동 주최로
간소하게나마 중앙 기념식을 진행하였다(자유신문 1951.10.09 : 2).

1952년에도 한글학회는 공보처 등과 공동으로 동광동에 있는 부민
관府民館에서 기념행사를 벌였으니,[104] 한 일간신문에서는 아래와 같
이 보도하였다(☞198쪽).

(39)(ㄱ) 어제는 뜻깊은 한글 반포 506주년을 맞이하여 임시 수도 부산에는
　　　　다채로운 행사가 버러졌다. 훈민정음을 반포한 세종대왕의 위업을
　　　　계승하겠다는 학생들의 굳은 의기를 기념식에서 또는 시가행진에서
　　　　보였으며, 「한글의 노래」도 우렁차게 10월 9일의 푸른 하늘 가에

104　수도가 서울로 돌아온 후에도, 부산에서는 1953년부터 해마다 자체의 기념식을
　　　올렸으며, 그 전통은 오늘날까지 이어지고 있다. 한편, 1963년 '부산시'가 '경상남도'에
　　　서 분리되고부터는 경상남도에서도 마산·진주·진해를 돌아가며 기념식을 가졌다.

널리 퍼저 갔다.

(ㄴ) 한글 반포 5백 여섯 돌 맞이 기념 식전은 한글학회 부산시성인교육
회 공보처 공동 주최, 문교부 해군본부 경상남도 부산시교육위원회
후원으로, 9일 오전 9시 반부터 시내 부민관에서 한글 학자를 비롯한
부산시성인교육회 회장 등의 관계 요원과 학교단체, 동회 대표, 각
사회단체 등 천여 명이 참석한 가운데 성대히 진행되었다. 〔줄임〕
부산사범학교 합창대의 한글노래 합창이 있은 다음 만세삼창으로
11시 30분경 폐회하였다.   - 경향신문 1952.10.10 : 2.

1953년 7월 27일 정전 협정이 체결된 후에 대한민국 정부도, 한글
학회도 서울로 돌아왔으며, 그해 한글날 기념식은 오전 11시부터 서
울대학(동숭동) 강당에서 가졌고(조선일보 1953.10.11 : 2), 그 후로는
끊기지 않았다.

지방에서도 나름대로 기념행사를 치렀다. 예컨대, 1952년과 1953년
전주에서는 전라북도교육위원회 주최로 도립극장에서 기념식과 강연
회를 가졌다(이병기 1976.04 : 660, 경향신문 1953.10.13 : 2). 1953년,
여주의 영릉에서도 경기도교육회와 한글학회 주최로, 세종대왕에 대
한 제례祭禮를 겸하여 한글날 기념식과 강연회를 가졌다. 한국전쟁으
로 말미암아 3년 동안 중단되었던 것을 되살린 것이었다(조선일보
1953.10.11 : 2).

3.5. '법정 국경일 제정' 건의

▌이미 가슴에 품은 국경일 앞의 3.2.1에서 살펴본 바와 같이, 1946

년 10월, 문교부장 유억겸은 500돌 한글날을 앞두고 담화를 발표했는데, 그 첫머리가 아래와 같았다.

(40)   이날은 한글날이니, 지금으로부터 500년 전에 우리 세종대왕께옵서
       우리 한글을 처음으로 지으사 우리에게 반포해 주신 날이다. 우리 민족
       이 기념할 만한 기쁜 날로서 금년부터는 국경일로 작정되어 우리 나라에
       서 영원히 민족적 국경일로 지켜 나갈 날이다. - 조선일보 1946.10.10 : 2.

이처럼 정부 부처의 장관이 공적公的인 공간에서 한글날을 '국경일'로 규정한 것이다. 그때는 국경일을 법제화(☞따온글 (43))하기 전이었으니, "금년부터는 국경일로 작정되어"라는 표현은, 군정청에서 그해 한글날을 '(임시) 공휴일'로 제정한 사실(☞3.2.1)을 착각한 실수였을 수 있고, 또는 희망을 투사한 발언이었을 개연성도 있다.[105]
   어떻든 그 무렵 언론에서도 한글날을 가리켜 국경일이라는 표현을 예사로 하였다. 몇몇 사례를 찾아 올리면 아래와 같다.

(41)(ㄱ) 한글을 쓰는 전민족이 오늘을 『國慶日국경일』로 정하고 이날을 뜻있
        게 기념코저 多彩다채한 기념행사를 거족적으로 거행함은 〔줄임〕 진
        실로 민족적 盛事성사라 하지 안흘 수 없다. / 이 국경일을 기하야 1인
        의 문맹도 없는 한글 민족의 영광이 自主자주 獨立독립과 함께 속히
        양성되기를 바라는 바다. - 동아일보 1946.10.09 : 1.[106]

---

105 이보다 몇 달 앞선 2월 21일, 군정청에서 "1946년 3월 1일을 경축일로 정함."을
     내용으로 하는 「경축일 공포에 관한 건」(군정 법률 제2호)을 제정했었는데, 그 '경축
     일'을 '국경일'이라 일컫는 경우도 있었다(동아일보 1946.02.20 : 2).
106 다음날, 덕수궁에서의 500돌 '기념식'을 사후 보도한 기사(1946.10.10 : 2)에서는

(ㄴ) 우리 민족의 國慶日로 제정된 오늘 9일은 지금으로부터 500여 년
전 세종대왕께서 「한글」을 반포하신, 천재일우의 기념일이다. 이날
을 마지하야 경건한 마음으로 세종대왕의 성덕을 추모하는 한편 만
국에 자랑할 우리 나라 국어를 한층 더 보급하고저 - 자유신문 1946.
10.09 : 2.

(42)(ㄱ) 오는 9일 국경일 「한글날」을 당하여 조선어학회에서는 아침 9시부
터 시내 경운동(慶雲洞) 천도교(天道敎) 강당에서 한글 반포 501주
년 기념식을 거행하는데, 이 자리에서 「조선말 큰사전」의 제1책 반포
식을 거행하기로 하였다 한다. - 경향신문 1947.10.07 : 3.

(ㄴ) 오는 시월 구일 우리 민족 문화 창건의 기념 국경일인 『한글날』에는
조선어학회 주최로 한글 반포 제501주년 기념식과 아울러 『조선말
큰사전』 제1책 반포식을 겸하여 아래와 가치 거행하기도 되엇는바
각게 유지 인사의 다수 참석을 바란다 한다. - 조선일보 1947.10.07 : 2.

(ㄷ) 오늘 10월 구일은 우리 민족 문화 창건의 기념 국경일인 『한글날』이
다. - 동아일보 1947.10.09 : 2.

이러한 보도들을 접하는 국민의 머리와 가슴에 한글날은 '온 나라와
온 국민의 경사스러운 날'로 각인되어 갔다. 아직 새로운 정부가 출발
하기 전이고, 국가 차원에서 법으로 규정한 국경일이 있는 것도 아니
었으나, 국민의 인식과 정서는 그런 범위를 초월하고 있었다.

하지만 군정청의 법령은 그와는 멀리 떨어져 있었다. 공휴일에 관
한 대통령령(☞따온글 (36))을 제정하고 나서 4달이 지난 1949년 10월

그 식을 '경축식'이라 하였다.

1일 국회에서 제정한 「국경일에 관한 법률」도 마찬가지였다. 그것이 '국경일'에 관한, 대한민국 최초의 법령이니, 내용은 아래와 같았다.

(43)

國慶日에 관한 법률

(제정 1949.10.01. 법률 제53호)

제1조 國家국가의 慶事경사로운 날을 기념하기 위하여 國慶日국
경일을 정한다.

제2조 국경일은 左좌와 같다.

삼일절   3월 1일

제헌절   7월 17일

광복절   8월 15일

개천절   10월 3일

제3조 本본 法법 시행에 필요한 사항은 大統領令대통령령으로
정한다.

　　　부칙

本法은 공포한 날로부터 시행한다.

'법률'은 '대통령령'보다 법적 지위가 높다. 법률 위에 헌법이 있지만 헌법으로 규정한 날이 없으니, 여기 '국경일'보다 법적 지위가 더 높은 날은 없는데, 법률 제53호에 한글날은 등록되지 않았다. 이 법률안[107]은 정부에서 제출했는데 거기에도 한글날은 없었으며, 국회에서

---

107 그 법률안에 7월 17일은 '헌법 공포 기념일', 8월 15일은 '독립 기념일'로 되어 있었는데, 국회의 심의 과정에서 각각 '제헌절', '광복절'로 확정되었다.

심의하는 과정에서도 한글날은 전혀 거론되지 않았다.

　▮'한글날의 국경일 법정화' 제안 및 건의　그처럼 한심한 결과를 접하고서 김윤경은, 그해 한글날에 즈음하여 『경향신문』에 발표한 글에서, 국회의원들을 향하여 아래와 같이 호소하였다.

(44)　끝으로 한 마디 국회의원 여러분에게 드리고 싶은 것은 한글날을 국경일의 하나로 넣어 줍소서 함이다. 정치적으로 해방된 광복절(光復節)이 국경일로 값이 있다 하면, 문화적으로 해방된 민족 영원의 생명력을 불어넣어 준 한글날은 그보다 더할지언정 못하지 않은 값을 가진 민족적 경일慶日이 될 것이다. 여러 국경일을 둠이 건국 사업에 지체되게 한다는 이유로 국경일을 줄임은 동감하는 바다. 제헌절(制憲節)은 광복의 한 진행 도정이라고 보아 광복절에 합치고서라도 한글날을 국경일에 넣어야 옳다고 생각한다. - 김윤경 1949.10.11 : 2.

광복절이 정치적 해방일로서 국경일의 가치가 있다면, 한글날은 민족에게 영원한 생명력을 불어넣어 준 문화적 해방일이니 그에 못지않은 가치가 있음을 지적하고, 한글날을 그와 동등한 국경일로 법정화法定化하기를 제안한 것이다. 국경일이 늘어나서 곤란하다면 제헌절을 광복절에 합쳐서라도 그렇게 해 달라고 호소했는데, 국회에서는 아무런 반응을 보이지 않았다.

　그로부터 7년이 흐른 1956년의 한글날 아침, 최현배가 『동아일보』에 논설(☞제3편의 05)을 발표하였다. 그는 한글의 역사성과 가치에 대한 설명을 시작하여, 국권 없던 시기에 한글학회가 어렵게 한글날을 이어 왔는데 국권을 회복하고도 10년 동안 여전히 한글학회가 힘들여 그 기념식을 주최하고 있음을 말하고,[108] 아래와 같이 결론하였다.

(45)   오늘날 우리나라의 진정한 내면적 완전한 독립 자주를 획득하기 위하여는, 한글날을 더 성대하고 더 엄숙하게 지키는 일이 간절히 요구된다. 한글학회는 결코 종래의 사명과 공헌을 조금도 변하고자 함은 아니요, 도리어 그 사명, 그 이념을 더 빛나게 살리기 위하여, 한글날을 나라의 공휴일로만 하는 데에 그치지 말고, 나라의 경절慶節로 하여 온 백성이 이날을 엄숙하게 또 즐겁게 지킴으로 말미암아, 세종대왕의 이상을 실현하여, 한글의 사명을 다할 날이 하루라도 빨리 오기를 간절히 바라는 바이다. - 최현배 1956.10.09 : 4.

한글날을 '나라의 공휴일'로만 두지 말고 '나라의 경절'로 법정화하여, 한글날을 더 성대하고 더 엄숙하게 지키자는 것이었다. 궁극적으로 그것은 '진정한 내면적 완전한 독립 자주를 획득'하는 길이라고 설파하였다. 요컨대, 달라진 시대 상황에 맞게 정부가 나서 달라는 것이었다.

또 1958년 10월 23일에는 세종대왕기념사업회(부회장 : 최현배)[109]

---

108 그 대목에서 "한글학회의 사업 및 경제가 부자연스럽게도 쇠약하여짐에 따라, 한글날의 기념식은 너무도 소조한 감이 없지 아니하여"라는 말도 덧붙였다. 글쓴이는 당시 한글학회의 대표자였으니, 이러한 표현에서 그 무렵 한글학회의 경제적 어려움을 짐작할 수 있다.

109 학술계·예술계·교육계의 중진과 28개 문화단체 대표의 발의로, 1956년 한글날 기념식장에서 세종대왕기념사업회를 창립하였다. 1968년 8월 16일까지는 문교부 장관이 당연직으로 회장을 맡은 가운데 실질적인 운영은 부회장이 하였으며, 그해 8월 17일부터 회장직이 민간으로 넘어왔다. 최현배는 1968년 8월 16일까지는 부회

배재고교 강당에서 거행한 1958년 기념식의 한 장면.

와 한글학회(이사장 : 최현배) 합동 회의[110]에서 '한글날을 국경일로 격상하라'는 요지의 건의서를 내기로 결의하였으며, 그에 따라 대한교육연합회(교련), 전국문화단체총연합회(문총)와 함께 대통령(이승만)에게 한글날을 국경일로 행하여 달라는 건의서를 내었다(세종대왕기념사업회 1981.12 : 88). 하지만 정부에서는 이렇다 할 반응을 보이지 않았다.

그렇게 1년 반이 흐른 1960년, 4·19혁명이 일어났다. 학생들이 중심이 된 그 혁명으로 독재와 부정으로 얼룩진 제1공화국을 무너뜨렸다. 그리고 8월 12일 제2공화국을 세웠으니, 대통령은 윤보선이었다.

장으로서, 그 이후로 세상을 떠날 때(1970.03.23)까지는 회장으로서 회를 이끌었다.
110 한글학회는 그해 한글날 전국의 도청 소재지에서 열린 기념 강연회에 연사를 파견했었다. 이 회의는 그 강연회에 참석하고 돌아온 연사들의 보고회와 세종대왕기념사업회 상임이사회를 겸한 회의였다.

그런데, 9달 후에는 5·16 군사정변이 있었고, 그로부터 2년 반 동안은 정변을 일으킨 군인들이 특별한 기구를 만들어 나라를 통치하였다. 그 특별한 기구의 최종 명칭은 '국가재건 최고회의'였는데, 1962년 그 기구의 의장 박정희가 여주의 영릉에서 거행한 한글날 기념식[111]에 참석하여 세종대왕 앞에 분향하고 배례하였다.

박정희는 1963년 12월 17일 출발한 제3공화국의 대통령이 되었으며, 그 정부에서는 대통령의 특별한 관심으로 한글 사용의 확산 정책을 시행하였다. 취임하고 처음 맞이한 1964년 한글날 대통령은 "국민 한사람 한사람이 가장 과학적이고 실용적인 우리 한글을 힘써 활용하여 새로운 문화를 창조하는 데 우리의 의욕과 창의를 집결할 것"(경향신문 1964.10.09 : 3)을 다짐하는 내용의 담화문을 발표하였으며, 1965년 한글날에도 한글의 가치와 유용성을 강조하는 내용의 담화문(☞제3편의 07)을 발표하였다.[112]

그런 분위기를 이용하여, 세종대왕기념사업회와 한글학회는 1966년 2월, 12개 문화단체[113]의 서명을 받아 한글날의 국경일 승격을 간

---

111 그 기념식은 제1회 '세종문화 큰잔치' 행사의 첫째 차례였다. 경기도에서는 1947년부터 해마다 영릉에서 한글날 기념식(☞따온글 (33)ⓒ)을 거행해 왔는데, 1962년에는 기념식 외에 다채로운 행사를 추가하고 그 이름을 '세종문화 큰잔치'라 붙인 것이다. 그 잔치는 1976년까지 이어졌는데, 한동안 중단되었다가 1986년부터 되살렸다. (1961년 한글날에는 윤보선 대통령이 영릉의 한글날 기념식에 참석하고 연설도 하였다.)

112 그 이후에도 1975년까지 한글날마다 대통령의 담화문 발표가 있었다.

113 세종대왕기념사업회, 한국예술문화단체총연합회, 민족문화협의회, 배달문화연구원, 대한교육연합회, 한국문인협회, 한글타자연구회, 새싹회, 한국국어교육학회, 한국 어문학 연구회, 국어국문학회, 한글학회.

청하는 건의서를 문교부(장관:권오병)에 제출했으니, 중요 내용은 아래와 같았다.

(46)   우리가 세종대왕께서 한글 곧 훈민정음을 반포하신 날을 알게 된 것이, 지금으로부터 40년 전인 1926년 병인년이었고, 그해부터 훈민정음 반포한 날을 '한글날'이라 정하여 해마다 기념하게 된 것이며, 계속하여 한결같이 한글학회(8·15 전에는 조선어학회) 주최로만 이 거족적 행사를 도맡아 행하여 오다가, 이승만 대통령 때에, 이것을 국경일로 행하여 달라는 건의를 한 바 있었으나, 다만 공휴일로만 정하여 오던 중, 세종대왕기념사업회가 발족한 이래 1957년 한글날부터 공동주최로 지켜 왔습니다.

한글날 기념행사 범절이 다른 국경일 행사와 다를 것이 없는데, 다만 국경일로의 법적 조처만이 안 되었을 뿐, 우리 나라 국경일을 살펴보건대, 3·1절, 광복절, 제헌절, 개천절 들인데, 국가적으로 경사를 기념하는 날 중에 오히려 한글날을 우위로 하는 것이 문화 민족의 처사가 아닌가 하여, 우리 뜻을 같이한 문화단체들은 획기적으로 우리 정부 당국에 간청 건의하는 바입니다. (온글 ☞ 제3편의 08). - 한글학회 1966. 03 : 115.

이 건의서를 최종적으로 넘겨받은 사회교육과에서는 '한글날을 국경일로 정하는 데 대한 건의서'라는 공문[114]을 작성하여, 3월 9일 총무처(오늘날의 행정안전부) 장관에게 보냈다. 국경일에 관한 사무는 총무

---

114 그 공문의 기안일은 2월 19일, 기안자는 사회교육과 박종국이고, 문교부 장관의 결제일은 3월 8일이었다.

처의 일이었기 때문인데, 문교부는 그 공문에서 "한글날은, 별지 건의
서의 내용과 같이 마땅히 국경일로 정하여, 전 국민이 다 같이 경축하
여야 할 날이라고 생각되옵기 첨언합니다."라는 의견을 덧붙였다.

한편, 문화재관리국(문교부의 외청)에서는 5월 하순에 이르러 또
다른 국경일을 정하기 위하여 움직였다. 충무공 이순신 장군의 위업
과 정신을 더 거국적으로 드높일 방안을 마련하라는 대통령의 특별
지시에 따른 것이었으니, 결국 그 국에서는 기존의 '충무공 탄생 기념
일'(4월 28일) 외에, 한산대첩 기념일인 7월 6일을 '대첩절大捷節'이라
하여 국경일로 제정하여 주기를 문교부 장관에게 의뢰하였다.

문화단체들의 건의와 문화재관리국의 의뢰를 받은 문교부 기획관
리실에서는 6월 8일, "대첩절 7월 6일"과 "한글날 10월 9일"을 국경
일에 추가하는 내용의 공문, 「국경일에 관한 법률 개정 의뢰」를 기안
하였다. 총무처 장관 앞으로 보낼 공문이었으니, 「국경일에 관한 법률」
개정안을 국회에 제출해 주기를 의뢰하는 내용이었다. 하지만 장관의
결재 과정에서 '대첩절' 제정이 무리임을 확인하고, 그 공문은 결국
폐기하였다.[115] 그로써 '한글날의 국경일' 제정까지도 없던 일처럼 묻
히고 말았다.

---

115 물론 논란이 된 것은 '대첩절' 제정이었다. 폐기한 공문 기안지에 보면, '3인'에게
   의견을 물었더니 '충무공 탄생 기념일'과 '대첩절' 중에서 하나만 공휴일로 함이
   옳겠다는 의견이 있었으며, 국사편찬위원회에서도 '부정적 색채가 짙은 신중론'을
   보였다는 내용의 메모가 첨가되어 있다.

3.6. 중앙 기념식의 이모저모

초창기부터 그랬듯이, 1945년부터 1980년까지 중앙의 기념식은 한
글학회가 중심이 되어 주최하였다. 그런데 민간 학술단체로서 광복
이후 해마다 대규모의 식을 주관하는 것은 여간 힘겨운 일이 아니었
다. 그런 사정으로 네댓 차례는 대한교육연합회와 함께 주최했으며,
그밖에도 몇몇 단체의 도움을 받아야 했다. 그러다가 세종대왕기념사
업회 창립 이후 1957년부터는 줄곧 두 회가 공동 명의로 주최했는데,
하지만 실제적인 업무는 여전히 한글학회가 맡아 수행하였다.

식장은 1953년~1961년에는 여러 학교[116]의 강당, 명동의 시공관市
公館(오늘날의 명동예술극장), 태평로의 국민회당(오늘날의 서울시의회)

세종대왕기념관 앞뜰에서 거행한 1970년 기념식의 한 장면.

116　1953년 서울대학교(동숭동), 1954~1955년 풍문여고(안국동), 1956년 경기여고(정
　　동), 1957년 시공관, 1958년 배재고(정동), 1959년 시공관, 1960년 진명여고(창성
　　동), 1961년 국민회당.

1978년 한글날 기념식(서울시민회관 별관)의 한 장면.

등을 빌려 썼으며, 1962년~1967년에는 세종로의 서울시민회관(오늘날의 세종문화회관)을 빌려 사용하였다. 세종대왕기념관을 청량리동의 홍릉 터에 건립하기로 한 1968년[117]부터 1975년까지는 그 앞뜰을 이용하였다. 1976년~1980년 동안에는 다시 태평로의 서울시민회관 별관(오늘날의 서울시의회)을 빌려 사용하였다.

기념식에는 식사·기념사·축사의 순서가 있었다. 1947년~1967년 동안은 식사·기념사를 하는 사람이 일정하지 않았으니, 1947년~1956년에는 주로 한글학회 이사장, 문교부 장관, 대한교육연합회 회장이 식사나 기념사를 하였고, 1957년~1967년에는 한글학회 이사장과 세종대왕기념사업회 회장[118]이 번갈아 식사나 기념사를 하였다. 축사는

---

117 1968년의 한글날 기념식은 세종대왕기념관 기공식을 겸하여 베풀었다.
118 창립(1956년 10월) 때부터 1968년 8월까지는 문교부 장관이 당연직 회장이었다

주로 국회의장과 문교부 장관이 했으며,
간혹 대법원장도 하였다. 1960~1961년
에는 최초로 대통령(윤보선)이 참석하
였으며, 직접 '축사'도 하였다.[119] 그러다
가 1968년부터 한글학회 이사장이나
세종대왕기념사업회 회장이 주최자로
서 '식사'(더러 '기념사'라고도 하였음)를
하고, 이어서 국무총리나 부총리가 '기
념사'를 하고, 국회의장이 '축사'를 하는
것으로 정형화定形化하여 1981년까지
이어졌다.

1960년 한글날 기념식에서
축사하는 대통령(윤보선).

▌식사 및 기념사의 내용 식사나 기념사의 내용을 보면, 앞의 (32)에
서 본 바와 같이 광복 직후에는 우리 말과 글을 되찾은 소감과 감격의
내용이 주를 이루었다. 그리고 그때부터 1960년대 중반까지는 한글
의 학습과 교육, 확산을 강조하는 내용이 많았다. 광복은 되었으나
그때까지도 한글을 해득하지 못한 국민이 많았으니(☞89쪽), 그런 상
황을 시급히 해소해야 한다고 인식한 결과였다. 그러한 내용을 담은,
한 구절을 올리면 아래와 같다.[120]

(☞각주 109).

119 1964년~1975년 동안에는 한글날마다 대통령(박정희)의 담화문 발표가 있었다. 제3
    편의 07은 그 하나의 보기이다.

120 1964년의 대통령 담화문에서도 '한글을 힘써 활용할 것'을 말하고, 1967년에는 '문

(47)　이제 우리들은 세계의 자랑거리인 한글을 항상 갈고 닦아서 더욱
　　　빛내야 함은 물론이려니와, 아직도 우리 국민 중에서 2할이나 되는
　　　문맹자들에게 하루속히 한글을 익히게 하여 우리나라에 글 모르는
　　　소경이 한 사람도 없도록 함으로써 세종대왕의 거룩한 뜻이 더욱더
　　　빛나게 실현되어야 하겠습니다. 〔줄임〕 우리 국민이 한 사람도 빠짐없
　　　이 한글을 배우고 한글을 사용함으로 말미암아 나라의 힘과 겨레의
　　　행복이 더욱더 증진되기를 빌면서 기념사에 대하는 바입니다. (온글 ☞
　　　제3편의 06). - 1962년, 516돌 한글날 기념사(문교부 장관 겸 세종대왕기념사
　　　업회 회장 김상협).

　1960년대 중반부터 1970년대 중반까지는 한글만 쓰기(한글 전용)
에 관한 내용이 빠지지 않았다. 그때는 공문서는 물론이요, 특히 절대
다수의 신문과 잡지가 한자 섞어 쓰기(한자 혼용)를 고수하는 실정이
었다. 그러므로 기념식 주최자인, 한글학회와 세종대왕기념사업회의
대표는 식사 · 기념사를 통하여 한글전용의 시행을 촉구하고 한글전
용의 실현을 위하여 끝까지 노력할 것을 다짐하였다. 한두 구절을
올리면 아래와 같다.

(48)　우리는 과거의 배은망덕의 허물을 보상하기 위하여, 또 만대의 뒷줄
　　　(후예)에게 부끄러움을 물려주지 않기 위하여 마땅히 굳센 결심과 용기
　　　를 진작(振作)하여 한글만 쓰기를 단행하지 않으면 안 되겠습니다.
　　　〔줄임〕 또 시대 정신의 요청인 과학 기술의 발달과 민주주의 사회의
　　　건설을 위하여 반드시 실현하지 않으면 안 된다고 생각합니다. 정부가

맹 퇴치'의 중요성을 언급하였다.

1970년부터는 모든 공문서에 한글만 쓰기를 단행하기로 한 것은 무엇보다도 나라의 경사, 겨레의 기쁨입니다. (온글☞ 제3편의 09). ‑1969년, 523돌 한글날 식사(한글학회 이사장 최현배).

(49) 1948년 국회에서 한글전용의 법률을 제정한 것은 크나큰 역사적인 의미가 있습니다. 그러나 그로부터 오늘에 이르기까지 4반세기가 지났건만, 이 법률은 아직 완전한 빛을 보지 못하고 있습니다. 일부 보수적인 세력이 역사의 수레바퀴를 한사코 뒤에서 끌어당기고 있기 때문입니다.

〔1개 단락 줄임〕 오늘, 또 돌아온 한글날을 맞이하여, 우리는 세종대왕의 정치가로서의 위대성과 학자로서의 우월성을 찬양함과 아울러, 우리 한글의 주체적인 사용이 확립될 때까지, 계속해서 있는 힘을 다할 것임을 다짐하면서 기념사를 끝맺겠습니다. ‑1972년, 526돌 한글날 식사(한글학회 이사장 허웅).

1970년대 중반부터의 식사나 기념사에서는 한글과 함께 우리말(한국어)에 대한 언급으로 범위가 넓어졌으니, 아래의 구절에서 그러한 사실을 확인할 수 있다.

(50) 뿐만 아니라 한글에 의한 글자 생활은 외래어에 의해 가리워졌던 우리말의 참된 모습을 되찾는 길이기도 합니다. 이것은 오늘날 추진되고 있는 국어 순화의 바른 길이기도 한 것입니다.

한글 반포 530년을 맞는 오늘, 우리는 나라말을 사랑하고 나라글을 사랑하여 민족 문화를 계승 발전시켜 나가는 데에 모든 힘을 다할 것을 마음속 깊이 다짐하면서 온 국민의 적극적인 호응이 있으시기를 간절히 호소하는 바입니다. (온글☞ 제3편의 10). ‑1976년, 530돌 한글날 식사(한글학회 이사장 허웅).

(51)   지금 우리가 바른 말 고운 말을 쓰는 국어 순화 운동을 벌이고 있는
것도 우리의 글과 말을 더욱 갈고 닦아 우리의 언어생활을 향상시키고
나아가 우리의 자주 정신을 선양하자는 데 그 참뜻이 있는 것입니다.
그런데 말과 글을 올바로 배우고 바르게 쓰는 일은 이 분야에 종사하
는 전문가들에게만 맡겨진 일이 아니며, 국민 각자가 국어의 중요성과
한글의 가치를 깊이 깨달아 건전하고 품위 있는 언어생활을 영위하도
록 노력을 기울여 나가야 할 것입니다. - 1977년, 531돌 한글날 기념사(국
무총리 최규하).

(52)   이렇게 한글에 관한, 지난 일을 돌이켜보는 것은 오늘과 앞날에
우리가 마땅히 해야 할 국어의 연구와 그 보급·순화의 사명을 다짐하
기 위해서입니다. 겨레의 흥망과 문화의 성쇠는 긴밀한 관계를 가진
것이며, 문화의 발전은 말과 글에 바탕하는 것입니다. 〔줄임〕 오늘날
우리의 지상 과제인 통일과 번영을 위해서는 우리의 말과 글을 다듬어
주체 의식을 드높이는 것이 절대 필요합니다. (온글 ☞ 제3편의 11). - 1979
년, 533돌 한글날 식사(세종대왕기념사업회 회장 이관구).

한글 보급이 일정한 수준에 다다르고 한글만 쓰기가 차츰 뿌리를
내리는 상황에서, 더 중요하고 궁극적인 실체인 우리말로 시야를 넓
힌 것인데,[121] 이러한 방향은 오늘날까지 계승되고 있다.

물론 지방의 기념식과 기념행사도 끊어지지 않았다. 부산시를 비롯
하여 경기도, 전라북도, 충청남도 등에서 자체의 기념식을 가졌는데,

---

121 북쪽(평양)은 다르다. '훈민정음 창제 기념일'에 즈음하여 벌이는 기념식이나 발표
하는 기념글에서 2004년까지 줄곧 훈민정음(한글)에 초점을 맞추며, 2014년 1월
15일에 처음으로 '민족어(조선어)'에 초점을 맞춘 토론회를 가진다. 자세한 내용은
제2편의 6.1.2~3.에서 다룬다.

1972년 한글날, 경기도 여주군의 영릉(세종대왕 무덤) 앞에서
거행한 '세종문화 큰잔치'의 한 장면.

주최자는 지역과 상황에 따라 조금씩 달랐으나 대개는 교육위원회(오늘의 광역교육청)나 한글학회 지회가 중심이 되었다. 예컨대 1977년 경상남도 마산시에서는, 한글학회 '마산지회'(2011년 '경남지회'로 이름 고침)와 마산외솔회가 공동으로, 초·중·고교 재학생 대상의 '국어 순화 경시 대회'를 창설하였다. 해마다 빠짐없이 한글날 기념으로 계속하여, 2022년에는 제46회 대회를 치렀다.

3.7. 중앙 기념식의 주최권을 정부로 넘김

1981년에는 중앙 기념식을 서울특별시가 주최하였다. 획기적인 변화였다. 첫 기념 축하회로부터 55년 동안 줄곧 민간의 한글학회가 주최해 오던 것을 처음으로 관官이 주최한 것이다.

서울특별시와의 사전 협의를 통하여, 한글학회와 세종대왕기념사업회가 기념식 주최권을 서울특별시로 넘긴 결과였다. 사회가 다변화하고 기념식의 규모가 커지면서 해마다 돌아오는 기념식의 업무와 재정을 감당하기에 더 견디기 어려운 상황[122]이었으므로 서울특별시의 제안을 받아들인 것이었다. 두 회에서는 서울특별시에 기념식을 더욱 알차고 성대하게 치를 것을 당부하였고, 서울특별시에서도 그렇게 할 것을 약속하였다.

기념식 주최권이 관청으로 넘어가고부터, 기념식 참석자의 분포에도 변화가 있었다. 1945년부터 그때까지는 대체로 중등학생이 참석자의 대다수를 차지했었는데, 1981년에는 일반 시민의 비중이 절반을 넘었다.[123]

---

122 25년 전, 이사장 최현배의 언급(☞각주 108)에서 짐작할 수 있듯이, 한글날 기념식에 들이는 노력과 재정은 오랫동안 한글학회의 큰 부담이었다.
123 그때부터 일반 시민의 비중은 점점 더 늘어났으며, 오늘날은 오히려 학생은 매우 드물다.

4. '법정 기념일' 시기의 한글날

4.1. 법정 기념일이 된 한글날

중앙정부에서는 1982년 5월 15일 「각종 기념일 등에 관한 규정」을 개정하여 대통령령 제10824호로 공포하였다. 그로써 한글날이 법정 기념일이 되었다. 「각종 기념일 등에 관한 규정」은 1973년 3월 30일 처음 제정한 것으로, 정부에서 주관하는 몇 가지 기념일 행사에 관하여 규정이었다. 그 최초의 규정에서 향토예비군의 날, 조세의 날, 충무공 탄신, 어린이날, 어버이날, 수출의 날, 세계 인권선언 기념일을 포함하여 26개를 정했었는데, 한글날은 아니었다. 1982년의 이 대통령령에 이르러서야 식목일, 스승의 날, 현충일, 국제연합일, 육림의 날과 함께 한글날이 추가된 것이다.[124]

그로써 '공휴일'이기만 했던 한글날이 '법정 기념일', 다시 말하면 국가에서 지정한 기념일이 되었다. 1926년 11월 4일, 국권도 없는 상황에서 순수 민간단체인 조선어연구회가 중심이 되어 '가갸날'을 제정하고, 온 겨레가 더불어 기념해 온 지 46년 5달이 지난 후에야 법정 기념일이 된 것이다. 법적 지위가 더 높아진 것은 아니지만, 그렇게 됨으로써 중앙에서 거행하는 기념행사에 관한 업무는 서울특별시에서 중앙 부처인 문화공보부로 옮겨졌으며, 2005년까지 그 부

---

124 그 후에도 여러 차례의 개정이 있었는데, 대통령령 제31264호(2020.12.15. 일부 개정)에서부터 법정 기념일은 53개가 되었다.

1985년 한글날, 부산 기념식
(부산시민회관)의 한 장면.

1987년 한글날, 경기도 기념식
(수원시민회관)의 한 장면.

에서 집행하였다. 같은 기간에 부산·대구·대전·인천, 경기도(수원) 등에서도 자체의 기념식을 거행하였다.

▮중앙 기념식의 이모저모　1982~2005년 동안의 중앙 기념식은 주로 세종문화회관이나 국립극장[125]에서 거행하였다. 국무총리가 참석하여 기념사를 했으며, 축사는 빠졌다. 한글학회 이사장은 '훈민정음 서문'을 낭독하고, 세종대왕기념사업회 회장은 만세삼창을 선도하였다.

125　1983~1990년에는 세종문화회관의 소강당에서, 1981년과 1991~2001년과 2004년 은 대강당에서 치렀다. 1982년, 2002~2003년, 2005년은 장충동의 국립극장에서 거행하였다.

기념사의 내용을 보면, 1981~1990년 동안은 한글 창제에 담긴 세종대왕의 정신을 이어받아 나라 발전의 원동력으로 삼자는 내용이 주류였다(☞제3편의 12~13).

대체로 1991년부터는, 정보화 시대를 거론하며 우리말을 잘 가다듬고 한글을 계속 발전시켜 나가야 함을 강조하는 내용이 많았다. 한두 구절을 올려 보면 아래와 같다.

(53)   정부는 다가오는 정보화 시대에 적극 대비하여 한글의 과학화·기계화를 본격적으로 추진하는 노력과 함께, 우리 말과 글을 아름답고 풍부하게 가꾸고 다듬은 데에도 힘을 기울여 나갈 것입니다. - 1991년, 545돌 한글날 기념사(국무총리 정원식).

(54)   이제 우리 눈앞에 다가온 21세기 고도 정보화 사회를 앞두고 한글을 과학화·정보화된, 경쟁력 있는 문자로 발전시켜 나가야 하겠습니다. - 1998년, 552돌 한글날 기념사(국무총리 김종필).

또한 그 무렵부터, 남·북 언어의 통일과 관련해서도 자주 언급했는데, 1995년의 기념사에서부터는 우리 말과 글이 우리 민족을 묶어 주는 밑바탕임을 강조하는 경우가 많았다.

(55)   아울러 우리는 지난 반세기 동안의 남북 분단으로 훼손된 민족의 동질성과 공동체 의식을 회복하는 데에도 우리의 말과 글이 그 기반이 된다는 사실을 깊이 되새겨 남·북 간의 언어 이질화를 극복하는 데에도 힘을 기울여야 하겠습니다. - 1995년, 549돌 한글날 기념사(국무총리 이홍구).

(56)   우리는 공통의 언어, 공통의 문자, 공통의 문화를 바탕으로 민족의

힘을 한데 모아, 남북 간의 어려움을 극복하고 세계화 시대의 도전을
해결해 가면서 21세기 최고의 문화 민족, 문화 강국을 만들어 갈 것입
니다.

오늘 오백쉰여덟번째 한글날을 계기로 동포 여러분 모두, 한글과
한국어가 우리 민족을 한데 묶는 거멀못이 되고, 문화 발전의 중심이
될 수 있도록 힘을 모아 주시기 바랍니다. - 2004년, 558돌 한글날 기념사
(국무총리 이해찬).

그리고 2000년부터는 청중을 부르는 말이 종래의 "국민 여러분!"에
서 "국내외 동포 여러분!"[126]으로 바뀌었다. 대한민국 바깥의 동포로

1993년 한글날, 한글학회에서 주최한
표창 및 시상식(한글회관 강당)의 한 장면.

---

126 대체로 2016년까지 그렇게 하다가 2017년부터는 경축사의 내용에 따라 "나라 안팎
의 우리 겨레 여러분!", "북한과 해외의 동포 여러분!"으로 부르기도 하고, "한글을
사랑하시는 세계인 여러분"으로도 부른다. 2020년부터는 다시 "국민 여러분"이 중
심을 이룬다.

까지 지평을 넓힌 것이니, 지구촌 시대에 발맞춘 선택이었다.

기념식 외에도 갖가지 기념행사를 벌였다. 서울의 경우, 한글학회는 중앙 기념식의 주최권을 정부에 넘겨주고 나서도, 1981년부터 한글날마다 표창·시상식을 가졌으며, 또 다른 날을 잡아 기념 학술대회도 열었다. 세종대왕기념사업회는 1982~1985년 동안에는 해마다 한글날을 전후하여 학술 강연회를 가졌으며, 1990~2006년 동안에는 다양한 주제로 전시회를 열었다. 전국 곳곳의 학교, 단체, 회사는 물론이요 마을 단위에서도 기념행사를 벌이곤 하였다.

4.2. '법정 공휴일 제외' 움직임과 그 반대 운동

1990년이 되자 변고의 조짐이 나타났다. 1988년에 들어선 노태우 정부에서 '노는 날이 많아 경제 활동에 지장이 많다'는 경제단체의 건의를 받아들여, 공휴일을 줄인다는 소문이 나돌기 시작했다. 한글날도 공휴일에서 제외한다는 것이었다.

이러한 소식을 접한 한글학회에서는 1990년 4월 25일 처음으로 '한글날 공휴일 제외 반대 건의서'를 대통령에게 내었다. 그 건의서는 한글의 가치를 비롯하여 한글날의 유래와 의미를 서술한 다음에 "이러한 한글날의 유래와 그 뜻을 알고 있는 한국 국민이라면, 한글날을 공휴일로 삼지 말자는 말은 할 수 없을 것입니다. 관계 당국에서는 다시는 이런 소문이 떠돌지 않도록 적절한 조처가 있어야 할 것으로 생각합니다."로 끝을 맺었다. 전국 국어운동 대학생동문회(대표 : 이

1990년 한글날 기념식(세종문화회관 소강당)의 한 장면.

대로)에서도 4월 15일자로 반대 건의서를 대통령에게 내었다.

　한글날 공휴일 제외 반대 운동은 그렇게 불이 붙었는데, 그 불길은 삽시간에 전국으로, 각계각층으로 번져 나갔다. 4월 28일부터 5월까지 애산학회, 한국땅이름학회, 대한음성학회, 한글문화원, 외솔회, 세종대왕기념사업회 등에서 건의서·청원서·성명서 등을 잇달아 내었다. 5월 22일에는 사회·문화·학술 단체의 대표, 원로, 교수, 문인 등, 139명이 서명한 반대 건의서를 대통령에게 제출하였다. 한글학회 울산지회와 진주의 우리말사랑회에서는 자기 고장의 교원을 중심으로 각각 280명과 101명의 서명을 받은 건의서를 대통령에게 제출하였다. 개인적으로 각종 매체를 통하여 반대 논설을 발표한 이도 많았다. 그리고 전국 국어운동 대학생동문회와 전국 한말글운동 대학동아리 연합은 공동으로 5월 19일 한글회관에서 공개 토론회를 열었다. 공병

우를 비롯하여 문화계 지도자 33명은 "한글날을 공휴일에서 제외하려면 우선 국민투표로 국민의 뜻을 물어 보거나 적어도 국회의 결의만은 거쳐야 할 것임"을 주장하는 청원서를 11월 22일 대통령에게 내었다.[127] 여러 신문에서는 반대 운동과 여론을 적극적으로 보도·게재하였다(한글학회 1990.05~10).

그렇게 광범위한 반대 운동을 펼쳤지만, 한글날을 공휴일에서 제외한 '대통령령 제13155호'(관공서의 공휴일에 관한 규정)[128]는 1990년 11월 5일 확정(1991.01.01. 시행)되고 말았다. 한글날이 끝내 각종 기념일 중의 하나가 되어버린 것이다. 그리하여 1991년부터 2005년까지 한글날은 공휴일에서 제외된 채로, 법의 날, 6·25 사변일, 철도의 날, 재향군인의 날, 저축의 날, 무역의 날 등과 동등한 지위의 '기념일'로만 명맥을 유지하였다.

하지만 대다수 국민은 한글날이 없어진 것으로, 또는 한글날의 위상이 아주 낮아진 것으로 받아들였다. 심지어 '한글날이 폐지되었다'고 쓴 언론매체도 있었다. 1990년의 한글날 사태를 지켜보는 국민들의 실망감과 공허감이 그처럼 컸던 것이다.

---

127 이미 한글날을 공휴일에서 빼기로 결정한 후였다.
128 앞의 (36)에 올린 대통령령의 내용은 1989년 2월 1일까지 모두 13번의 일부 개정이 있었으나 "10월 9일(한글날)"은 줄곧 제 자리를 차지하고 있었는데, 여기에 이르러 그것이 삭제되었다.

4.3. '법정 국경일 제정'으로 목표 전환

4.3.1. '법정 국경일 제정' 운동의 재점화

대통령령 제13155호(1990.11.05)가 공포된 후에도 정부의 처사에 반대하는 목소리는 수그러들지 않았다. 주장이나 요구의 내용은 대체로 '공휴일 제외 반대'에서 '공휴일 환원'으로 바뀌었지만, 상황을 잘 모르고 여전히 '국경일 환원'[129]을 부르짖는 사례가 많았다.

한편에서는, 1990년의 변고를 겪으면서 한글날의 법적 지위를 제대로 파악하게 되었다.[130] '국경일 환원'은 아예 성립 불가능한 논제일 뿐만 아니라, '공휴일 환원'보다 더 중요한 문제가 있음을 깨달은 것이다. 이에 한글학회에서는 1990년 11월 5일 펴낸 『한글 새소식』 제219호에 "대통령 각하께서는 일부 공무원의 실수에서 비롯된 이번의 결정을 거두어 주시고, 우리 겨레의 자주성과 독창성을 한껏 드높일 수 있도록 한글날을 '국경일'로 선포해 주시기를 간곡히 청원합니다."로 끝맺는 청원서 문안과 서명 용지를 게재하여 전국으로 배포하였다. 그렇게 '공휴일' 운동은 '국경일' 운동으로 방향을 틀었다. 합동 회의(☞각주 110)가 있은 지 30여 년이 지난 후에 국경일 승격 운동에

---

129 1946년부터 한글날을 '국경일'이라 한 것(☞따온글 (40)~(42)), 한글날의 식을 '경축식', '경축 식전'이라 한 것(☞각주 106), 그리고 1981년의 국무총리 기념사(☞제3편의 12)에 거듭 등장하는 "한글날을 경축하다"라는 표현 등에서, 일반인은 물론이요 신문기자나 고위 공무원까지도 한글날을 '국경일'로 알고 있었음이 확인된다.

130 1990년의 변고가 생겼을 때에, (46)의 건의서 제출(1966년)에 대하여 귀띔하는 사람이 거의 없었다.

다시 불을 붙인 것이었다.

그러함에도 여전히 '국경일 환원'을 주장하는 사례가 있어 국경일 승격 운동의 타당성을 의심하게 하는 일이 없지 않았다. 그러한 상황을 해소하기 위한 의견 발표와 논의도 이어졌으니, 예컨대 리의도(1991.10)에서 '공휴일'은 '기념일'이나 '국경일'과는 다른 개념임을 상세히 풀이하고, "한글날은 우리 겨레에게 그 어떤 날보다도 경사스럽고 자랑스러운 날이다. 〔줄임〕 그러므로 한글날을 '공휴 기념일'로 환원하는 데서 그치지 않고, 법률이 정하는 '국경일'로 그 지위를 높여야 한다."(온글 ☞ 제3편의 14)고 설파하였다. 그런 과정들을 통하여 '공휴일'과 '국경일'의 차이에 대한 올바른 이해가 점차 확산되어 갔다.

그리하여 한글학회에서 시작한 청원서 서명 운동은 1991년 9월 11일에 4만여 명이 서명한 청원서를 묶어 대통령에게 냄으로써 마무리되었다. 10달 동안 한겨레의 말글과 앞날을 걱정하는, 전국 방방곡곡의 농어민, 주부, 직장인, 공무원, 학생, 각급학교 교원, 여러 기관과 단체 들이 마음과 힘은 모은 결과였다. 특히 경상대학교(진주)의 몇몇 교수와 국어교육과 학생들이 나서서 2천이 넘는 서명을 받아 주었다(한글학회 1991.10 : 24).

그런데, 국경일 승격은 결국 법률의 문제였다. 3.3의 (36)에 올린 법률을 개정하는 일이니, 국회가 열쇠를 쥐고 있는 셈이었다. 이에 한글문화단체 모두모임(회장 : 안호상)에서는 10월 1일 국회의장에게 청원서를 내었다(한글학회 1991.10 : 25).

4.3.2. 법률 개정 운동의 전개

▌제15대 국회 시기　제15대 국회가 개원하자, 1996년 8월 15일 한글문화단체 모두모임에서 한글날을 법정 국경일로 경축할 것을 강력하게 요청하는 내용의 성명서를 발표하였다. 또, 1998년 김대중 정부가 들어서자 2월 25일에 대통령에게 우리 말글 전반에 관한 내용을 담은 청원서를 내었는데, 거기서도 한글날을 법정 국경일로 제정할 것을 촉구하였다. 지방자치단체에서도 움직이기 시작했으니, 세종대왕 무덤이 있는 여주군의 의원 11명이 1997년 7월 1일 국회에다 국경일 지정을 요구하는 청원서를 제출하였다.

1999년, 마침내 한글날의 주무 부처인 문화관광부가 전면에 나섰다. 그동안 각계각층에서 펼쳐 온 운동의 취지에 공감하고 호응한

1996년 한글날 기념식(세종문화회관 대강당)의 한 장면.

것이었다. '한글날의 국경일 승격·제정 추진계획'[131]을 작성하고, 그 계획을 담아 3월 17일 '한글날 국경일 승격·제정 협조'라는 이름의 공문을 행정자치부 장관 앞으로 보내었다. 그 추진계획 속에는, 앞서 1990년에 한글날을 공휴일에서 제외한 조치는 "한글날 제정의 뜻에 대한 심층적 검토가 미흡했던 결과"라는 평가까지 명시하였다. 당장의 결과는 없었지만 중앙정부의 관련 부처가 적극적으로 움직이기 시작했다는 점에서 기대를 갖게 하였다.

한글학회도 다시 적극적으로 움직이기 시작하였다. 1999년 6월에는 여론 조사 회사에 의뢰하여 '한글날의 국경일 제정에 관한 국민 여론 조사'를 하였고,[132] 7월 9일에는 세종문화회관 대회의실에서 '한글날 국경일 제정 공청회'를 개최하였다.

그러나 별다른 성과 없이 제15대 국회는 끝나고 말았다.

▌제16대 국회 시기 2000년 5월 30일 제16대 국회가 개원하자 한글문화연대(대표 : 김영명)에서 10월 8일 '한글날을 국경일로 드높이자'라는 제목의 성명서를 내었다. 12월 28일에는 한글학회에서 다시 '한글날은 마땅히 국경일이 되어야 한다'는 성명서를 발표하였다.

드디어 국회의원들이 반응을 보이기 시작하였다. 10월 2일, 신기남 의원을 중심으로 여야 국회의원 33명이 한글날 국경일 지정을 골자

---

131 그것은 '한글 발전 종합추진계획'의 하나였다.
132 6월 25일, ㈜월드리서치에서 전국의 20살 이상의 성인 500명을 대상으로 실시하였는데, 70.6%가 국경일 제정에 찬성하였다.

로 한 '「국경일에 관한 법률」 개정 법률안'을 발의하였다. 이어서 11
월 15일 '한글날 국경일 추진을 위한 의원 모임'을 결성하였으며, 그
모임에서는 11월 30일 국회도서관 대강당에서 '한글날 국경일 지정
을 위한 공청회'를 열었다. 그 공청회는 여야 국회의원과 아나운서가
발제자로 나선 가운데 활기 있게 치러졌다.

그 개정 법률안은 12월 4일 소관所管 위원회인 행정자치위원회에
상정되었고, 다음날에는 문화관광위원회에서 그 안에 대하여 긍정적
인 내용을 담은 의견서를 행정자치위원회에 보내기로 결의하였다(국
회 2000.12.05. 회의록 2~10쪽).

2001년 2월 5일에는 한글학회, 세종대왕기념사업회, 외솔회, 국어순
화추진회, 한글재단이 뜻을 모아 '한글날 국경일 제정 범국민 추진위
원회'를 구성하였다. 전택부를 위원장으로, 사회 각계 인사 60여 명을
고문으로 추대하였다. 그렇게 함으로써 한글날 국경일 제정 운동은
이 추진위원회를 중심으로 펼쳐 나갔다(한글학회 2001.03.~2002.09.).

추진위원회는 2001년 4월 10일 서울기독교청년회관에서 '한글날
국경일 제정을 위한 범국민 결의 대회'를 열었다. 5명이 한글날 국경
일 제정에 찬성하는 강연을 하였고, '대통령에게 드리는 글'을 채택하
고 낭독하였으며, 시민을 대상으로 서명 운동을 펼쳤다. 2002년 10월
9일[133]에는 세종문화화관 대회의실에서 한글인터넷주소 추진 총연합
회와 공동으로 결의 대회를 열었다. 2003년 5월 14일에는 세종날 기

---

133 이날 문화관광부에서는 '국어 발전 종합 계획 시안'을 발표하였다. 그 속에는 '한글
    날의 국경일 제정 방안 검토'도 포함되어 있었다(☞4.3.3.).

념으로, 교육개혁 시민운동연대와 공동으로 흥사단 강당에서 '한글날 국경일 제정 촉구 토론회'를 열었다. 9월 20일에는 서울 여의도공원의 세종대왕 동상 앞에서 '한글날 국경일 추진 국민대회'를 열고, 국회 행정자치위원회에 3년째 계류 중인 위의 개정 법률안을 제16대 국회의 임기 안에 통과시킬 것을 촉구하는 내용의 '한글 국경일 제정 촉구 결의문'을 발표하고 국회에 전달하였다.

그런가 하면 한글문화연대의 기획으로, 2002년 8월 14일 '한글날이 국경일이기를 바라는 33인 모임'을 결성하였다. 그 모임에서는 그날 "이제는 문화의 시대이고, 그 중심에 한글이 있다. 한글을 제대로 대접해야만 문화적 잠재력의 대도약이 가능할 것이다."라는 내용의 성명을 내었다(한글학회 2002.09 : 33). 그리고 10월 1일부터 8일까지 국회 앞에서 1인 시위를 벌였는데, 참교육학부모회 회장, 전국국어교사모임 회장, 전교조 위원장, 참여연대 운영위원장, 우리말살리는 겨레모임 공동대표 등이 참여하였다(한글학회 2002.11 : 23). 다른 단체나 개인도 주장과 의견을 속속 발표하며 힘을 보태었다.

하지만 국회의원 33명이 발의한 개정 법률안은 3년 반 동안 첫째 관문인 행정자치위원회에 머물러 있다가, 2004년 5월 29일로 제16대 국회가 막을 내리면서 폐기되고 말았다. 한글에 대한 일부 국회의원과 정부 관료의 이해 부족, 공휴일 증가에 대한, 정부와 경제단체의 강박 관념 등이 큰 장애물이었다.

▌제17대 국회 시기 제17대 국회가 개원하자 몇몇 국회의원이 활발히 움직이기 시작하였다. 신기남 의원이 의원 67명의 동의를 받아

2004년 7월 15일 「국경일에 관한 법률」 중 개정 법률안'을 다시 발의하였다. 이에 한글학회(회장 : 김계곤)에서는 그 의원들에게 감사와 성원의 뜻을 담은 공개편지를 보냈다. 11월 18일에는 영릉(세종대왕 무덤)이 있는 여주군의 이규택 의원을 비롯하여 국회의원 14명이 같은 이름의 다른 개정안[134]을 발의하였다. 그렇게 여야를 초월하여 제16대 국회 때보다 훨씬 많은 의원이 한글날의 국경일 지정 법률안 발의에 동참하였다.

한편, 2004년 8월 3일 위의 범국민 추진위원회 위원장을 비롯하여 7명이 국회에 '한글날 국경일 지정에 관한 청원'을 제출하였다. 이 청원은 다음해 4월 26일 행정자치위원회 청원심사 소위원회에 상정되었다.

해가 바뀌어 제254회 임시국회가 열리자, 2005년 6월 14일 행정자치위원회에서는 신기남 의원이 대표 발의한 개정 법률안을 상정하였다.[135] 신 의원의 제안 설명과 전문위원의 검토 보고에 이어, 활발한 대체 토론을 거쳐, 이규택 의원이 대표 발의한 개정안과 함께 법안심사 소위원회로 회부하였다(국회 2005.06.14. 회의록 5~7, 9~15, 21쪽).

2005년 10월 5일 문화관광위원회에서는 "한글을 창제·반포하신 세종대왕의 위업을 선양하고, 문화 민족으로서 자긍심을 일깨우며, 한글의 우수한 과학성과 독창성을 대내외에 널리 알려 우리 민족의

---

134 이규택 의원이 대표 발의한 개정 법률안에는 '기념행사를 여주군의 영릉에서 거행한다'는 내용이 추가되어 있었다. 경기도에서는 1947년부터 해마다 영릉에서 한글날 기념행사를 하고 있었다(☞따온글 (33)ⓒ 및 114쪽).

135 이규택의 개정 법률안, 그리고 3건의 「지방자치법」 개정 법률안을 일괄 상정하였다.

문화유산인 한글의 가치를 드높이고자 한글날을 국경일로 지정할 것을 정부에 촉구한다."는 내용의 '한글날 국경일 지정 촉구 결의문'을 채택하였다(국회 2005.10.05. 회의록 1쪽).

11월 30일 행정자치위원회 법안심사 소위원회에서는 위의 두 개정 법률안을 통합 정리하여 대안代案으로 내기로 결의하였다. 그렇게 마련한 '「국경일에 관한 법률」 일부개정 법률안'을 12월 1일 행정자치위원회 전체회의에서 행정자치위원회 대안으로 채택하였다(국회 2005.12.01. 회의록 6~7쪽).

4.3.3. 「국어기본법」 속의 한글날

4.3.2에서 살펴본, 국회 중심의 움직임과는 별도로, 문화관광부에서는 2002년 10월 9일 '국어 발전 종합 계획 시안試案'을 발표하였다. 정보화·세계화에 대처하여 국어의 경쟁력을 높이고 국민들의 올바른 국어 생활을 위하여 추진할 중점 사업을 설계하여 내놓은 시안이었는데, 그 속에는 '한글날의 국경일 제정'과 '국어기본법 제정'도 포함되어 있었다.

2달 후인 12월 19일 대통령 선거가 있었고, 대통령으로 당선된 노무현의 대통령직 인수위원회에서는 '국어기본법 제정'을 국정 추진 과제의 하나로 선정하였다. 그에 힘입어 문화관광부에서는 2003년 1월 말일 위원 4명으로 국어기본법 입법소위원회를 구성하였고, 그 소위원회에서는 2월 28일 「국어기본법」 초안草案[136]을 완성하였다. 문광부에서는 그 내용을 공개하고 여론 수렴을 비롯하여 여러 절차를

밟았으며, 2004년 5월 25일 대통령이 주재한 국무회의에서는 ''「국어기본법」 제정안'을 확정하였다. 국회로 보내진 그 법률안은 심의 과정에서 약간의 수정을 거쳐 그해 12월 29일 본회의를 통과했으며, 대통령은 다음해 1월 27일 공포하였다.

그렇게 「국어기본법」이 생겨났는데, 그 속에는 한글날에 관한 내용이 포함되어 있으니 올리면 아래와 같다.

(57)

국어기본법

(법률 제7368호. 2005.01.27. 제정[137])

제20조(한글날) ①정부는 한글의 독창성과 과학성을 국내외에 선양하고 범국민적 한글사랑 의식을 고취하기 위하여 매년 10월 9일을 한글날로 정하고, 기념행사를 행한다.[138]
②제1항의 규정에 의한 기념행사에 관하여 필요한 사항은 대통령령으로 정한다.

---

136 그것은 아주 새로운 내용은 아니었다. 이보다 앞서 1972년 8월 14일 제정한 「문화예술 진흥법」이 있었는데, 1995년 1월 5일 '전부 개정'하였다. 그때 국어에 관한 내용으로, "제2장 국어의 발전과 보급"이란 이름 아래 제5~8조를 신설하였으며, 그 후속 조치로 그해 7월 13일에는 「문화예술진흥법 시행령」도 전부 개정하여 국어에 관한 내용 제11~22조를 신설하였다. 여기 초안은 그 제5~8조와 제11~22조의 내용을 확대한 것이라 할 수 있다. (한편, 「국어기본법」의 제정과 동시에 「문화예술 진흥법」도 개정하여 위의 4개 조를 전부 삭제한다.)

137 시행은 여섯 달 후인 2005년 7월 28일부터 하였다. 법률을 시행하려면 아래 ②에서 규정한 '대통령령', 곧 「국어기본법 시행령」을 갖추어야 하는데, 그 대통령령을 제정한 것이 2005년 7월 28일이었다.

138 이처럼 「국어기본법」에서는 '한글날', '한글 선양', '한글 사랑'이라고 규정해 놓고는, 이 법에 따라 제정한 「국어기본법 시행령(2005.07.28)」에서는 "한글날 기념행사

"10월 9일을 한글날을 정하고" 부분은 체계를 갖추기 위하여 기존의 내용을 그대로 쓴 것이지만, "(정부는) 한글날 기념행사를 행한다"는 것은 새로 추가한 내용이니, 그로써 중앙정부는 물론이요 각 지방정부에서도 한글날 기념행사를 의무적으로 벌이게 되었다. 그해부터 기념식을 포함하여 중앙정부에서 벌이는 모든 한글날 기념행사는 문화관광부에서 총괄하였다.

「국어기본법」의 제정으로 한글날의 법적 지위가 승격한 것은 아니다. 하지만 '대통령령'에만 올려 있던 한글날이 '법률'에 등재되었다는 의미가 있다.

시에 국어 발전에 이바지한 공이 현저한 개인이나 단체에 대하여 한글발전유공자로 포상하고"라고 하였다. 2012년 8월 22일 개정한 「국어기본법 시행령」에서는 "국어 발전"을 "한글과 국어 발전"으로 고쳤다.

공적을 기려 상을 주는 것은 좋은 일이다. 그러나 국어 발전 유공자를 '한글 발전 유공자'라는 이름으로 포장하는 것은 옳지 않다. 「국어기본법」 제3조에서 정의해 놓았듯이 '국어'와 '한글'은 전혀 다른 개념이기 때문이다. 이름(名)과 내용(實)이 서로 들어맞게 해야 한다. 한글날에 주는 상이니, 내용이 무엇이든 무조건 그 이름에 '한글'을 붙이거나, 또는 그렇게 해야 한다는 생각은 아주 행정 편의적인 처리이며, 매우 비합리적이고 미분화한 생각이다.

5. '법정 국경일' 시기의 한글날

5.1. '법정 국경일'이 됨

2005년 12월 8일, 제17대 국회 제256회 본회의가 열렸고, 오후 6시 5분에, 4.3.2의 후반에서 살펴본 '「국경일에 관한 법률」 일부개정 법률안'이 34번째로 상정되었다. 간단한 제안 설명에 이어 찬반 투표에 들어갔는데, 개표 결과는 재석 의원 153명 전원 찬성이었다. 오후 6시 7분이 조금 지난 시각이었다(국회 2005.12.08. 본회의 회의록 제15호 16쪽).

이로써 '「국경일에 관한 법률」 일부개정 법률안'은 국회를 통과하였고, 12월 19일 '법률 제7771호'로 공포되었으니, 그 내용은 아래와 같다.

(58)
> **國慶日에 관한 법률 (약칭 : 국경일법)**
>
> (일부 개정 2005.12.29. 법률 제7771호)[139]
>
> 제1조 국가의 慶事경사로운 날을 기념하기 위하여 國慶日국경일을 정한다.
> 제2조 국경일은 다음 각 호와 같다.
>   1. 3·1절 3월 1일
>   2. 제헌절 7월 17일
>   3. 광복절 8월 15일
>   4. 개천절 10월 3일
>   5. 한글날 10월 9일

> 제3조 本法본법 시행에 필요한 사항은 大統領令대통령령으로 정
> 한다.
> 附則부칙
> 이 법은 공포한 날로부터 시행한다.

마침내 제2조에 "5. 한글날 10월 9일"이 올라갔으니, 비로소 한글
날의 '법정 국경일' 시대가 열린 것이다. 시대적 요구와 많은 국민의
염원이 이루어 낸 쾌거요, 1926년의 '가갸날'로부터 80년 후에 다시
얻은 감격이었다.

그리하여 2006년부터는 국경일로 쇠게 되었다. 식의 명칭은 '기념
식'이 아니라 '경축식'이 되고, 중앙 경축식의 주관 부처도 문화체육
관광부에서 행정자치부[140]로 격상되었다. 첫 한글날 경축식에는 역사
상 처음으로 대통령 내외가 참석하였으며, 대통령이 직접 경축사를
하였다.[141] 아래와 같이 끝을 맺는, 인상적인 경축사였다.

(59) 우리말, 우리글은 문화 발전의 뿌리입니다. 좋은 말과 글이 좋은

---

139 2014년 12월 30일 다시 개정하였다. '제1조'를 "제1조(국경일의 지정)"로, '제2조'를
"제2조(국경일의 종류)"로 변경하고, 제3조는 삭제하였다. 그리고 제1조 본문에서
1번만 '국경일(國慶日)'로 표기하고 모두 한글로 표기하였다. 법률 제12915호이다.
140 그 이후 이름이 3번 바뀌고, 2017년 7월부터는 다시 '행정안전부'로 바뀐다.
141 2007년부터는 종래와 같이 국무총리가 참석하여 기념사를 했는데, 한글과 관련한
언급 중에 사실이 아닌 내용이나 억지스러운 논리 전개를 포함한 기념사가 드물지
않았다. 그런 조짐은 이미 2002년부터 나타났는데, 2008년 기념사에 이르러 총체적
난국亂局을 보였다. 한심한 정도를 넘어 부끄럽기 그지없었으니, 구체적인 내용은
제3편의 16에서 확인할 수 있다.

2006년, 560돌 한글날 경축식(세종문화회관 대극장)의 한 장면.
대통령(노무현)이 경축사를 하고 있다.

생각을 만들고, 좋은 생각이 창조적인 문화를 만듭니다. 한글날이 국
경일이 된 것을 계기로 우리 말과 글을 더욱 아끼고 발전시켜 나갑시
다. 그래서 문화 민족으로서의 자긍심을 높여 나갑시다. (온글☞ 제3편
의 16). -2006년, 560돌 한글날 경축사(대통령 노무현).

한편, (58)의 법률보다 7달 앞서 「관공서의 공휴일에 관한 규정」을
개정하여 대통령령 제18893호(2005.06.30)로 공포하였다. 국경일 중
에서도 3·1절, 광복절, 개천절만 공휴일로 한다는 내용이었다. 그러니
한글날이 국경일로 승격은 되었지만, 1993년부터 그랬듯이 2006~
2012년의 한글날은 공휴일은 아니었다.

5.2. 다시 '법정 공휴일'이 됨

공휴일 아닌 국경일로 일곱 번을 쇠고 난, 2012년 12월 28일 대통령령 제24273호, 「관공서의 공휴일에 관한 규정」이 공포되었다. 국경일과 관련한 공휴일 조항을 "국경일 중 3·1절, 광복절, 개천절 및 한글날"로 개정한 것이었다. 그로써 2013년부터 한글날은 다시 공휴일이 되었다.

그로부터 일곱 해 남짓 지난, 2021년 7월 7일 새로운 법률이 제정되었다. 그것이 아래의 법률 제18291호이며, 2022년 1월 1일부터 시행하고 있다.

(60)

공휴일에 관한 법률 (약칭 : 공휴일법)

(법률 제18291호, 2021.07.07. 제정)

제1조(목적) 이 법은 국가의 공휴일을 지정함으로써 사회 각 분야의 공휴일 운영에 통일성을 기하는 것을 목적으로 한다.

제2조(공휴일) 공휴일은 다음 각 호와 같다.

1. 「국경일에 관한 법률」에 따른 국경일 중 3·1절, 광복절, 개천절 및 한글날

2. 1월 1일

3. 설날 전날, 설날, 설날 다음날 (음력 12월 말일, 1월 1일, 2일)

4. 부처님 오신 날 (음력 4월 8일)

5. 어린이날 (5월 5일)

6. 현충일 (6월 6일)

> 7. 추석 전날, 추석, 추석 다음날 (음력 8월 14일, 15일,
>   16일)
> 8. 기독탄신일[142] (12월 25일)
> 9. 「공직선거법」 제34조에 따른 임기 만료에 의한 선거의
>   선거일
> 10. 기타 정부에서 수시 지정하는 날
>
> 제3조(대체공휴일)
> 제4조(공휴일의 적용)[143]

　제1조에서 보듯이 이것은 '국가의 공휴일'에 관한 법률인데, 제2조
의 목록에 한글날이 등재되어 있다. 이로써 한글날은 '관공서'의 공
휴일을 넘어 '국가'의 공휴일이 되었다. 국경일이며 국가 공휴일인
것이다.

　이 법률과는 별도로, 기존의 「관공서의 공휴일에 관한 규정」[144]은
그대로 시행되었다.

---

142 앞의 (36)에서 보듯이 1949년 6월 4일 제정한 「관공서의 공휴일에 관한 건」에서
　　'기독탄생일'이라 했었는데, 무슨 까닭인지 1975년 1월 27일의 개정에서 '기독탄신
　　일'로 바뀌었고 이 법률도 그것을 따랐다. 이는 '기독(그리스도)께서 탄생하신 날'을
　　가리키는 것이니 '기독탄생일'이 올바른 이름이며, '탄생일'을 '탄신誕辰'으로 대신할
　　수는 있다. 그러나 '탄신일'은 아주 비뚤어진 말이다.
143 제3조와 제4조의 내용, 그리고 부칙 3개 조는 줄인다.
144 그것은 제정 이후로 1번의 '전부 개정'과 20번의 '일부 개정'이 있었다(2021년 8월
　　4일 기준).

5.3. 경축식의 이모저모

2006~2017년 동안 중앙정부에서 주최한 경축식의 장소는 줄곧 세종문화회관 대극장이었다. 2018~2019년에는 실내가 아닌, 광화문광장에서 거행하였다.

코로나19가 유행한 2020~2022년 동안은 소규모로 거행하였다. 2020년은 경복궁 수정전 앞에 50여 명이 모인 가운데 거행하였으며, 2021년은 '사회적 거리 두기' 제4단계 상황이었으므로 미리 녹화한 영상으로 진행하였다. 2022년에도 코로나19 유행이 종료되지 않았으므로 국립 한글박물관 잔디마당에서 약 200명이 모인 가운데 거행하였다. 2023년에는 세종특별자치시에서 거행하였다. 중앙정부가 주최하는, 한글날 기념식·경축식을 서울을 벗어나 거행한 것은 처음이었다.

2018년, 573돌 한글날 경축식(광화문광장 세종대왕상 앞)의 한 장면.

그리고 중앙 경축식에는 빠짐없이 국무총리가 참석하여 '경축사' (2017년부터는 '축하말씀')라고 했는데, 그 내용 중에는 '정부'를 주어로 하는 표현이 많았다. 우리 말과 글의 올바른 사용과 지속적인 발전을 위하여, 정부가 힘쓰겠다고 다짐하는 표현이니, 사례를 올리면 아래와 같다.

(61) 우리 말과 글의 으뜸 곳간으로 평가받는 『조선말 큰사전』이 완성된 지 올해로 60년이 됐습니다. 〔줄임〕 그 어른들께서 목숨 걸고 이어주신 우리 말과 글을 오늘 우리가 쓰고 있습니다. 어른들의 마음이 헛되지 않게 우리는 우리 말과 글을 더 잘 지키고, 더 빛나게 가꾸어 후대에 물려줘야 합니다.

정부가 먼저 반성하겠습니다. 한글을 만드신 세종 큰임금의 거룩한 뜻을 잘 받들고 있는지, 우리 말과 글을 소중히 여기며 제대로 쓰고 있는지 되돌아보겠습니다. 공문서나 연설문을 쉽고 바르게 쓰며, 예의를 갖춘 말과 글로 바로잡아 가겠습니다. 우리 말과 글을 찾고 지키며 다듬고 널리 알리려는 민간과 공공의 노력을 더욱 돕겠습니다. - 2017년, 571돌 한글날 축하말씀(국무총리 이낙연).

(62) "앞으로도 모든 농인과 시각장애인 여러분께서 대한민국 국민으로서 언어적 권리를 충분히 누리실 수 있도록 더욱 세심하게 살피겠습니다.

우리 겨레의 말과 글을 지키고 닦는 일도 멈추지 않겠습니다. 정부는 언론, 공공기관 등과 함께 불필요한 외국어 사용을 줄이고, 어려운 전문용어를 쉬운 우리말로 바꿔 나가고 있습니다. 자동 통·번역 기술 등, 우리말의 미래를 책임질 인공지능의 개발과 여기에 필요한 '언어 빅데이터'인 말뭉치를 구축하는 사업도 꾸준히 추진해 나갈 것입니다." - 2021년, 575돌 한글날 축하말씀(국무총리 김부겸).

2019년 한글날, 남문광장에서 거행한
대전광역시 경축식의 장면.

(63) 정부는 공공기관, 언론과 함께, 공공언어에서 불필요한 외국어 사용
     을 줄이고, 쉬운 우리말로 바꾸어 나가겠습니다. 디지털 전환과 인공지
     능 개발에 활용할 수 있도록 한국어 빅데이터를 꾸준히 구축해 나가겠
     습니다. 또한, 변화하는 언어 환경에 맞추어 우리의 말과 글을 더욱
     아름답게 가꾸어 나가겠습니다. 한글을 지구촌으로 더욱 확산하기 위
     해 세종학당을 지속적으로 확대하고, 현지에 맞는 콘텐츠 개발과 프로
     그램 다양화 등 정책적 지원을 아끼지 않겠습니다. - 2022년, 576돌 한글
     날 축하말씀(국무총리 한덕수).

   부산, 대구, 대전, 인천, 경기도, 제주도 등에서도 저마다 경축식을
거행하였으며, 2012년부터는 세종특별자치시에서도 자체의 경축식
을 거행하기 시작하였다.

6. 북쪽의 훈민정음 기념일

6.1. 훈민정음 창제 기념일

6.1.1. '1월 15일'의 등장

광복과 함께 1945년부터 남쪽에서는, 8년 동안 열지 못했던 한글날 기념행사를 다시 거행하였다. 항일 투쟁 시기에 그랬듯이, 서울에서는 조선어학회가 중심이 되어 기념식 등을 거행하였으며, 지방에서도 각종 기관과 단체가 여러 기념행사를 치렀다. 물론 그 한글날은 『훈민정음』 해례본의 "정통 11년(세종 28년) 9월 상한上澣"을 환산하여 얻은 '양력 10월 9일', 곧 '훈민정음 반포 기념일'이었다.

북쪽에서도 1946년까지는 대체로 '10월 9일 한글날'을 생각하거나 지킨 것으로 보인다. 그것은 500돌 한글날인 1946년 10월 9일치 『朝鮮新聞조선신문』[145] 제3면에 게재된 「訓民正音훈민정음 發布발포의 意義의의」라는 아래의 글로써 확인할 수 있다.

(64) 오늘 민족의 名節명절인 訓民正音훈민정음 發布발포 500週年주년에 際제하여 모름직이 우리는 先賢선현의 偉業위업을 회상하는 동시에 정당한 科學的과학적 批判비판 우에서 문화유산을 섭취하여 민주주의적 새

---

145 제1면의 신문의 이름 밑에 "조선 인민을 위한 붉은 軍隊군대 新聞신문"이라고 명시한, 군대 신문이었다. 격일로 발행했으며, 세로짜기에 한자를 혼용하였다. (1948년 1월 16일치에서 "조선 인민을 위한 쏘베트 軍隊 新聞"으로 표어가 바뀐다.)

로운 민족 문화 건설에 전 민족이 참예하는 決意결의를 새롭게 하여야
될 것이다.

왜정의 36년의 그 피나는 탄압과 多難다난의 길을 지나온 우리의
말과 글이다. 붉은 군대가 지어 준 온갖 條件조건 밑에서 역사적 민주
조국 건설의 위대한 앞날을 展望전망하는 현 단계에 있어서 오늘 훈민
정음 발포 500주년의 盛節성절을 우리는 민주 課業과업 달성의 보다
좋은 意志의지로서 맞이하여야 될 것이다. - 김조규[146] 1946.10.09 : 3.

위는 그 글의 끝 부분인데, '훈민정음 발포 500주년'을 '민족의 명절',
'500주년 성절盛節'이라고 표현했으니, 그때 500돌 한글날 기념행사
를 성대히 치른 남쪽 사람들의 생각과 다르지 않았다. 그리고 1946년
과 1947년에는 곳곳에서 나름대로 한글날 기념행사를 치른 것으로
추정된다.

그런데, 1948년에 이르러 새로운 날, '1월 15일'이 한겨레 현대사에
등장하였다. 조선어문연구회[147]에서 그날을 훈민정음의 창체를 기념
하는 '훈민정음 기념일'로 결정했으니, 1948년 1월 16일치 『조선신문』

---

146 김조규金朝奎는 1914년 1월 평안남도 덕천에서 태어나 평양의 숭실중학교와 숭실전
문학교 영문과에서 수학하였다. 1931년에 시인으로 등단하여 끊임없이 시를 창작하
였다. 간도로 건너가 1943년까지 연길현의 사립 중학교에서 영어와 역사를 가르쳤
으며, 광복 후에 평양으로 돌아온 것으로 보인다.

147 조선 어문에 관심이 많은 몇 사람의 발기로 1946년 7월 민간단체로 출발했으며,
그 중심에는 김두봉이 있었다. 다음해 2월에는 북조선인민위원회의 공립 기구로
개편(위원장 : 신구현)하였다. 「조선어 신철자법」을 발표한 이후, 조선인민공화국의
수립과 함께 1948년 10월 2일에는, 남한으로부터 나중에 합류한 어학자들, 예컨대
리극로, 김병제, 홍기문 등을 망라하여, 교육성敎育省의 기구로 확대하여 재조직(위
원장 : 리극로)하였다.

에서는 "훈민정음 창제의 시기는 서력 1443년 (양력) 12월 30일로부터 다음해 1월 28일까지의 사이인바, 1월 15일로서 기념"하기로 결정했다고 보도하였다.

그 연구회에서 말한 "1443년 (양력) 12월 30일로부터 다음해 1월 28일까지"라고 한 근거는 1.1.1의 ㉮에서 살펴본, '세종 25년(1443년, 계해년) 이달(12월)에 28자를 치으셨다.'는 『세종실록』 권103의 기록이었다. 1923년(계해년), 경성(서울)의 조선어연구회에서는 그 기록에 근거하여 '음력 12월 27일'에 '훈민정음 창조 기념회'를 거행했었는데(☞2.1.2), 1948년 평양의 조선어문연구회는 '양력 1월 15일'을 훈민정음 창제 기념일로 결정한 것이다. '1월 15일'에 관하여, 후일 류렬(1992.10 : 485)에서는 "세종 25년 12월(음력)은 1444년 1월이 기본으로 되므로 그달의 중간인 1월 15일을 잡아서 우리 글을 만든 기념일로 삼는다."라고 기술하였다. 바꾸어 말하면 '1444년 1월 15일'을 훈민정음 창제일로 본 것인데, 그것은 '세종 25년(1443년) 음력 12월'을 양력으로 환산하고, 달의 한가운데 날인 '15일'을 골라잡은 결과였다.

또한, 조선어문연구회에서는 '반포'보다 '창제'를 기념하는 것이 타당하고, 더욱 의의가 깊다고 생각했으니, 아래의 (65)로써 그러한 사실을 확인할 수 있다.

(65)㉠ 종래 일부에서 기념하여 온 10월 9일은 이보다 3년 뒤인, '훈민정음이 완성되었다는 세종 28년 음력 9월이었던 것으로, 타당한 것이 못 되는 것으로 인정되었다. - 조선신문 1948.01.16 : 3.

(ㄴ) 이와 같이 하여 완성된 훈민정음은 1446년 10월에 훈민정음이라는 이름을 가진 하나의 책으로 세상에 발표되었으므로 이날을 기념하기도 하나 그보다도 훈민정음을 창제한 그날을 기념하는 것이 더욱 의의가 깊은 것이다. (온글 🖙 제3편의 18). - 김병제 1954.01.15 : 2.

(ㄱ)은 1948년, 결정 당시의 보도 기사이다. 10월 9일은 '세종 28년 9월에 훈민정음[148]이 완성되었다'는 기록에 근거하여 정한 것인데, 그것은 타당하지 못한 것으로 인정하였다는 내용이다. (ㄴ)은 그로부터 6년 후에 발표된 글인데, 10월 9일은 『훈민정음』이라는 책과 함께 문자를 세상에 발표한 날이니, 그것보다는 문자 훈민정음을 창제한 날을 기념하는 것이 더욱 의의가 깊다고 하였다. 이 글을 쓴 김병제[149]는 일찍부터 조선어문연구회에 참여하여 중추적 구실을 한 사람의 일원이니, (ㄴ)은 1950년 전후 조선어문연구회 사람들의 생각을 짐작할 수 있는 충분한 자료가 된다.

6.1.2. '훈민정음 창제 기념일'의 첫 행사

1948년에 '1월 15일'을 '훈민정음 기념일'로 결정한 조선어문연구

---

148 거기 '훈민정음'은, '문자 훈민정음'을 가리키는 것일 수도 있고, 해설서 『훈민정음』을 가리키는 것일 수도 있다.

149 김병제金炳濟는 1905년 경상북도 경주군에서 태어났다. 이윤재의 사위이다. 1930년대 중반쯤부터 배재고등보통학교 교원으로 근무하면서 조선어학회의 일-기관지 『한글』의 편집과 간행, 표준어 사정-에도 참여하였다. 광복 직후에는 사전 편찬에 힘썼다. 1948년 7월 월북하여 김일성대학 교수가 되었으며, 나중에는 사회과학원 언어문학연구소(🖙각주 155) 소장을 지냈다.

회는 바로 그해 1월 15일(목요일) 김일성대학에서 '「조선어 신철자법」
발표식'을 가졌다(김수경 1949.06 : 5). 명시적으로 표현하지는 않았
으나, 내용상으로 그것은 첫 번째 '훈민정음 창제 기념행사'라 할 수
있다. 그 회에서는 자기들이 내놓는 「조선어 신철자법」이야말로 종래
의 「조선어철자법(한글맞춤법) 통일안」의 모순성과 비합리성을 극복
한, 이상적인 철자법이라고 자부하였고,[150] 그런 만큼 「통일안」 발표
일인 10월 9일(한글날)과 차별화하여 '1월 15일'을 선택했던 것으로
보인다.

1949년 1월 15일에는 조선어문연구회 주최로 '훈민정음 창제 505
주년 기념 보고대회'를 가졌다. '창제 ○주년 기념'이라는 이름을 붙인
최초의 행사인데, 그 연구회의 기관지(월간)『조선어 연구』창간호에
그날 모임의 상황이 아래와 같이 기록되어 있다.

(66)　　　　　훈민정음 창제 505주년 기념 보고대회
　　　1949년 1월 15일 밤 7시부터, 해방산 문화회관에서 김두봉 선생,
　　홍명희 부수상, 백남운 교육상을 비롯하여 각 정당, 사회단체 대표자,
　　각 대학 교수, 문화인 다수 참석하여 성황을 이루었다.
　　　전몽수 선생의 '훈민정음의 음운 조직(音韻組織)', 리극로 선생의
　　'문자와 사전' 보고 강연이 있은 후, 김두봉 선생으로부터 조선 어문의

---

150 조선어문연구회에서는,『조선어 신철자법』(1950.04)의 머리말에서, 「조선어 신철자
법」은 종래의 「조선어철자법(한글맞춤법) 통일안」에 대하여 엄격한 비판을 거듭하
여 성안成案한 것이라고 밝혔다. 그렇게 밝힌 대로. 「조선어 신철자법」은 형태주의
표기 원칙을 엄격히 적용한 결과물이니, 새로 제정한 것과 다를 바 없다. 그 제정
과정과 내용에 대해서는 리의도(2022.02 : 126~157)로 미룬다.

연구 방향과 문자 개혁의 필요성에 대한 말씀이 있었다. 뒤이어 영화를 감상하고 11시에 폐회하였다. - 조선어문연구회 1949.04 : 138.

위에서 보듯이, '보고대회'의 중심은 강연이었으며, 전몽수와 리극로가 각각의 제목으로 강연하였다. 청중은 대학 교수와 문화인이 중심이었는데, 최고인민회의 상임위원회 위원장[151] 김두봉을 비롯하여 내각의 부수상과 교육상, 정당과 사회단체의 대표자도 참석하였으며, 강연회 후에는 영화를 감상하였다.

그렇게 1949년에 이르러 1월 15일을 '훈민정음 창제 기념일'로 공식화했으니,[152] 그럼으로써 남쪽의 10월 9일 반포 기념일(한글날)과 북쪽의 1월 15일 '훈민정음 창제 기념일'[153]이 양립하게 되었다.

6.1.3. 1950~1963년 동안의 창제 기념일 행사

한국전쟁 중이던 1950~1953년에는 보고대회를 열지 않은 듯하다. 1954년에는 510주년 기념 보고대회를 진행했으니, 『민주조선』[154]에서는 관련 소식을 아래와 같이 보도하였다.

---

151 최고인민회의는 남쪽의 국회에 해당하며, 그 상임위원회 위원장은 대체로 남쪽의 국회의장에 해당한다.
152 법령으로 지정한 것은 아닌 듯하다.
153 후일 박금순(1967.01.15 : 1)에서는 '훈민정음 창제의 날'로 일컫기도 하였다.
154 일간신문. 최고인민회의 상임위원회 및 내각(최고 행정기관)의 기관지. 1946년 5월 28일 창간.

(67)   훈민정음 창제 510주년 기념 보고대회가 1월 15일 저녁 과학원 조
       선어 및 조선문학 연구소[155] 주최로 모란봉 지하극장에서 진행되었다.
         대회에는 평양지구 과학, 문화, 예술인들, 언론 출판기관 일군들, 각
       급학교 교원들, 각 대학 조선어문학 부문 학생 등 7백여 명이 참석하였
       다. 최고인민회의 상임위원회 김두봉 위원장을 비롯하여 과학원 원장
       홍명희 원사, 백남운, 조선로동당 중앙위원회 사회과학부장 리정원 및
       기타 학계 인사들이 주석단에 참석하였다.
         대회에서 과학원 조선어 및 조선문학 연구소장 리극로 후보원사[156]
       가 훈민정음 창제 510주년 기념 보고를 하였다.
         보고자는 조선 인민의 위대한 창조적 활동의 소산이며 고귀한 문화
       유산의 하나인 훈민정음 창제 기념일의 유래에 언급하고 훈민정음이
       창제된 후 오늘까지 걸어온 장구한 발전 과정을 회고하면서 훈민정음
       은 언제나 인민의 리익에 복무하였으며 인민 대중의 품속에서 보존되
       고 발전되어 왔다고 강조하였다. 〔7개 단락의 보고 내용 줄임〕
         대회에서는 김두봉 위원장으로부터 조선 언어학의 발전 전망과 조선
       언어학도들 앞에 제기되는 과업에 대한 발언이 있었다. 김두봉 위원장
       의 발언은 대회에 모인 전체 언어학도들을 힘차게 고무케 하였다.
                                             - 민주조선 1954.01.18 : 3.

---

155 '과학원'은 1952년 12월 개원한, 조선인민공화국 최고의 연구 기관이며, '조선어
     및 조선문학 연구소'는 그 산하의 8개 연구소 가운데 하나였다. 1956년경에 '언어문
     학연구소'로 명칭이 변경되며, 1964년 2월 과학원의 사회과학 부문이 분리되어 '사
     회과학원'이 될 때에는 '언어학연구소'와 '문학연구소'로 분리되었다. 훈민정음 창제
     기념 보고대회는 '조선어 및 조선문학 연구소 → 언어문학연구소 → 언어학연구소'
     가 주관하였다.
156 과학원의 직급으로 '원사'와 '후보원사'를 두었는데, 창설 초기에 언어학자로는 김두
     봉이 원사, 리극로가 후보원사에 임명되었다(민주조선 1952.10.22 : 1).

위에서 보듯이, 1954년의 510주년 기념 보고대회는 1월 15일 저녁 모란봉 지하극장에서 '과학원' 산하의 '조선어 및 조선문학 연구소' 주최로 진행했으며, 보고자(강연자)는 소장 리극로였다. 평양 지구의 과학·문화·예술인들, 언론·출판 기관 종사자들, 각급 학교의 교원들, 조선어문학 부문 대학생들이 모였으며, 주석단主席壇에는 최고인민회의 상임위 위원장 김두봉을 비롯하여 당과 학계의 고위 인사들이 자리를 잡았다.

그리고 당과 내각의 기관지 1월 15일치에 제각각 기념글[157]도 게재하였다. 『로동신문』[158]에는 김병제 연구사의 「훈민정음 창제의 력사적 의의-훈민정음 창제 510주년에 제하여-」(☞제3편의 18)를, 『민주조선』에는 리극로 소장의 「조선 인민의 문자-훈민정음 창제 510주년을 맞이하여-」(☞제3편의 19)를 실었다.

1955년에도 전해와 같이 기념하였다. 1월 15일치 『로동신문』에 김병제의 글 「조선 인민의 민족적 자모-훈민정음」을 게재하였다. 기념 보고회는 조선어 및 조선문학 연구소 주최로 15일 밤에 조국전선 중앙위원회 회의실에서 진행하였다(민주조선 1955.01.18 : 1). 과학원 서기장, 사회과학위원회 위원장, 소장 리극로, 어문학자들과 작가들, 평양의 교수·교원·학생들이 참석한 가운데 연구사 김병제가 기념 보고를 하였다.

---

157 더 말할 나위도 없이, 훈민정음 관한 글은 창제 기념일만이 아니라, 무시로 각종 신문이나 잡지에 게재하였다. 이 글에서는 창제 기념일에 맞추어 특별히 게재한 것만 지적한다.

158 일간신문. 조선로동당 중앙위원회 기관지. 1946년 9월 1일 창간.

1956년에는 1월 14일 오후 조선어 및 조선문학 연구소에서 기념 강연회를 개최하였다(로동신문 1956.01.16 : 3, 민주조선 1956.01.18 : 3). 많은 언어학자와 문학인, 교원, 학생, 출판계 일꾼들이 참석한 가운데 연구사 류응호가 훈민정음 창제의 유래와 그 발전 과정에 대하여 강연하였다. 그리고 『교원신문』[159]은 1월 14일치 제2면을 특별히 꾸몄으니, 류응호가 쓴 긴글 「훈민정음 창제 512주년」과 편집부에서 마련한 「우리 글의 자랑」을 나란히 실었다. 15일치 『로동신문』에는 남수의 「우리 나라의 민주적 자모—훈민정음」을, 『민주조선』에는 김수경[160]의 「우리 문자의 과학성과 인민성」(☞제3편의 20)을 게재하였다.

1957년에는 언어문학연구소 주최로 1월 15일 오후 6시부터 과학원 강당에서 학술 강연회를 가졌다(민주조선 1957.01.17 : 3). 그 연구소 성원들과, 각 대학과 과학·문화·교육 기관의 일꾼들 수백 명이 참가하고, 최고인민회의 의장(리영), 최고인민회의 상임위원회 부위원장(리극로), 과학원 원장(백남운) 등이 참가하였다. 연구사 홍기문[161]이 '정

---

159 주간신문. 교육문화성 기관지. 1948년 4월 15일 창간하여 발행하다가 2004년 3월 4일 『교육신문』으로 이름을 바꾼다.

160 김수경金壽卿은 1918년 5월 강원도 통천군에서 태어났고, 전라북도 군산에서 초등 학교와 중등 학교를 마쳤다. 1934년 4월 경성제국대학에 입학하여 1940년 3월 철학 과를 졸업하였다. 이어서 도쿄제국대학 대학원(언어학 전공)에 들어가 수학하다가 1944년 3월 퇴학하였고, 4월부터 경성제국대학 조선어학연구실의 임시직으로 일했 으며, 광복 후에는 경성경제전문학교 교수로 경성대학 법문학부 강사를 겸임하다가 1946년 8월 20일 김일성대학 문학부 교원이 되었다.

161 홍기문洪起文은 홍명희 아들로, 1903년 9월 한양에서 태어났다. 1930년대에 조선일 보 학예부장과 월간잡지 『조광』의 주간을 맡았으며, 광복 후에는 서울신문사 편집국

음자에 반영된 15세기의 어음 현상'에 대해 학술 보고를 하였으며, 이어서 영화 관람이 있었다. 그리고, 1월 16일치『로동신문』에 김병제(언어문학연구소 소장)의 「훈민정음과 조선 인민의 문'자 생활」을 게재하였다.

1958년에는, 1월 15일치『민주조선』에 리극로(과학원 후보원사)의 글 「조선 인민의 자랑스러운 문'자—훈민정음」을 싣고,『교원신문』에는 리극로[162]의 글 「우리의 훌륭한 글'자《훈민정음》의 창제일을 기념하여」를 실었다. 1월 16일치『로동신문』에는 황부영의 글 「훈민정음 창제 514주년」을 실었다. 그리고, 17~18일에는 창제 514주년 기념 언어학 학술 토론회를 진행하였는데, 17일의 주제는 '조선어 음운 조직과 문'자 체계', 18일의 주제는 '조선어의 형태론—특히 '토'에 대하여'였다(교원신문 1958.01.22 : 1). 특히, 첫째 날의 토론은『조선어 신철자법』(☞각주 150)에서 도입한 6개 새 자모에 대한 비판과 논박에 집중되었는데, 과학원 후보원사 리극로와 언어문학연구소 연구사 홍기문이 앞섰으며, 그밖에도 많은 토론자가 참여하여 동조하였다.

또한, 창제 기념일을 하루 앞두고 함경북도 웅기 제6중학교에서는 '우리의 자랑—훈민정음'이라는 제목으로 기념 연구 발표회를 가졌다.

장 직을 수행하면서『정음발달사』등을 지어 펴냈다. 1948년 4월, 민주독립당의 대표로 남북 협상 회의에 참석하는 아버지를 따라 평양에 갔다가 아버지와 함께 거기에 잔류하였다.

162 '리극로'는 분명하지 않다. 글쓴이 성명이 표기된 부분의 지면 상태가 매우 흐리고 좋지 않아 정확히 판독하기 어렵다.

발표에서 나선 교원 박영팔은 훈민정음이 창제된 경위와 그 인민성을 강조하였으며, 또한 그 무렵 남쪽 정부에서 시도하던 '한글맞춤법 간소화' 작업(☞94~95쪽)은 훈민정음을 말살하는 짓이라고 규탄하였다(교원신문 1958.01.15 : 3).

1959년에는 1월 14일 저녁 모란봉극장에서 과학원 주최로 평양시 기념 보고회를 성대히 진행하였다(로동신문 1959.01.15 : 4). 부수상(홍명희), 조선로동당중앙위원회 과학 및 학교교육부 부장을 비롯하여 당·정권 기관과 사회단체의 간부들, 시내 근로자들, 과학·문화·출판 보도 부문 일꾼들, 교원, 학생 등이 참가했으며, 외국 인사들도 참가하였다. 원장 백남운이 기념 보고를 했는데, 대한민국 중앙정부에서 내놓은 '한글맞춤법 간소화' 방안에 대해서도 비판적으로 언급하였다. 그리고 15일치 3대 신문에 일제히 기념글을 실었다. 『로동신문』에는 김병제의 「훈민정음 창제 515주년」, 『민주조선』에는 리극로의 「조선 인민의 고유한 문'자 훈민정음 창제 515주년을 맞으며」, 『문학신문』[163]에는 류렬의 「우리 글이 걸어온 길-훈민정음 창제 5백열다섯 돐을 맞으며-」를 실었는데, 그 글들에서도 '한글맞춤법 간소화' 작업을 비판하는 내용을 빠뜨리지 않았다.

1960~1962년에는 기념글로 그친 듯하다. 1960년에는 류렬의 「자랑스러운 우리 문자-훈민정음-그의 창제 516주년을 맞으며-」를 1월 15일치 『로동신문』에, 1961년에는 김병제의 「훈민정음 창제 517

---

163 주간신문. 조선작가동맹 중앙위원회의 기관지. 1956년 12월 6일 창간.

주년」을 1월 1일치 『로동신문』에 실었다. 1962년에는 김영황의 「조
선 인민의 우수한 고유 문'자 - 훈민정음 창제 518주년을 맞이하여」
를 1월 12일치 『문학신문』에, 류렬의 「자랑스러운 우리의 민족 문'자」(☞
제3편의 21)를 1월 15일치 『로동신문』에 게재하였다.

6.1.4. 1964년 이후의 창제 기념일 행사

520주년이 되는 1964년에는 기념 보고대회를 가졌다. 평양에서는
14일 저녁에 대회를 가졌는데, 내각 부수상(김창만·홍명희·리주연·
하양천), 천도교 청우당 중앙위원회 위원장, 조국전선 의장단, 당·정
권 기관과 사회단체의 간부들, 교수, 박사, 교육·문화·출판 부문 일
꾼들과 근로자들이 참가한 가운데 언어문학연구소 소장 김병제가 기
념 보고를 했으며, 끝에는 예술 공연이 있었다(로동신문 1964.01.15 :
3). 지방의 도청 소재지에서도 훈민정음 창제 520주년을 기념하는
모임들이 있었다(로동신문 1964.01.15 : 3, 문학신문 1964.01.17 : 1).
그리고 1월 14일치 『문학신문』에 박승희의 글 「아름다운 말 - 훌륭한
글'자」를 실었으며, 1월 15일치 『로동신문』에 최정후의 기념글 「우리
의 말과 글을 더욱 아름답고 풍부하게 하자」를 실었다.

그 이후로 기념 보고대회는 10년 주기로 개최하였다. 평년의 기념
일에는 기념글만 간혹 게재하고 지나갔으니, 예컨대 1967년에는 1월
15일치 『로동신문』에 김영황의 「민족의 슬기가 깃든 우리 글자《훈민
정음》을 두고」, 또 『민주조선』에는 박금순의 「아름다운 말 훌륭한 글
-《훈민정음》 창제의 날을 맞으며-」를 게재하였다.

530돌이 되는 1974년에는 1월 15일 저녁 천리마 문화회관에서 기념 보고회를 가졌다(로동신문 1974.01.16 : 3, 민주조선 1974.01.17 : 3). 회장의 정면에 김일성의 초상화를 걸고 정무원 부총리(정준기), 조국전선 의장단의 리극로·백남운 의장들, 보통교육부 부장(김수득), 사회과학원 원장(최중극), 문예총 중앙위원회 위원장(리기영) 등이 과학·교육·출판보도 부문 일꾼들, 대학생들과 함께 참석한 가운데 사회과학원 부원장 홍기문이 기념 보고를 하였다. 기념글은 게재하지 않았다.

1984년, 540돌 기념 보고회는 1월 16일 인민대학습당에서 열었다(로동신문 1984.01.17 : 3, 민주조선 1984.01.17 : 4). 부주석(림춘추), 김일성종합대학 총장(지창익), 보통교육부 부장(황순명)을 비롯하여 과학·교육·문화·출판보도 부문 일꾼들이 참가한 가운데, 사회과학원 원장 양형섭이 기념 보고를 하였다. 그리고 1월 15일치『로동신문』에 김인호의 글「가장 발전된 글자 – 훈민정음」[164]을 실었다.

1986년은 10년 주기가 아님에도 1월 15일치『로동신문』에 김영황의 글「자랑스러운 우리 민족 문자 – 훈민정음」을 게재하였다. 물론 보고회는 없었다.

550돌이 되는 1994년, 평양시 기념 보고회는 1월 14일 인민대학습당에서 진행하였다(로동신문 1994.01.15 : 3, 민주조선 1994.01.15 : 1). 회장 정면에는 김일성과 김정일의 초상화를 걸었으며, 정무원 부총리

---

164 1983년 8월 발행한, 월간잡지『천리마』제291호 100~102쪽에 같은 제목의 김인호 글이 실려 있는데, 내용은 다르다.

장철이 기념 보고를 하였다. 조선로동당 중앙위원회의 정치국 위원(리종옥)과 비서(김중린), 교육위원회 위원장(최기룡), 사회과학원 원장(김석형), 조선문학예술총동맹 위원장(백인준), 과학·교육·문화예술·출판보도 부문 일꾼들이 참가하였다. 그리고 기념글도 넉넉히 실었으니, 1월 15일치 『민주조선』에 정용호(언어학연구소)의 「훈민정음은 자랑높은 우수한 민족 글자」, 1월 16일치 『로동신문』에 김인호(언어학연구소 실장)의 「우리 인민의 자랑높은 민족 글자 훈민정음」, 1월 21일치 『문학신문』에 김인호의 「우리 인민의 자랑스러운 글자 훈민정음」을 실었다.

그런데 560돌이 되는 2004년에는 기념 보고회는 없었던 듯하다. 1월 10일치 『통일신보』[165]에 리호경(사회과학원 학사)의 기념글 「민족의 슬기를 세계만방에 빛내 주시여—훈민정음 창제 560돐을 맞으며—」를 실었고, 1월 15일치 『민주조선』에 김인호(사회과학원 박사)의 기념글 「자랑스러운 민족 글자 훈민정음」(☞제3편의 22)을 실었다. 그리고 1월 29일치 『교원신문』에도 김인호의 「발전된 우리 글자 훈민정음」을 실었다.

570돌에는, 2014년 1월 15일 '민족어의 우수성을 고수하고 더욱 빛내이기 위한 토론회'를 가졌다(로동신문 2014.01.16 : 5, 민주조선 2014.01.16 : 2). 과학, 교육, 민족유산 보호, 출판보도 부문, 당일꾼 양성기관 교원, 연구사, 강사, 기자, 편집원들이 참가한 가운데 언어

---

165 『통일신보』는 조선로동당 통일선전부에서 1972년 8월 6일 창간한 주간신문으로, "무소속 대변지"를 표방하고 있는데 사실은 대남 선전용 신문이다.

학연구소 소장 문영호, 김일성종합대학 교수 양하석, 국어사정위원회 서기장 리경철이 토론하였다. 토론회의 제목에서 예견할 수 있는 바와 같이, 토론의 내용은 언어(민족어) 중심이었다. 종전에 발표해 온 기념글들이 한결같이 문자(훈민정음)에 관한 내용이었던 것과는 달랐다. 그리고 한편에서는 '훈민정음 창제 570돐' 기념우표를 발행하였다.

2014년에 발행한 '훈민정음 창제 570돐' 기념우표.

▌조선글날? 인터넷을 검색해 보면, 북한에서 '훈민정음 창제 기념일'을 '조선글날'이라 한다는 글이나 방송이 많이 잡힌다. '조선글날'은 '조선글'과 '날'을 합친 말이겠는데, 2014년 무렵부터 떠돌기 시작하여 2019년에는 통일부 누리집의 '카드 뉴스'(2019.10.08)에도 오르고 탈북한 외교관 태영호의 글(2019.10.19)에도 올랐다. 그 후로 지금까지 재생산되고 있으나 그 모두 남쪽에서 작성한 것들이다.

북쪽에서 생산한 기록에서는 '조선글날'의 분포가 확인되지 않는다. 북쪽에서는 '한글'[166]보다는 '조선글'이라는 낱말을 사용하는 편이

---

166 북쪽에서는 1945년 광복 이후부터 '한글'이라는 용어를 잘 사용하지는 않는다. 하지만 백과사전과 사전辭典에서는 일찍부터 '한글'을 올려 풀이하고 있으며, 대중을 상대로 하는 신문에서도 더러 사용하였다. 예컨대, 류렬(1962.01.15 : 3)에서는 "자랑스러운 민족 문자 훈민정음(한글) 창제 518 주년을 맞는다."고 썼으며, 민주조선(2014.11.28 : 4)에는 "근대 시기에 들어서면서부터 《한글》이라고도 불리우게 되었

지만, 앞에서 살펴본 바와 같이, 1954년부터 거듭 거행한 '훈민정음 창제 기념일' 행사의 보도에서 한 번도 '조선글날'을 사용한 적이 없다. 그리고 2000년 3월 발행한 『조선 대백과사전 (17)』에도, 2007년 7월 발행한 『조선말 대사전 (증보판)』에도 '조선글날'은 등재되어 있지 않다. 이 둘은 북쪽의 대표적인 백과사전이며 조선어사전이다. 게다가 태영호의 글(2019.10.19)과는 다른 증언도 있으니, 예컨대 2008년 탈북한 김모씨의 "북한에서는 세종대왕의 존재는 짧게 배웠지만, 조선글날이 있는지도 모르고 살았다."(중앙일보 2016.10.09)는 발언이 그것이다. 이와 같은 점들을 종합하여 보건대 '조선글날'은 공식적인 명칭이 아닌 것으로 보인다.[167]

6.2. 『훈민정음』 해례본 저작 기념일

1961년 10월 9일은 515돌 한글날이었다. 예년과 같이 그날도 서울을 비롯하여 남한 곳곳에서는 한글 반포를 기념하는 식과 행사를 가졌다. 민간에서 주최한 것도 있고 관공서에서 주최한 것도 있었다.

같은 날 북쪽의 평양에서도 비슷한 모임이 있었다. 9일 저녁 과학원에서 진행된, 과학원 주최의 '『훈민정음』 해례본 저작著作 515주년

는데 ~ 우리 글자의 좋은 점을 자랑하여 붙인 것이다."라는 기사도 있다.
167 한편 "조선글날은 1961년까지는 1월 9일이었다가 1963년부터 1월 15일로 바뀠습니다."(SBS 뉴스 2018.10.08)라는 방송도 있었는데, 이 또한 사실이 아니다.

기념 보고회'였다. 과학원 산하의 각 연구소 일꾼들이 다수 참석한 가운데 언어문학연구소 연구사 류렬이 보고자로 나섰다. 그는 해례본 『훈민정음』은 1446년 10월(음력 9월)에 저작된 것으로, 1940년 안동에서 발견되었는데, 그 책이 나옴으로써 우리 문자의 기원설에 대하여 완전한 해명을 주었다고 보고하였다. 그리고, 중요한 내용을 설명하고는 그 책의 저작자들은 당시 조선말의 음운 체계를 문자에 정확히 반영하였으며, 음운과 문자와의 상호 관계, 그리고 조선말에서의 모음조화 현상에 대하여서도 아주 정확하게 인식하였음을 지적하였다(로동신문 1961.10.10 : 5, 문학신문 1961.10.13 : 4).

1961년의 이전이나 이후에 그런 모임을 더 가졌는지는 불분명한데, 어떻든 '10월 9일'에 그런 모임을 가진 것은 그날을 '훈민정음 해례본 처착 기념일'로 삼았음을 의미한다. 그러니 10월 9일에 대한, 남북의 처리가 다르다. 남쪽에서는 일반적으로 10월 9일을 '문자를 반포한 기념일'로 보는 데 비하여, 북쪽에서는 '문자 해설서를 치은 기념일'로 본 것이다.[168] 다만, 남북이 10월 9일을 잡은 기준은 정인지의 발문(후기)에 기록된 "정통 11년 9월 상한"이니, '515돌'이라는 셈은 남북이 동일하다.

1962년에도 10월 10일치 『로동신문』에 류렬의 기념글 「훈민정음의 창제와 민족 문'자로서의 그 발달」을 게재하였다.

그 후로 31년 지난 1994년, 10월 8일치 『민주조선』에 김윤교(김형

---

168 북쪽의 『조선말 대사전』(2006.12)에서는, 한글날을 '훈민정음 창체 기념일'이라고, 사실과 다르게 풀이하였음은 각주 87에 올린 바와 같다.

직사범대학 부학부장)의 「고대 글자와 훈민정음에서 찾아볼 수 있는 일련의 공통성」[169]을 게재하였다. "고조선 이후 훈민정음이 창제되기 전까지 계속 써 온" 신지神誌 글자의 기호와 훈민정음 기호의 연관성을 소개하는 내용이었다.

550돌 한글날의 해인 1996년, 10월 4일치 『민주조선』에 정용호의 「우리 민족의 자랑 《훈민정음》(해례)」을 게재하였다. 『훈민정음』 해례본의 가치를 되새겨 보는 내용이었다.

---

169 그것은 10월 9일을 기념하여 따로 쓴 것이 아니고, '단군 및 고조선에 관한 제2차 학술발표회 논문' 가운데 하나였다.

제 2 편

한글기념가의 변천사

    한글을 주제로 한 노래(가사·시 포함)는 다양하며, 수효도 적지 않다. 그 가운데는 한글의 찬양, 또는 그 창제나 반포의 기념에 초점을 맞춘 노래, 곧 '한글기념가'[1]도 있다. 오늘날 한글날 식장에서 흔히 부르는 「한글날 노래」가 그 대표적인 작품이라 할 수 있다.

    물론 이전에도 여러 한글기념가가 있었으며 온 겨레가 함께 부른 노래도 있었다. 「한글날 노래」가 대표적인 한글기념가로 자리잡기까지의 과정도 간단하지 않았다. 그 모든 것들은 한겨레 현대사와 긴밀히 관련되어 있는데, 그동안 별로 관심을 기울이지 않았다. 이러한 반성에서 지난 100여 년 동안 한겨레가 만들어내고 불렀던 한글기념가를 통시적으로 살펴보기로 한다.

---

1 '한글기념가'는 한글 또는 그 창제·반포를 기리고 찬양하는 내용의 노래를 통칭하는 용어로 사용한다. 한글의 교육·학습이나 보급에 초점을 맞춘 내용의 노래를 더러 '한글보급가'라고 하는 일이 있어 그것과 구분하기 위함이다. 리의도(2011.08)에서 '한글 노래'라고 했던 것을, 의미의 명료성을 고려하여 이렇게 바꾸었다. 내용으로 보면 '한글찬양가'가 더 적절한 면이 있으나, 종래의 표현을 따르기로 한다.

1. 대한제국 시기의 한글기념가

한힌샘 주시경의 직계 제자 중에 이규영[2]이 있는데, 그가 남긴 필사본 중에 『온갖것』이 있다. 1911년 여름부터 1913년 9월 즈음까지 짓거나 보고 들은 갖가지 내용을 손수 붓으로 기록하여 묶은 것이다. 김민수(1980.06)를 통하여 그 존재와 얼거리가 세상에 알려졌으며, 전체 내용의 영인본이 『역대 한국문법 대계』 제1부 제40책(1985.04)에 수록되었다.

그 필사본 '둘'(둘째 묶음)[3]의 첫 자리, 곧 19번째 장張에 아래[4]의 시가 적혀 있다.

우리글[5] 창제 기념가

1. 높이 솟은 장백산에 고운 天然界천연계 / 옛적 우리 씨가 처음으로 생겼네. / 특별한 땅 특별한 씨 우리 天賦천부로 / 절로 쓸 말 내셨네.

---

2 이규영(1890~1920)은 한힌샘 주시경이 운영하던 조선어강습원(조선언문회의 교육기관) 중등과의 1911학년도(1911.09.~1912.03.) 수강생으로 사제 관계를 맺게 되었다.

3 『온갖것』은 모두 81장인데, 이규영은 그것을 '하나', '둘', '셋'으로 구분하였다. 그리고 '하나'(첫째 묶음)는 '1912년 10월부터 짓고 보고 들은 것과 넉넉히 뒤에 볼 만한 것', '둘'(둘째 묶음)은 '1913년 9월부터 보고 들은 바를 가리어 적은 것', '셋'(셋째 묶음)은 '1912년 여름부터 자신과 남이 적어 두었던 여러 낱말을 베낀 것'이라고 밝혀 두었다.

4 원문(☞제1편의 1.2)의 표기와 띄어쓰기를 오늘날의 규정에 맞추고, 한자 표기도 최소화하여 올린다.

〈후렴〉 만세 만세 우리말 만세. / 만세 만세 우리글 만세.
　　　우리 맘에 이날을 굳게 새기세. / 새기세, 늘 이날을.
2. 거룩하고 밝은 우리 先王선왕 세종조 / 말에 맞은 글을 새로
　　지어내시니, / 아름답고 아름답다 우리 나라 글 / 특성을 그
　　렸도다.
3. 동서양의 열강들을 살펴보건대 / 말과 글이 구역 달라 각각
　　다르도다. / 大韓帝國대한제국 말과 글을 발전하기는 / 우리
　　의 擔負부담 重중하네.
4. 腦髓뇌수 중에 조국 정신 배양하기는 / 國文국문 崇用숭용함이
　　제일 필요하도다. / 輕便경편하고 간이하다 우리 국문은 / 세
　　계에 으뜸일세.
5. 기쁘도다 기쁘도다 오늘날이여! / 국문 창제 기념식 거행
　　해 보세. / 바라노라 어서 속히 연구하여서 / 영원히 빛내
　　보이세.[6]

제목부터 '우리글 창제 기념가'이며, 우리글의 우수성을 지적하고 국
문 숭용의 중요성을 강조하면서, 대한제국 말·글의 발전은 우리에게
달렸으니 먼저 '국문 창제 기념식'을 거행해 보자는 내용이었다. 흔히
생각하는 것보다 훨씬 이른 시기에 '한글 기념식'을 거론했음을 확인
하게 된다. 인쇄물로 간행되지는 않았으나 그 기록의 역사적 의의는
작지 않다.

---

5 이 시에는 '우리글', '우리 나라 글', '국문'이 혼용되어 있다.
6 〔낱말 풀이〕'天賦로'→ 하늘로부터. '負擔 重하네'→ 짊어진 짐 무겁네, 책임이 무겁네.
　　'腦髓 중에'→ 머리 속에. '국문 崇用함'→ 국문을 높이 받들어 사용함. '輕便하고'→
　　쉽고 편리하고.

　　그런데, '둘'에 관하여, 이규영은 "1913년(4246년) 9월 조선광문회 조선어자전字典 편집부"[7]에서 일을 본 뒤에 보고 들은 바를 가리어 적은 것이라고 밝혀 두었다. 그러니 위의 시는 이규영 자신의 창작품이 아닌 것이다. '하나'의 첫머리에 「금강뫼 탐험 노래」의 악보와 노래말[8]을 올리고 '1912년 여름에 치었다'고 밝혀 둔 점에 비추어보더라도 그것은 분명하다. 그렇다면 언제, 누가 지었을까? 실제로 노래로 불렀을까?

　　첫째, 창작 시기는, 이규영의 기록 '1913년 9월에 조선광문회 조선어자전 편집부에서 일을 본 뒤에'와 위의 제3연에 나오는 '대한제국大韓帝國'을 근거로 추정해 볼 수 있다.

　　그 기록 속의 "조선광문회 조선어자전"이란 흔히 알려진 사전 『말모이』이다. 조선광문회에서 기획하고 한힌샘이 편찬 작업을 이끌어 나가던 『말모이』 사업에 이규영도 편찬원으로 참여하였다(리의도 2022. 02 : 65). 그러니 이규영이 「우리글 창제 기념가」를 접한 때는 한힌샘을 모시고 김두봉·권덕규와 함께 조선광문회의 『말모이』 편집부에서 일하기 시작한 1913년 9월경이니, 위의 시가 창작된 것은 그 이전이 된다.

　　그런데 시에 쓰인 '대한제국'이 그 범위를 좁혀 준다. '대한제국'은 1910년 8월 29일로 주권을 아주 잃고 말았으니, 김민수(1980.06 : 71)

7　원문은 "네즘 두온 네열 여섯해 아홉달에 朝鮮光文會조선광문회 朝鮮語字典자전 編輯하는 데"이다. 그때에는 '사전'이 아니라 '자전'이라 하였다.

8　「금강뫼 탐험 노래」의 노래말은 4행씩, 27절까지이며, 한자를 섞어 썼다.

에서도 추정했듯이, 위의 시는 그 전에 창작된 것으로 보는 것이 순리
이다. 사후에도 이전의 나라 이름을 눌러 사용했을 수도 있겠으나,
당시의 시대 상황으로 고려할 때에 그 개연성은 낮다.

창작 시기의 상한上限을 추정할 실마리는 '대한제국'을 선언한 1897
년 10월 12일인데, 1900년대 초엽이나 그 이전으로 소급하는 것은
무리인 듯하고, 1907년 7월 즈음까지 올려볼 수 있지 않을까 한다.
1907년 7월은 국문연구소가 설립되고(☞제1편의 1.1), 한힌샘 주시경이
'하기夏期 국어강습소'를 개설한 시기이다.

둘째, 누가 이 시를 지었을까? 말과 글을 엄밀히 분별한 것으로 볼
때에 언어와 문자에 대하여 상당한 학식을 갖춘 사람이 지은 것은
분명하다. 김민수(1980.06 : 71)에서는 "그 내용으로 보아 주시경파
누구의 작품일 것이라는 짐작은 하기 어렵지 않다."고 하였다.⁹ 그런
데 여러 정황으로 볼 때에 한힌샘 주시경이 지었을 개연성이 높다.

셋째, 실제 노래로 불렀을까? 김민수(1980.06 : 67)에서 '당시에 기
념식이 거행된 듯이 보인다'고 했는데, 그대로 받아들일 만한 기록을
접하지 못하고 있다. 언제 어디서 어떤 사람들이 모여 어떻게 기념식
을 거행했는지 알려 주는 것이 아무것도 없다. 설령 기념식이 있었다

---

9 『온갖것』의 '둘'(둘째 묶음)의 후반부에는 온전히 토박이말로 된 「우리말 생각하는
  노래」가 기록되어 있다. 김민수(1980.06 : 72)에서는 주시경·김두봉·이규영 가운데
  서 누가 지었을 것으로 보았는데, 이규영은 제외해야 할 것으로 보인다. 첫째, 그
  노래가 기록된 자리가 '보고 들은' 바를 가려 적었다는 '둘'이며, 둘째, 이규영은 자신
  이 지은 것은 일일이 그 사실을 밝혔는데 그 노래에 대해서는 그렇게 하지 않았기
  때문이다.

하더라도 그 식전에서 위의 기념가를 불렀음을 보장하는 섯은 아니다. 제5절에서 "국문 창제 기념식 거행해 보세."라고 했으니, '거행해 보세'는 식을 거행하는 현장에서 외치는 말투로는 적합하지 않기 때문이다. 전체적으로 보면 우리글의 창제를 기념하는 식을 했으면 좋겠다는 염원을 담은, 그리고 그런 기념식의 거행을 제안하고 촉구하는 내용이다.

이러한 내용을 중심으로 접근하면, 위의 시는 기념식에서 사용할 목적으로 지은 것이 아니라 평소에 두루 부를 것을 전제하고 지은 계몽용·교육용이 아닐까 한다. 그리고, 그때 흔히 그러했던 것처럼, 서양의 어느 곡조에 얹어 불렀을 개연성이 있다. 여러 학교에서는 말할 것도 없고, 1907~1910년의 여름방학 중에는 하기夏期 국어강습소까지 열어서 대한大韓의 말과 글을 열정적으로 교육하던 한힌샘이 이 노래말을 지어 학생과 수강생들에게 부르기를 가르쳤을 수 있다.

2. 항일 투쟁 시기의 한글기념가

2.1. 전라남도 지역의 「가갸날 노래」와 「한글노래」

가갸날은 훈민정음의 '창제·반포'를 기념하고 경축하는 날이다. 그런 날은 1926년에 조선어연구회가 신민사新民社와 함께 처음 제정하고, 기념 축하회까지 열었다. 물론 당시의 이름은 '가갸날'이었고, 날짜도 '음력 9월 29일'이었다. 가갸날 제정과 기념 축하회 소식은 많은 겨레의 가슴을 흔들었으며, 그 뜻에 공감한 이들이 경향의 각지에서 나름대로 기념행사를 벌이기도 하였다.[10]

1927년, 전라남도 영광에서는 영광청년회가 중심이 되어 가갸날 기념행사를 벌였는데, 당시의 조선어 일간신문들에서는 아래와 같이 보도하였다.

(1)(ㄱ) 전남 靈光영광 한글회서 『가갸날』을 기념하기 위하야 〔줄임〕 24일 오후 5시에 영광공립보통학교에서 5백여 군중이 參集참집한 대성황리에 祝賀式축하식을 거행할 제 장내에는 여러 가지 표어와 훈민정음 반포 세종대왕 親序친서 등을 걸고 奏樂주악과 가갸날 노래로 식을 開개하고, 〔줄임〕 3씨의 각각 의미가 深長심장한 열변이 잇서 일반 청중에게 깁흔 印像인상을 너허 주고, 이어 宣傳旗선전기 행렬에 참가할 500여의 소년소녀를 다시 加가한 1천여 군중은 각기 표어를 실흔 旗기를

---

10 초창기부터 조선어연구회는 경성(서울)에서 가갸날 기념회를 가졌다. 그 시작과 변천에 대해서는 제1편의 2.2에서 상세히 다루었다.

들고 악대를 선두로 하야 주악과 함께 가갸날 노래를 高唱고창하며 市街시가를 一週일주하면서 선전 비라 수천 매를 撒布살포하엿다.[11] - 동아일보 1927.10.27 : 5.

(ㄴ) 전남 영광군 읍내에 잇는 『한글會회』에서는 훈민정음 頒布日반포일인 '가갸날'을 성대히 동시에 넓히 선전하기 위하야〔줄임〕24일(음 9월 29일) 오후 4시 30분에 當地당지 영광공립보통학교 강당에서 축하 기념식을〔줄임〕대성황 리에 소년소녀의 『가갸날』놀애 합창대의 합창과 악대의 주악으로 開式개식을 한 후〔줄임〕熱血열혈이 넘치는 강연이 잇슨 후 同동 오후 6시 반경에 긴장하고 和氣화기 충만한 가운데 奏樂주악으로써 폐회하엿다더라. - 조선일보 1927.10.28 : 4.

기념식과 강연, 선전기 행렬 등의 행사를 성대히 치렀으며, 기념식과 시가행진에서는 '「가갸날 노래」를 불렀다'는 것이다. 그런데, 경향의 한글날 행사에서 한글기념가를 불렀다는 명시적인 기록은 그것이 처음이었다.[12] 하지만 그처럼 역사적 의미가 큰 노래의 실체는 오래도록 접할 수 없었다.

마침내 2004년 6월, 광주光州를 중심으로 활동하는 향토 연구가 한송주에 의하여 그 노래말이 지면을 통하여 알려졌으니, 그것은 아래(한송주 2004.06 : 224)와 같다.

---

11 〔낱말 풀이〕'親序'→ 서문. '開하고'→ 열고. '加한'→ 더한. '비라'→ bira, 선전쪽지. '撒布하엿다'→ 흩뿌렸다, 나눠주었다.

12 리의도(2011.08 : 332)에서 뒤의 2.3에 나오는 「글날 노래」를 "최초의 한글날 노래라 할 수 있다."고 한 것을 바로잡는다.

가갸날 노래

보배다 자랑이다 우리네 한글
온 천하 맑은 글 중에서 으뜸이라네
우리네가 인류 앞에 받드리는 귀여운 한 선물
반가운 날 이 가갸날
거룩한 한글 이 세상에 나오신 날
묻히인 구슬이니 누가 알으리
닦으라 갈으라 빛을 내라
우리네의 맘과 뜻을 옳게 실어 온누리에 펴 보자
반가운 날 이 가갸날
거룩한 한글의 새빛이 세상에 비추인 날

지은이는 분명하지 않은데, 한송주는 "카나리아회를 이끌던 김형모[13]가 지었다고 한다. 혹은 같이 활동하던 조희관[14]과 공동으로 제작했다고도 한다."라고 하였다. 악보는 전해 오지 않으며, 따라서 정확한 가락은 알 수 없는데, 4/4 박자에 힘차고 밝은 곡조였던 것으로 짐작된다고 하였다.

영광에서는 1927년 이후에도 한글회가 중심이 되어 해마다 자체적

---

13 김형모(金衡模. 1900~1934)는 사립 영광학원의 교사였으며, 동지들과 함께 다양한
   민족 운동을 펼쳤는데, 말글 운동에도 꾸준한 열성을 보였다. 시조시인 조운曺雲은
   그의 처남이면서 동지였다.
14 조희관(曺喜灌. 1900~1958)은 1920년 배재고등보통학교를 졸업하고, 1926년 연희
   전문학교 문과 2학년을 중퇴하였다. 그 후에 고향 영광으로 돌아와 동아일보사 영광
   지국의 기자 및 지국장으로 활동하였고, 광복 후에는 목포에서 중등학교 교원으로
   근무했는데, 수필가로 활동하며 우리 말글 운동에도 이바지하였다.

으로 기념행사를 벌였다. 신문들의 보도기사에 적시된 것은 없으나, 그때마다 위의 노래를 불렀을 개연성이 높다. 다만, 1928년부터 조선 어연구회에서 기념일의 이름을 '한글날'로 바꾸었으니(☞제1편의 2.2.8), 「가갸날 노래」라는 이름을 「한글날 노래」로 바꾸었을 수 있다.

  1927년, 같은 해에 전라남도의 남동쪽 순천에서도 「한글노래」를 불렀으니, 그 보도기사는 아래와 같다.

(2) 순천 각 단체에서난 한글 紀念기념을 하기 위하야 주간에난 비라를 배포하고, 야간에는 順天勞働學院순천노동학원에서 강연회를 개최하고 梅山樂隊매산악대와 學院학원 생도의 한글노래를 부른 후 左記좌기 3氏씨의 강연이 끗난 후 한글만세 삼창으로 폐회하엿다더라.
      글과 말 : 韓泰善한태선
      한글의 가치 : 朴永震박영진
      이날을 當당한 나의 소감 : 金聖日김성일[15]

- 동아일보 1927.10.29 : 3.

행사 내용이 영광의 그것과 비슷한데, 부른 노래의 이름이 다르다. 기사에 사용된 낱말들을 고려하건대 허투루 '한글노래'라고 한 것 같지 않으니, 영광의 「가갸날 노래」와는 별개의 것인 듯하다. 하지만 그 실체에 대해서는 아직 알려진 것이 없다.

  이처럼 1920년대 후반, 곧 한글날의 초창기에는, 기념행사 때에 지역에 따라 제각기 마련한 한글기념가를 부르기도 하였다.

---

15 〔낱말 풀이〕'梅山樂隊'→ 매산학교 악대. '學院'→ 순천노동학원(야간부 학교였음). '當한'→ 맞이한.

2.2. 『조선일보』의 「한글기념가」

한글 반포 기념회를 5번 치른 후인 1930년 12월, 조선일보사에서 연례행사로 해 오던 새해맞이 문예 현상 공모를 하면서, 예년에 없던 '한글기념가'(와 '문자보급가') 부문을 신설하였다. 12월 5일치 『조선일보』 제4면에 그 광고를 실었는데, "훈민정음 반포 기념일에 널리 부를 것"이라는 조건을 달았으며, 1등에 30원, 2등에 20원, 3등에 10원의 상금을 걸었다. 12월 15일에 접수를 마감하여 심사했으니, 1등인 당선작은 없고, 2등으로 2편, 3등으로 2편, 선외選外 가작佳作이 6편이었다. 그 작품들을 1월 1~2일, 4~6일치 지면에 차례대로 게재했는데, 2등 작품 1편(조선일보 1931.01.01 : 12)을, 띄어쓰기를 조정하여 올리면 아래와 같다.

한글 紀念歌기념가

都鎭鎬도진호

1. 거룩할사 우리 한글 지으신 법 다하시고
   모양마자 고우시니 님이실새 이 보배를
   〈후렴〉 우주의 빛 세종님이 훈민정음 지으시사
       우리 겨레 갈치시니 오백년 전 오늘이여
2. 스물여듧 글자로서 소리소리 다 그리며
   온갖 글월 갖은 말을 마음대로 쓰고 짓게
3. 이야 우리 문화 엄마 온 누리를 거느리사
   무궁화 무궁한 봄에 길이 새로 노니과저

하지만 훈민정음 반포 기념일에 위의 노래들을 불렀다는 기록은 접할 수 없다. 애초의 광고대로 실행하지 못한 듯하며, 그 후로 이러한 현상 공모는 없었다.

2.3. 일로 지은 「글날 노래」

1932년은 한글날을 제정한 지 일곱 번째 되는 해였다. 동아일보사에서는 한글날 발행한 신문(1932.10.29)의 제5면을 '한글날 특집'으로 꾸몄는데, 그 중앙에다 아래의 시를 실었다.

글날노래

一路 일로

1. 거룩하고 높으실사 우리세종 잉검님
  정린지님 신숙주님 성삼문님 최항님
  슬기롭고 밝으시온 여러스승 더불어
  세해한맘 정성모아 우리참글 지셧네
  〈후렴〉 오날이 글날 우리글의 돐날
  만세만세 빛나라 여천만세[16] 우리글
2. ㄱㄴㄷㄹ ㅁㅂㅅㅇ ㅈㅊㅋㅌ ㅍㅎ에
  ㅏㅑㅓㅕ ㅗㅛㅜㅠ ㅡㅣ·만 붙이면
  온갓소리 온갓말을 모다쓰는 우리글
  시월스므 아흐래에 우리조선 태낳네

---

16 '여천만세'는 '억천만億千萬세歲'의 착오인 듯하니, '억천만 해', 곧 '무한히 오랜 시간'이라는 뜻이다.

3. 온세계의 글자중에 으뜸되는 우리글
   온인류의 문명우에 새보배인 우리글
   빛나도다 우리자랑 우리참글 가졋네
   기쁘도다 우리참글 우리글날 맞엇네

이응호(1971.12 : 484)에도 이 시가 소개되어 있는데, 지은이 一路일로가 누구인지 확인되지 않았고 언제 지어졌는지도 잘 알 수가 없다고 하였다.[17]

그런데, 위 신문의 같은 면에는 「글날을 쇠자」라는 논설이 실렸는데, 그 필자가 車無老차무로로 되어 있다. 그러한 상황에 기초할 때에 '一路'와 '車無老'는 동일인으로 보이며, 둘 다 본명은 아닌 듯하다. 그는 누구일까? 이 물음에 대한 답으로 '車一路차일로'를 생각할 수 있다. 이 노래의 발표 시점보다 3년 2달 앞서 조선일보(1929.08.21)에 동시 「밤」이 실렸으니, 그 지은이가 車一路였다. 그 시는 "늙은 둥그나무 밋 『가갸거겨』 이야기는 아즉도 씃칠 줄을 몰으고 잇네"로 끝을 맺었다. 또, 위의 노래를 발표하고 9년쯤 흐른 1941년 4월 발행한, 조선어학회의 기관지 『한글』 제9권 제3호에도 車一路의 글이 실리었다. 그것은 「시골말에서 찾아본 語意어의」인데, "『한글』 제7권 제1

---

17 1932년이면 기념일의 이름이 '가갸날'을 거쳐 '한글날'로 공식화된 때인데, 굳이 제목을 「글날 노래」라고 한 점이 눈길을 끈다. 1926년의 가갸날 제정에 앞서, 조선어연구회에서는 음력 1923년 12월 27일(양력 1924년 2월 1일)에 '훈민정음 창제 제8 회갑 기념회'를 가졌는데, 그때에는 기념일의 이름을 따로 짓지 않았었다(☞제1편의 2.1). 그 사실과 관련된 것을 아닐까 추정해 본다.

호의 권덕규 선생의 「버리다 만 散稿산고」 중 '가시내'의 '가시'는~"
으로 시작한다. 이러한 사실들로 미루어볼 때에 車一路[18]는 조선어
학회와 가까웠던 사람이며 一路(와 車無老)는 그의 필명일 개연성이
있다.

　물론 「글날 노래」의 악보는 전해 오지 않는다. 그러므로 그것이 노
래로 불렸다고 단언하기는 어렵지만, 기존의 가락(선율)에 얹어 불렀
을 개연성까지 배제할 수는 없다. 이것과 같은 시기에 활자화된, 이갑
李鉀이 지은 「문맹타파가」의 가락을 이상준 작곡의 「권학가勸學歌」에
서 취한 사례가 있으며(조선어학회 1934.07 : 7), 그 무렵에는 그런 일
이 흔히 있었다.

---

18 車一路가 본명이 아닐지도 모른다.

3. 광복 직후의 한글기념가

3.1. 이극로 작사의 「한글노래」

8·15 광복을 맞은 조선어학회 앞에는 산더미 같은 일이 기다리고
있었다. 조선어사전의 편찬과 간행, 교과서 편찬, 국어 교사 양성, 한
글 강습, 일본말 몰아내기 등, 하나같이 중요하고 시급한 일이었다.
그 가운데서도 국어 교사 양성이 매우 시급했으니, 광복되고 채 1달
도 되기 전인 1945년 9월 11일 659명의 수강생을 대상으로 제1회
'국어과 지도자 양성 강습회'를 개강하였다(리의도 2019.08 : 169).

2주 후에 그 종료식을 했는데, 한 일간신문에서 그 모습을 아래와
같이 보도하였다.

⑶   한글 강습회 師範部사범부 제1기 終了式종료식을 24일 오후 6시 수송교
   강당에서 거행되었다. 먼저 이희승 선생의 개회사, 애국가 奉唱봉창에
   이어서 이극로[19] 씨로부터 수료 증서 수여가 있은 다음『한글의 씨가
   되어지다!』라는 열렬한 訓示훈시가 있고, 이에 답하여 수료생 대표의
   『이 감사와 감격을 오즉 선생님들의 손발이 되여 우리말 보급하기에
   다 한다』라고 맹세하고 힘찬 한글노래 齊唱제창으로 40분에 식을 마치
   였다. - 민중일보 1945.09.29 : 2.

---

19 이극로(리극로)는 그 무렵 조선어학회의 간사장(대표)이었다. 그는 조선어학회의 간
   사장을 여러 차례 맡았는데, 광복 직후인 1945년 8월 26일부터 1946년 2월 3일까지
   맡은 것이 마지막이다(☞제1편의 3.1).

강습회 수료식[20]에서 애국가만이 아니라 '한글노래'를 함께 불렀다는
것이다. 그 '한글노래'는 일반명사가 아니라 고유명사였다. 수료식에
서 불렀으니, 지금까지 알려진 바로는, 광복 이후 식장에서 부른 최초
의 한글기념가인 듯하다(☞3.3.2). 하지만 '한글날 기념식'의 식가式歌
로 작정하고 지은 것은 아니었다.

　그 「한글노래」의 가사와 작사자가 널리 알려진 것은, 그 수료식이
있은 지 열흘 후, 광복하고 처음으로 맞이한 한글날이었다. 1945년
한글날 아침 몇몇 일간신문에 게재되었는데, 『신조선보』(1945.10.09
: 1)에 실렸던 것을 가져와 올리면 아래와 같다.

한글노래

李克魯이극로 作詞작사[21]

1. 세종임금 한글펴니 스물여덟 글자
　사람마다 쉬배워서 쓰기도 편하다
　〈후렴〉 슬기에 주린무리 이한글 나라로
　　　　　모든문화 그근본을 밝히러 갈꺼나
2. 온세상에 모든글씨 견주어 보아라
　조리있고 아름답기 으뜸이 되도다.
3. 오랫동안 묻힌옥돌 갈고 닦아서
　새빛나는 하날아래 골고루 뿌리세.

20　조선어학회에서는 이날 수료생들을 조직하여, 국어운동을 담당할 외관 단체로 '한글
　　문화보급회'를 창립하였다.

21　자유신문(1945.10.09 : 1)에서는, 악보 없이 가사만 게재하면서도 "蔡東鮮채동선 作曲
　　작곡"을 함께 명기하였다.

이극로가 작사한, 이 가사는 그해 11월 12일 간행된 『조선주보』[22] 제4호(1945.11.12)와 12월 간행된 잡지 『白民백민』 창간호(1945.12)에도 게재되었다. 그리고 다음해 3월 간행된 『한글문화』[23] 창간호와, 같은 달에 발행된 중등학교 국어과 보습용補習用 교재 『한글 독본』[24]에도 실렸다.

그 악보를 최초로 수록한 지면은 1945년 12월 월간잡지 『여성문화』[25] 창간호 36쪽이었다. 한글학회 100돌을 앞두고 리의도가 찾아내어 세상에 알렸으니(리의도 2011.08 : 349), 다음 쪽의 [악보 1]이 그것이다. 보다시피 필사보筆寫譜이며, 단선율 악보이다. 악보 위쪽에 "李克魯이극로 作詞작사, 蔡東鮮채동선 作曲작곡"이 명기되어 있다. 1945년 9월 24일 수료식에서 '한글노래를 불렀다'는 (3)의 기사에 비추어 보건대 작곡자가 곡을 완성한 시점은 '(1945년) 9월 중순'쯤이었을 것이다.

『여성문화』 창간호 발행 이후 몇 달이 지나지 않아, 그 악보를 수록한 중등학교[26] 교과서가 나왔다. 중등음악교과서 편찬위원회가 짓고,

22 『조선주보』는 광복 후 최초의 잡지로 알려져 있다. 1945년 10월 창간된, 이름 그대로 '주간週刊잡지'이다.

23 『白民』은 소설가 김송의 아우 김현송金玄松이 자기 재산을 기울여 발행한 종합잡지이다. '白民'은 '백의白衣 민족'을 줄인 것이었다 한다. 『한글문화』는 한글문화보급회(회장 : 정렬모)의 회지인데, 그 역시 "편집 겸 발행자 : 김현송"으로 되어 있다. 리의도(2011.08 : 333)에서 '김송'을 김현송의 필명이라 한 것은 사실과 다르므로 바로잡는다.

24 정인승(조선어학회 이사)이 엮어 정음사에서 발행한 것이다. 33편의 각종 글을 실었는데, 13번째에 「애국가」, 14번째에 「한글 노래」의 가사를 올렸다.

25 광복 이후 최초의 여성 잡지로 알려져 있다.

26 당시 '중등학교'의 수업 연한은 6년이었다. 1950년에 오늘날과 같이 중학교(3년)와

[악보 1] 월간잡지 『여성문화』 창간호(1945.12) 36쪽.

[악보 2] 중등음악교과서 편찬위원회 지음의 『중등 음악교본』(1946.05) 2쪽.

1946년 5월 국제음악문화사[27]에서 발행한 『중등 음악교본』[28]이었다. 앞 쪽의 [악보 2][29]가 그 악보이니(리의도 2007.10), [악보 1]을 4성부 합창곡으로 편곡한 것인데 편곡자는 명기하지 않았다. 그 교본은 우리말로 지어 최초로 발행한 음악 교과서였고,[30] 매우 많이 팔려 나갔다(박용구 2001.06 : 493~495). 그 교본을 지은 '중등음악교과서 편찬 위원회'[31]는 광복을 맞이한 상황에서 우리말로 된 중등 음악 교과서를 편찬할 목적으로 서울의 중등학교 음악 교원 약 30명이 모여 조직했었다(중앙신문 1945.12.04 : 2).

▌또 하나의 「한글노래」   8·15 광복 직후, 이극로가 작사한 「한글노래」보다 먼저 일간신문에 실려 나간, 또 하나의 「한글노래」가 있었다.

고등학교(3년)로 분리하였다.

27 국제음악문화사는 국제적으로 음악을 서로 나누어 즐김과, 국내적으로는 음악 교육과 가요 출판과 연주회 개최 등의 사업을 목표로 박태현·박용구 등이 창립하였다(중앙신문 1945.11.18 : 2).

28 온전한 이름은 '임시臨時'를 붙인 『임시 중등 음악교본』이었다.

29 노래말 제3절 첫째 줄에 "갈고 닦닦아서"라고 쓴 것은 [악보 1]과 다르다. 한편, 그로부터 1년 남짓 지난 1947년 11월 발행한(☞각주 35) 국민학교 국어 교과서 『초등 국어 5-1』에서는 이 부분을 "갈고 또 닦아서"로 고쳐 표기하였다.

30 후일 민경찬(1987.08 : 159)에서는 "해방 후 만들어진 음악 교과서를 보면 이 『중등 음악교본』을 제외하고는 대부분 일제 시대의 교과서를 모델로 하고 있고, 심한 것은 일본 것을 그대로 베끼다시피하고 있다."고 평가하였다.

31 편찬의 대체적인 방향은 1945년 11월 30일 회원 전체회의에서 결정한 듯하며, 그 교과서의 머리말에 보면, 선임된 편찬 위원은 김광수, 박용구, 박은용, 서수준, 최희남, 차정순, 한갑수, 한규동, 이해남이었다고 밝혀 두었다. 그런데 후일 박용구는 자신과, 경기고보의 음악 교사 최희남, 그리고 국제음악문화사를 운영하던 박태현이 주로 책임을 맡아서 했다고 구술하였다.

그것은 8·15 이후 18일째 되는 1945년 9월 2일, 대구의 일간신문 『대구일일신문』 제1면에 아래와 같이 실렸다.

한글노래

李應昌이응창 作작

1. 가갸거겨 고교구규 조코조흔글
   세종께서 창제하신 우리의한글
   같이같이 배우세   둘너안저서
   읽기조코 쓰기조코 배우기쉬운
   세계에   웃듬가는 우리나라글

2. 나냐너녀 노뇨누뉴 쉽고쉬운글
   세종께서 창제하신 우리의한글
   너도나도 읽으이   함게모여서
   읽이조코 쓰기조코 보기도조은
   세계에   웃듬가는 우리나라글

3. 다댜더뎌 도됴두듀 조리잇는글
   세종께서 창제하신 우리의한글
   다시다시 써보세   어데가던지
   읽이조코 쓰기조코 듯기도조은
   세계에   웃듬가는 우리나라글

4. 라랴러려 로료루류 재미잇는글
   세종께서 창제하신 우리의한글
   라라라라 전하세   영원무궁히
   읽이조코 쓰기조코 전하기쉬운
   세계에   웃듬가는 우리나라글

이것은 노래로 부르기에 알맞은 형식으로 되어 있는데, 의식용儀式用

으로 지은 것은 아닌 듯하며, 실제 노래로 불렸는지는 알 수 없다. 지은이 이응창[32]은 일찍부터 꾸준히 활동해 온 아동문학가였다.

3.2. 「한글노래」 부르기의 확산

3.2.1. 1945년의 「한글노래」 부르기

이극로 작사의 「한글노래」는 1945년 한글날을 기점으로 널리 불리기 시작하였다. 그것은 몇몇 기록으로 확인할 수 있으니, 조선어학회 기관지 『한글』 제94호(1946.04 : 66)[33]의 기록을 간추려 올리면 아래와 같다(리의도 2007.10 : 12).

(4)(ㄱ) 시가행진 : 1945년 10월 9일 오후 1시부터 서울 시내의 초등·중등학교 학생과 조선어학회·한글문화보급회 등 문화단체 합동으로, 맑게 갠 하늘 아래 행렬을 갖추어 이극로 님 지으신 「한글노래」를 부르며 서울 시내를 한바퀴 돌았다.

(ㄴ) 강연회 : 10월 10일에는 천도교당에서, 한글문화보급회(☞각주 20) 주최로 한글날 기념 강연회를 열었다. 중앙여자상과商科학교 학생들의

---

32 1906년 대구에서 출생하여 줄곧 그 지역에서 살았다. 1926년 경성사범학교를 졸업하고 초등학교 교사로 재직하면서부터 동요를 지어 발표했으며, 한국 아동문학의 초석을 놓는 데에 크게 이바지하였다. 호는 창주滄洲이고, 독립운동가 우재又齋 이시영의 외아들이다.

33 제94호는 8·15 후에 발행(속간)한 첫 호였다. 1945년의 한글날 행사 소식이 해가 바뀌어 6달 후에 인쇄되어 나온 것은 그 때문이다.

「한글노래」 합창에 이어 세 분이 강연하였다.

위에서 보듯이 그날의 시가행진과 다음날의 강연회에서 「한글노래」
를 제창하였다. 9월 24일의 강습회 수료식(☞3.1) 이후 보름 만에 많은
사람이 지켜보는 가운데 또 제창한 것이다. 그로써 그 노래는 국민들
사이에 점차 퍼져 나가기 시작하였다.

그런데 『한글』 제94호에는, 시가행진에 앞서 그날 오전에 있었던
기념식 상황도 식순에 따라 기록되어 있다(☞제1편의 따온글 (28)). 하지
만 거기에 "애국가 합창"의 순서는 있지만 "한글노래 합창"은 없다.
앞에서 소개한 『백민』 창간호(1945.12 : 30)에도 조선어학회에서 주
최한 1945년의 한글날 행사를 소개한 글이 있는데, 거기에도 시가행
진에 대한 서술에만 "애국가, 한글노래를 힘차게 제창한 후 가두로
출발하"였다고 되어 있다. 그러니 1945년의 기념식에서는 「한글노래」
를 부르지 않은 것이 분명하다(리의도 2007.10 : 13). 그리고 174쪽에
서 언급한 바와 같이, 위의 「한글노래」는 한글날의 식가를 목표하여
지은 것도 아니었다.

3.2.2. 1946~1949년의 「한글노래」 부르기

1946년의 한글날은 한글 반포 500돌이 되는 해였기 때문에 중앙의
기념식은 덕수궁 뜰에서 거국적으로 성대히 거행하였다(☞제1편의
3.2.1). 「한글노래」는 그 해를 맞이하여 비로소 온 나라에 널리 퍼졌다
(이응호 1971.12 : 484). 그리고 그해의 한글날 기념식에서 처음으로
그 노래를 식가로 불렀으니, 그것은 식의 후반에 '「한글노래」 합창~

제창이 있었다'는 사후 보도기사(경향신문 / 조선일보 1946.10.10)로써 충분히 확인된다. 그러니 「한글노래」(이극로 작사, 채동선 작곡)는, 「애국가」를 제외하고는, 광복 후에 거국적으로 부른, 최초의 '의식의 노래'라 할 수 있다.[34]

1947년의 기념식도 조선어학회 주최로 전해의 순서대로 진행했으며, 「한글노래」 부르기에는 이화여자중학교 합창단이 참여하였다(동아일보 / 조선일보 1947.10.10). 한편, 문교부에서는 1947년 11월[35] 발행한 『초등 국어 5-1』 제10과(34~35쪽)에 「한글 노래」[36]의 가사를 실었다. 그 노래의 가사가 정부[37]에서 지은 국어 교과서에 실리기는 그때가 처음이었는데, 1948년과 1949년 발행본에도 그대로 유지되었다.

1948년의 기념식에서도 전해와 마찬가지로 「한글노래」를 불렀다(동아일보 / 조선일보 1948.10.10). 두 신문의 사후 보도기사에서 똑같

---

34 1946년, 한글날에 앞서 3월 1일 몇몇 단체가 공동으로 '삼일절 기념식'을 거행했는데 「애국가」만 불렸고(동아일보 1946.03.01 : 1), 1947년 2월 전국문화단체총연합회에서 「삼일절 기념가」(조지훈 작사, 이윤선 작곡)를 공표하였다. 한편, 1948년 11월 3일 처음으로 중앙정부 차원에서 주최한 '개천절 봉축식'에서 「개천절 노래」를 불렀다(동아일보 1948.11.02 : 2. 경향신문 1948.11.03 : 4). (물론 그 「개천절 노래」의 가사와 가락은 1950년 2월에 공표하는 노래, 곧 오늘날의 것과 달랐다.)

35 조선어학회가 지은 『초등 국어교본』 상·중·하(와 『중등 국어교본』 상·중·하)를 대체할, 학년별 국어과 교과서를 군정청 문교부에서 직접 짓기 시작한 무렵이었다. 그때는 제1학기를 9월 1일에 시작하였다.

36 노래(말)의 제목을 유심히 보면, 그 국어 교과서에서는 '한글'과 '노래'를 띄워서 「한글 노래」로 적었다. 그 이전의 글과 악보에서는 한결같이 「한글노래」였었다.

37 정부에서 짓거나 편찬한 교과서를 '국정國定 교과서'라 한다. 그밖에 개인이 짓거나 편찬한 것으로, 정부의 인정을 받은 '인정認定 교과서', 정부의 검정을 마친 '검정檢定 교과서' 등이 있다.

이 "한글의 노래[38] 합창이 있었다"고 표기했는데, 거기서 '한글의 노래'는 착오였다. 기념식을 주최한 조선어학회의 기관지『한글』제105호(1949.01 : 68)에, 3달 전에 거행한 1948년 기념식의 상황을 기록하면서, "한글노래 – 숙명, 이화, 배화, 상명 등 다섯 여자중학 합창대"라고 썼으니 이 기록을 믿을 수밖에 없으며, 그 노래는 이극로가 작사한 [악보 1~2]의 「한글노래」임이 분명하다.

1949년의 기념식에서는 어떻게 했을까? 이응호(1971.12 : 485)에는 1949년 한글날부터는 한글을 기리는 노래가 없었다고 기술되어 있다. 하지만 그에 반하는 자료가 있다. 첫째, 국민음악연구회가 엮어 1949년 7월 발행한 교과서『초등 음악책 – 1·2·3학년용』[39] 57쪽에 「한글노래」의 악보가 실려 있다. 둘째, 그해 기념식에서 "동덕여중 학생의 한글노래 합창이 있었다"(동아일보 1949.10.10 : 2)는 보도기사가 있다. 또 조선어학회의『한글』제108호(1949.12 : 137)에도, 한글전용촉진회 부산지부가 주최한, 부산 기념식(낮 1시, 미국 공보관에서)의 차례에 "한글노래 합창"이 있었다고 기록되어 있다. 그러니 1949년 기념식에서도 「한글노래」를 불렀음이 분명하다.

요컨대 이극로가 작사하고 채동선이 작곡한 「한글노래」는 광복 후에 최초로 창작하여 널리 부른 한글기념가였다. 그리고 온 나라에 널리 보급되어 1949년 한글날까지 즐겨 불렀다. 하지만 그 후로는

---

38 또 동아일보(1948.10.10 : 2)에는 경기도 여주군 영릉에서 거행한 기념식의 보도문도 함께 있는데, 그 자리에서는 "한글날의 노래를 제창하였다"는 오류를 범하였다.

39 [악보 1]을 처음으로 게재한 국민학교(초등학교) 교과서인 듯하다.

이극로와 그 운명을 함께하게 된다(☞4.1).

3.3. 「한글 반포 오백년 기념가」

광복 직후에 창작한, 또 하나의 한글기념가가 있었다. 「한글 반포 오백년 기념가」인데, 제목이 말해 주는 바와 같이 광복 이듬해인 1946년, 500돌 한글날을 맞이하여 창작한 것이었다. 그 노래는 그해 기념식에서 소리높여 불렀으며, 한글날 아침 『경향신문』의 '한글 반포 오백 주년 기념 특집' 면을 통하여 그 악보가 일반사회에 알려졌다

[악보 3] 경향신문 1946.10.09 : 4.

(리의도 2011.08 : 346). 앞 쪽의 [악보 3]이 그것인데, 작사자와 작곡
자가 명기되어 있다. 작사자 이병기(1891년 출생)는 조선어학회 회원
이었으니, 그 가사를 써 보면 아래와 같다.

한글 반포 오백년 기념가
이병기 노래

1. 바르고도 쓰기 쉬운 글을 만들어
   까막눈을 밝혀 주신 우리 대왕님
   오백년을 맞이하는 기쁜 이날에
   고마움을 못 이기어 눈물 겨우네
2. 많고 많은 그 파란을 다 겪어 나고
   오늘날 새삼스레 빛나는 한글
   세종대왕 거룩하신 그 뜻을 받아
   우리말 우리글로 살아 나가세

계정식桂貞植이 지어 1946년 12월 교회음악연구회와 교재연구사에
서 동시에 발행한『중등 노래교본－초급용』의 35쪽에도 이 노래의
악보를 실었으니 다음 쪽의 [악보 4]가 그것이다(리의도 2007.11 : 10).
[악보 3]과 비교해 보면 '사 장조'이던 것을 '바 장조'로 바꾼 차이가
있다.

이 기념가는 1946년 한글날을 전후하여 여러 학교에 보급되었다.
그해의 기념식은 거국적으로 성대히 치렀으니, 10월 10일치의 일간
신문들의 제2면에는 일제히 그 사후 보도기사가 실렸다.『경향신문』
에서는 "예술대학 합창대의 합창이 시작되어 「기념가(記念歌)」를 높

[악보 4] 계정식 지음의 『중등 노래교본』(1946.12) 35쪽.

이 부르고"라고 썼고, 『조선일보』에서는 "예술대학 합창대의 「한글 반포 5백 주년 기념가」의 합창이 있었다"고 썼으며, 『동아일보』에서는 "음악학교 생도들의 「기념가」 제창"이 있었다고 보도하였다.[40] 이로써 「한글 반포 5백 주년 기념가」가 한글날 기념식에서 공식적으로 불리었음을 확인할 수 있다.

일본에서 나서 자라 아직 한국어를 잘 모르던, 경상남도 김해에

---

40 여기 보도문들의 '예술대학'과 '음악학교'는 '서울대학교 예술대학'을 가리킨다. '음악학교'는 '경성음악학교'를 줄여 쓴 것으로, 1945년 12월에 설립되었다가 1946년 8월에 '서울대학교 예술대학 음악부'로 편입되었는데, 『동아일보』에서는 옛 이름을 그대로 쓴 것이다. 그날 합창대의 지휘자는 음악부 교수 김성태였다.

살던 10살짜리 소년이 초등학교 상급생이던 누나가 부르는 것을 듣고 그 노래를 익혔다고 하니(리의도 2007.11), 이 노래가 그 식장에서만이 아니라 전국적으로 널리 퍼졌던 것을 알 수 있다.

3.4. 또 다른 노래 「한글날」

이 책을 펴내기 위하여 원고를 정리하는 중에 지금까지 잘 알려지지 않았던, 또 하나의 한글기념가를 찾아내었다. 그 이름이 「한글날」이며, 군정청 문교부에서 지어 1948년 4월 27일 발행한 교과서 『초등 노래책－5학년 소용』 4쪽에 악보로 실려 있다. 부록으로 첨가한 것이 아니고, 학습 내용으로 삼았는데, [악보 5]가 그것이다.

[악보 5] (군정청) 문교부 지음의 『초등
노래책 － 5학년 소용』(1948.04) 4쪽.

제목을 「한글날」이라고 한, 최초의 노래인 듯한데, 악보에 작사자와 작곡자를 명기하지 않았다. 당시의 교과서 편찬 방침[41]을 따른 결과이기는 하지만, 지금으로서는 몹시 아쉽다. 아래에 그 노래말을 올려 본다.

> ### 한글날
>
> 1. 돌아왔네 돌아왔네, 한글날이 돌아왔네.
>   기쁜 이날 맞이하니, 아야어여 가갸거겨
>   세종께서 주신 보배, 해와 같이 번쩍인다.
> 2. 아름답고 가즌 소리, 골목마다 흘러오고,
>   말씀의 꽃 열매 되어, 온 누리에 가득 찬다.
>   기립시다 한글날을, 소리 높여 기립시다.

한글을 찬양하고, 한글날을 마음껏 소리 높여 기리자는 내용이다. 특히 "말씀의 꽃 열매 되어 온 누리에 가득하다"라는 부분은 시적詩的 감성이 빛나는 표현인데, 한글의 문자적 특성까지 잘 집약한 것으로 평가할 수 있다. 언어적 지식과 문학적 안목이 매우 풍부한 이가 지었음이 분명하다.

---

41 초등학교 교과서의 모든 악보에는 오랜 기간 작사자와 작곡자를 명기하지 않았다. 1986년 3월 발행본에서부터 그런 방침을 폐기한 듯하다. 그에 비하여, 중학교과 고등학교 교과서에서는 「제1차 교육과정」에 따라 편찬하여 1957년 3월 발행한 교과서에서부터 여러 '의식의 노래' 악보에도 작사자와 작곡자를 명기하였다.

4. 한국전쟁 직후의 한글기념가

4.1. 최현배 작사 「한글의 노래」

1949년에 들어서면서 대한민국에는 '공산주의 사상 배격'의 바람
이 한바탕 불기 시작하였다. 학교 현장도 예외가 아니었다. 문교부에
서는 좌익에 선 사람의 작품이 실린 교과서를 거두어 없애는 등의
조치를 하였는데, 폭발적인 수요와 인기를 불러일으켰던, 중등음악교
과서 편찬위원회의 『중등 음악교본』도 그 대상이 되어 자취를 감추게
되었다(노동은 1988.12 : 84). 그 교과서에 1947~1948년 월북한 김순
남·안기영 등이 작곡한 작품이 실려 있었기 때문이다. 그와 함께 이
극로[42] 작사의 「한글노래」를 실은, 국민음악연구회 편찬의 『초등 음
악책』도 같은 길을 걸었다.

1950년 6월 25일에는 한국전쟁이 터졌고, 불과 사흘 후에 대한민국
은 수도 서울을 등져야 했다. 대통령과 중앙정부는 부산으로 옮겨갔
으니, 그곳이 대한민국의 임시 수도가 되었다. 한글학회의 몇몇 임원
과 직원도 부산으로 피란하여, 그곳에 임시 사무소를 차렸다. 다행히

---

42 이극로는 1948년 6월 평양에서 열린 제2차 남북 제諸정당·사회단체 연석회의, 이른
   바 '제2차 남북 협상'에 국민당 당수 자격으로 참석했는데, 그 이후로 서울로 돌아오
   지 않았다. 그리고 9월 9일 출범한 북쪽의 '조선민주주의인민공화국' 내각에 장관으
   로 이름이 올랐다. 오랫동안 학회의 중추로 활약해 온 이극로가 그렇게 되자 조선어학
   회는 곤경에 처했으며(자유신문 1949.10.09 : 2), 그리하여 '조선어학회'를 버리고 '한
   글학회'로 이름을 바꾸기에 이르렀다(리의도 2008.08 : 37~38).

3달 후, 9월 28일 국군이 서울을 되찾게 되자 각처로 피란했던 한글학회의 임원·직원·회원들이 서울로 돌아왔다. 열흘 앞이 한글날이었으나 여러 시설이 파괴되고 시국이 혼란스러웠으므로 기념식을 치를 수 없었다(☞제1편의 3.4). 그러니 「한글노래」에 대한 관심도 크지 않았을 것이다.

한편, 서울을 되찾은 유엔군과 국군은 38선을 넘어 압록강 중류까지 진격했지만 11월 중공군의 대대적인 개입으로 전세는 다시 뒤바뀌었다. 원산과 함흥 쪽으로 후퇴하던 유엔군과 국군은 12월 24일 흥남 부두를 떠나 부산을 향하여 철수했으며, 1951년 1월 4일 대한민국 중앙정부는 다시 부산으로 피란하기 시작하였다. 그렇게 다시 부산은 임시 수도가 되었는데, 고단한 피란살이 속에서도 그해 한글날에는 그곳에서 한글학회와 문교부 등이 힘을 모아 간소하게나마 중앙 기념식을 거행하였다(자유신문 1951.10.09 : 2). 하지만 기념가에 관한 직접적인 정보가 없으니, 그날 기념식에서 [악보 1~2]의 노래, 곧 이극로 작사의 「한글노래」를 그대로 불렀을까 하는 의문과 만나게 된다. 조선인민공화국이 일으킨 한국전쟁[43]으로 수많은 사람이 목숨을 잃고 고난을 겪는 상황이었기 때문이다.

몇 가지 정황에 기대어 볼 때에, 1951년의 한글날 기념식에는 이극로 작사의 「한글노래」는 부르지 않은 것으로 보인다. 무엇보다도 강력한 정황은 그해 한글날 직후에 발행한, 2종의 국민학교 음악 교과

---

43 한국전쟁 당시 이극로는 조선민주주의인민공화국의 조국전선중앙위원회 의장이었다.

서, 곧 10월 25일 발행한 박태현·이승학 지음의 『음악 공부』와 11월 15일 발행한 김성태 엮음의 『노래책』에 여러 의식용 노래[44]와 함께 실려 있는 「한글의 노래」 악보이다. 노래의 제목이 다를 뿐만 아니라, 노래말(과 가락)이 이극로 작사의 「한글노래」와는 전혀 다르다. 여기 2종의 책이 '인정'[45] 교과서이며,[46] 그 발행일[47]이 한글날과 멀지 않은 점까지 고려하면, 1951년의 기념식에서는 이 「한글의 노래」를 불렀음이 분명하다.[48]

그 악보의 노래말을 박태현·이승학 지음의 『음악 공부』에서 가져와 올리면 아래와 같다.

---

44 2종 모두 1·2학년용, 3·4학년용, 5·6학년용의 3권씩인데, 권마다 후반부에 수록하였다. 그러한 처리는 교과서 역사에서 최초였다. 「애국가」, 「새해의 노래」, 「삼일절(의) 노래」, 「광복절(의) 노래」, 「개천절 노래」, 「한글의 노래」, 「졸업식(의) 노래」는 2종 교과서에 공통으로 수록하였고, 「제헌절 노래」는 『음악 공부』에만, 「운동회 노래」는 『노래책』에만 있다(☞각주 59, 74).

45 당시(6·25 전쟁 초기)의 음악 교과서는 '국정'이 없고, 모두 '인정' 교과서였다(☞각주 37). 그러니 '인정' 교과서의 공신력은 '국정' 교과서와 다르지 않았다.

46 김성태 엮음의 『노래책』과 박태현·이승학 지음의 『전시 음악 공부』는 한국전쟁이 진행 중이던 때에 발행한 교과서이니, 국군을 응원하고 국군의 승리를 염원하는 내용도 담고 있다. 그런데 『전시 음악 공부』에는 모두 18개 악보('부록'으로 수록한 8개 제외)를 실었는데, 그 노래말에 "중공군, 공산군, 오랑캐, 적군, 연합군, 싸움터, 총진격, 격멸, 북진, 무찌르다, 싸우자, 쳐부수자" 등등의 낱말이 들어간 악보가 절반을 넘는다. 책 이름에 '전시戰時'를 명기한 까닭을 알 수 있다.

47 『노래책』에는 그 날짜가 명기되어 있지 않지만, 『음악 공부』의 판권지에 '인정' 날짜가 '1951년 10월 20일'로 명기되어 있으니, 한글날로부터 11일째 되는 날이다. (뒤의 4.1에서 살펴볼 『음악-2년 소용』의 판권지에 '인정' 날짜가 '1951년 9월'로 명기되어 있기도 하다. 그것은 대한예술교육회에서 꾸며 1952년 3월 발행한 교과서이다.)

48 앞서 발표한 논문, 리의도(2011.08 : 341)에서 "1951~1953년의 기념식에서는 아무런 한글 노래를 부르지 않았을 수도 있다."고 했던 추정을 바로잡는다.

한글의 노래

1. 강산도 빼어났다 배달의 나라,
   긴 역사 오랜 전통 지녀 온 겨레,
   거룩한 세종대왕 한글 펴시니,
   새 세상 밝혀 주는 해가 돋았네,
   한글은 우리 자랑 문화의 터전,
   이 글로 이 나라의 힘을 기르자

2. 볼수록 아름다운 스물넉 자는,
   그 속에 모든 이치 갖추어 있고,
   누구나 쉬 배우며 쓰기 편하니,
   세계의 글자 중에 으뜸이로다,
   한글은 우리 자랑 민주의 근본,
   이 글로 이 나라의 힘을 기르자

3. 한 겨레 한 맘으로 한데 뭉치여,
   힘차게 일어나는 건설의 일군,
   바른 길 환한 길로 달려 나가자,
   희망이 앞에 있다 한글 나라에,
   한글은 우리 자랑 생활의 무기,
   이 글로 이 나라의 힘을 기르자[49]

　　그 악보들에 작사자(와 작곡자)를 명기하지 않았으니, 그것은 당시의 음악 교과서 편찬 방침(☞각주 41)을 따른 것이었다. 그런데 최현배는 1954년 10월 발행한, 자신의 글모음 『한글의 투쟁』 첫머리에 「한글의

---

49 김성태 엮음의 『노래책』에 실린 악보의 노래말에는 제3절의 '뭉치여'가 '뭉치어'로, '일군'이 '일꾼'으로 표기되어 있다. 또, 절마다 2째, 4째 줄 끝에 쓴 반점(,)이 온점(.)으로 바뀌었고, 마지막 줄 끝에도 온점을 표기하였다.

노래」라는 제목으로 위의 내용을 그대로 실었으며, 「제1차 교육과정」
(1955.08. 공포) 이후에 발행한 중학교 교과서와 고등학교 교과서에
수록한 악보에서도 "최현배 작사"를 명기하였다. 그러니 작사자가 최
현배인 것은 의심할 여지가 없다.

4.2. 두 가락의 「한글의 노래」

4.2.1. 나운영 작곡 「한글의 노래」

4.1에서 1951년 10~11월 발행한 국민학교 교과서 『음악 공부』와
『노래책』에 「한글의 노래」 악보가 실렸음을 살펴보았는데, 그 외에도
비슷한 시기에 동일한 악보를 실은 국민학교 음악 교과서가 더 있었
다. 예컨대 대한예술교육회(대표 : 나운영)[50]에서 꾸며 1952년 3월(과
1953년 5월)에 발행한 『음악』, 윤이상·김영일이 엮어 그해 4월 발행
한 『새 음악』[51]이 그것이니, 각각 학년별로 1권, 모두 6권씩이었다.
권마다 후반부에 의식용 노래의 악보를 수록하였는데,[52] 『음악』은 '2
학년용'에, 『새 음악』은 '5학년용'에 「한글의 노래」를 배치하였다. 그
러니 1951~1953년 즈음에 발행된 4종의 국민학교 음악 교과서에 「한

---

50 그 책의 판권지에 "저작자 : 대한예술교육회 대표 나운영"이라고 명기하였다.
51 이 교과서는 경상남도(그때는 부산시도 경상남도였음) 각지의 국민학교에서 교재로
   사용되었다(조성환 2003.06 : 698).
52 악보의 내용과 수록 방법은 앞선 『음악 공부』와 『노래책』과 달랐다. 여기 『음악』과
   『새 음악』에서는 권마다 1~2개씩 다른 악보를 수록하였다.

[악보 6] 박태현·이승학 자음의 『음악 공부 — 3·4학년
소용』(1951.10) 32~33쪽.

글의 노래」 악보가 실린 것이다. 앞 쪽의 [악보 6]은 그 4종의 교과서 중에서 발행일이 가장 앞선 『음악 공부』에 실린 악보이다.

그렇게 여러 교과서에 「한글의 노래」 악보가 두루 실린 것은 중앙 정부에서 각종 식전式典에서 부를 노래의 보급에 힘을 기울인 결과였다. 대한민국 정부에서는 1949년 10월 1일 「국경일에 관한 법률」을 제정·공포하고(☞제1편의 3.5), 이어서 전국의 관공서, 학교, 기타 식전에서 통일적으로 부르게 할 목적으로 「삼일절 노래」, 「제헌절 노래」, 「광복절 노래」, 「개천절 노래」, 「새해의 노래」, 「공무원 노래」를 제정하기로 하고, 노래말은 국민을 대상으로 현상 공모하고, 작곡은 전문가에게 맡기기로 하였다(경향신문 1949.11.09 : 2). 그러한 계획에 따라 노래말을 공모하여 439통을 접수했으나 마땅한 것이 없어 전문가에게 작사를 위촉하였다(동아일보 1949.12.14 : 2). 그런 과정을 거쳐 각각의 노래를 제정하여 1950년 2~4월에 공포하였고(동아일보 1950. 04.29 : 2), 그 후속으로 그런 노래들을 당시의 교과서에 적극적으로 실어 가르치게 할 계획이었다. 하지만 뜻하지 않은 전쟁이 벌어지고 생존이 위태로운 상황이 전개되어 교육을 진행하지 못하다가, 차츰 총성이 잦아들자 그런 노래들을 수록한 새 교과서를 발행하기에 이르렀고, 「한글의 노래」도 그 바람을 탄 것이었다. 물론 위의 노래들과는 달리, 「한글의 노래」는 정부가 아니라 한글학회에서 제정하였다.

이제 [악보 6]으로 돌아가 그 가락을 살펴보면, 오늘날의 노래(☞악보 7, 8, 10)와 아주 다른 작품인데, 작곡자가 명기되어 있지 않다. 작곡자는 누구일까? 일찍이 이응호(1971.12 : 485)에서 나운영이라고 썼으나, 나는 앞선 논문에서 그대로 믿기 어려운 점이 있다고 했었다(리의도 2011.08 : 349). 물증을 접하지 못한 때문이었는데, 그 후에 "나운영 작곡"을 방증할 만한 사실을 확인하였다.

나운영(1922년 출생)은 1947년부터 한동안 군정청 문교부에서 초대 음악 편수사[53]로 일한 적이 있다. 그때 편수과장이 최현배(1894년 출생)였다. 그런데, 최현배는 1951년 1·4 후퇴 직후인 1월 20일부터 2번째로[54] 편수국장 직을 맡아 임시 수도 부산에 거주하였는데, 나운영은 1950년 12월 해군본부 군악대 문관文官으로 취임하여 가족과 함께 부산으로 피란하여 중앙정부가 서울로 돌아온 1953년 8월경까지 그곳에 살았다(김형석 2012.07.06). 그러한 인연으로 편수국장 최현배는 자신이 작사한 「한글의 노래」 작곡을 나운영에게 부탁을 하였고, 나운영이 그 부탁을 받들어 작곡한[55] 것으로 추정된다.

작곡자와 함께, [악보 6]과 관련하여 또 하나 짚어 두어야 할 것이 있다. 이응호(1971.12 : 485)에서, 나운영 작곡의 「한글의 노래」를 '김

---

53 8·15 광복 직후부터 문교부(오늘날의 교육부)에 초등·중등 교과서의 편찬과 발행에 관한 업무를 보는 부서로 '편수과課'가 있었으며, 1947년에 '편수국局'으로 확대되었다. 그런 일에 복무하는 공무원을 편수사編修士, 편수관編修官이라 하였다. 1996년 중반까지 그런 부서와 직책이 있었다.

54 최현배는 광복과 동시에 군정 치하에서 초대 편수과장 직을 수행하였다. 1945년 9월 21일부터 곧 군정이 끝날 때까지(1948년 9월 21일까지), 3년 동안 초등·중등학교 교과서 편찬과 발행에 앞장섰다. 그리고 또, 1951년 1월 20일부터 1954년 1월 21일까지, 3년 동안 대한민국 문교부의 편수국장으로서 전쟁으로 소실된 교과서를 새로 편찬하는 일에 힘쓴 것이다.

55 www.launyung.co.kr.(작곡가 나운영의 생애와 작품)의 '자료실'에도 "나운영 작곡"이라고 명기한 「한글의 노래」 악보가 탑재되어 있다.

승순이 편곡하였다'[56]고 하였는데, 그것은 사실과 다르다. 나는 10여 년 전에 몇 사람을 거쳐 어렵게 김승순金勝舜의 경력과 함께 거처를 알아내었다. 1960년부터 1971년까지 서울의 중앙여고와 이화여고에 서 음악 교사로 근무했는데, 이화여고에 근무하던 1968년 '예멜합창 단'을 창단하여 단장으로, 지휘자로 활동하였다. 1971년 미국으로 이 주하여 살다가 다시 캐나다로 옮겼으며, 2011년 7월 현재 캐나다 토론 토에서 '예멜합창단 및 오케스트라'의 지휘자로 활동을 하고 있었다. 나는 2011년 7~8월 그와 3번의 편지를 주고받으며 그가 나운영 작곡 의 「한글의 노래」를 편곡하지 않았다는, 명확한 증언을 확인하였다.

김승순이 한 일은, 4.2.2에서 다루게 될 "박태현 작곡"의 노래(악보 7)를 합창곡으로 편곡한 것이다. 그 악보는 널리 보급되었으니, 예컨 대 세종대왕기념사업회(1981.12 및 2006.12)에도 그 2성부 악보가 실 려 있으며, "박태현 작곡"과 함께 "김승순 편곡"이 명기되어 있다. 편곡한 시기는, 이응호(1971.12 : 485)의 기록에 비추어보건대 1971년 이전임은 분명한데, 더 정확한 것은 알 수가 없다.

1952년에는 한글학회와 공보처 등이 공동으로 동광동에 있는 부민 관府民館에서 기념행사를 벌였으니, 한 일간신문에서는 아래와 같이 보도하였다.

(5)(ㄱ) 어제는 뜻깊은 한글 반포 506주년을 맞이하여 임시 수도 부산에는

---

56 노래말만 보고 익히 알려진 '박태현 작곡'으로 치부해 버리고 마는데, 오늘날 인지도 높은 박물관이나 도서관의 소개글에서도 그러한 착오를 접하게 된다.

경향신문 1952.10.10 : 2.

다채로운 행사가 벌어졌다. 훈민정음을 반포한 세종대왕의 위업을
계승하겠다는 학생들의 굳은 의기를 기념식에서 또는 시가행진에서
보였으며, 「한글의 노래」도 우렁차게 10월 9일의 푸른 하늘 가에 널리
퍼져 갔다.

ⓛ 한글 반포 5백여섯 돌 맞이 기념 식전은 한글학회, 부산시성인교육
  회, 공보처 공동 주최로 〔줄임〕 9일 오전 9시 반부터 시내 부민관에서
  〔줄임〕 동회 대표, 각 사회단체 등 1000여 명이 참석한 가운데 성대히
  진행되었다. 부산사범학교 합창대의 한글노래 합창이 있은 다음 만세
  삼창으로 11시 30분경 폐회하였다.   - 경향신문 1952.10.10 : 2.

이 기사는 1952년의 기념식과 시가행진에서 노래를 부른 사실을 증
명해 준다. 그런데, 이 두 기사는 같은 면에 바로 이웃해 있음에도
표기가 「한글의 노래」와 '한글노래'로 서로 다르며, 두 기사문을 아우
르는 상위의 제목은 '한글노래'로 표기되어 있다. 어떻게 이해해야

할까? 두 가지 노래를 불렀다는 것이 아니다. ㉠의 「한글의 노래」는
고유명사임을 나타내고, ㉡의 '한글노래'는 이극로 작사의 「한글노래」
를 가리키는 고유명사가 아니라, 보통명사이다.

1953년의 중앙 기념식은, 중앙정부가 서울로 돌아온 상황에서, 동
숭동 서울대학 강당에서 거행하였다. 같은 날 여주의 영릉에서도 한
글날 기념식이 있었는데, 그 자리에서도 「한글의 노래」를 불렀다(조
선일보 1953.10.11 : 2).

4.2.2. 박태현 작곡 「한글의 노래」

1954년의 한글날에 이르러서는 다음 쪽 [악보 7]의 노래를 불렀다.
[악보 6]과 비교해 보면 제목과 노래말은 동일하지만 가락이 전혀
다른데, 1954학년도 시작에 맞추어 문교부에서 짓고 발행한, 국민학
교 교과서 『음악 2』(1954.03)와 『음악 3』(1954.04)에 처음 수록되었
다.[57] 그 악보에는 작사자(와 작곡자)가 명기하지 않았는데, 4.1에서
썼듯이 당시의 편찬 방침을 따른 것이었으니 이 악보만이 아니라 국
민학교 음악 교과서의 악보는 모두 그렇게 처리하였다. 그에 비하여
중학교와 고등학교 교과서에는 그런 제약이 없었으니, 예컨대 이강렴
이 엮어 1956년 3월 발행한 중학교 교과서 『중등[58] 음악교본』의 후반

---

57 그때나 지금이나 의식용 노래는 초등·중등학교 음악 교과서를 통하여 보급되었다.
여느 음악책에서는 그런 노래의 악보를 거의 싣지 않았다.

58 교과서 이름에 '중등'을 붙였으나, 내용적으로는 '중학교'였다. 1950년 이후에 종전의
'중등학교'를 오늘날과 같이 중학교(3년)와 고등학교(3년)로 분리했으니(☞각주 26)

[악보 7] 문교부 지음의 『음악 2』(1954.03) 35쪽.

부에 의식용儀式用 노래[59]의 악보를 수록했는데, 그 자리에 "박태현 작곡"이라고 명기하여 [악보 7]과 같은 악보도 함께 실었다. 그 후로

도 '중학교'라고 해야 함에도 여전히 '중등학교'라고 하는 일이 많았다.

59 「새해의 노래」, 「삼일절의 노래」, 「제헌절 노래」, 「광복절 노래」, 「한글의 노래」, 「개천절 노래」. 그 여섯을 1면에 둘씩, 72~74쪽에 실었다(☞각주 74).

이 악보에 다른 작곡자의 성명이 등장하지 않았으니,[60] [악보 7]의
작곡자는 박태현임이 분명하다. 다만, 그가 이 노래를 작곡하게 된
경위는 알 수가 없다.

1954년과 1955년의 한글날 기념식은 풍문여고 강당에서 거행하였
다. 1954년 기념식에 대한, 최현배 이사장의 사후 보고 내용이 한글학
회 「이사회 회의록」(1954.10.17)에 기록되어 있는데, "진명여고 합창
단의 '한글의 노래'로 식을 성황히 끝내었다"는 내용이 있다. 그 '한글
의 노래'는 박태현이 작곡한 [악보 7]의 노래가 틀림없다. 1955년 기
념식에 대한 사후 보도는 조선일보(1955.10.10 : 2)에서 찾을 수 있으
니, "중앙여자고등학교 합창대의 『한글노래』 합창이 있었다"고 하였
다. 이 『한글노래』는 「한글의 노래」를 잘못 표기한 것이지, 이전에
이극로 작사의 「한글노래」를 가리킨 것이 아니다.

그런데 한 가지 의문이 남는다. 3년 동안 지켜 온 노래(악보 6)가
있음에도 왜 다른 가락의 노래를 지어 불렀을까? 곡조에 문제가 있었
는지 모르겠는데, 또 다른 면으로는 남북 분단과 관련이 있는 듯도
하다. [악보 6]의 작곡자 나운영羅運榮에게는 3살 많은, 셋째형 순영順
榮이 있었다. 그는 1940년 경성제국대학 의학부를 졸업하고 그 대학
의 소아과학 교실에 근무했으며, 8·15 광복 후에는 기생충학 강의를
하다가 1950년 서울대학교 의과대학 조교수가 되었는데,[61] 6·25 전쟁

---

60 다만, 작사자만 명기하고 "박태현 작곡"을 명기하지 않은 악보가 간혹 있기는 하다(☞
    각주 77, 79).
61 음악 애호심과 재능이 보통의 수준을 넘었다. 광복 전에는 경성제대 관현악단, 광복
    후에는 고려교향악단의 잉글리시 호른(오보에) 연주자로 활동하였다.

중에 가족과 떨어져 혼자 납북되고 말았다(김형석 2021.07.06).[62] 납치를 당했으니 억울한 일이건만, 그런 일을 당한 집안에 대한, 대한민국 정부와 주변의 눈길은 몹시 매섭고 차가웠다. 그런 시절이었으니, 나순영의 아우 나운영이 작곡한 「한글의 노래」도 배척의 대상이 되지 않았을까? 나운영은 1953년 9월 프랑스의 파리국립음악원의 입학 초청장을 받았으나, 대한민국 정부의 승인을 얻지 못하여 유학길에 오르지 못하기도 하였다.

4.3. 「한글의 노래」 가사의 차이

지금까지 접한 자료를 보건대, 1951~1953년에 부르던 「한글의 노래」, 곧 '나운영 작곡'의 악보에서는 노래말이 일정하였다. 『음악 공부』 (1951.10), 『노래책』(1951.11), 『음악 2』(1952.03. / 1953.05), 『새 음악』 (1952.04)의 노래말은 모두 4.1의 192쪽에 올린 그대로였다.[63]

그런데, 1954~1957년 동안에 발행한 음악 교과서들에 실린 악보의 노래말에는 두 가지 차이점이 노출되어 있다. 제1절과 제2절의 다섯째 줄 후단 "민주의 근본"과 "문화의 터전"이 엇갈리고, 제3절의 다섯째 줄 후단이 "한글의 나라"와 "한글 나라에"로 갈리어 있다. 문교부

---

62 피랍되어 평양에 가서도 연구에 정진하여 기생충학 권위자가 되었다(김형석 2021. 07.06).

63 표기와 문장부호의 차이는 논외로 한다. 문장부호는 넣기도 하고 넣지 않기도 했는데, 국정 교과서에서는 넣는 편이었다.

에서 짓고 발행한 국민학교 교과서를 중심으로, 그 내용을 표로 정리
하여 보이면 아래와 같다.

<표 1> 노래말의 차이 (1)

	团-1	团-2	団
제1절	문화의 터전	민주의 근본	문화[64]의 터전
제2절	민주의 근본	문화의 터전	민주의 근본[65]
제3절	희망이 앞에 있다 한글 나라에		희망이 앞에 있다 한글의 나라
	1951~1953년의 4종 『음악 2』(1955.03/12)	『음악 2』(1954.03/09) 『음악 3』(1954.04/09)	『음악 3』(1955.03/12) 『음악 4,5,6』(1955.03/12) 『음악 4,5,6』(1957.01)

1951~1953년에 발행한 국민학교 교과서 4종의 노래말은 예외 없
이 团-1 유형이었으니, 그것을 기준으로 보면, 团-2 유형은 제1절과
제2절을 맞바꾸었고, 団 유형은 제3절이 조금 다르다. 이러한 차이가
의도적인 처리였는지 우연한 실수였는지 가리기는 쉽지 않다.

---

64 김달성·조상현 엮음—한국검인정주식회사 발행(1960.03)의 『고등 음악』에는 특이하
게도 '문화'가 아니라 '평화'로 표기되어 있다. 의도적 처리인지 착오의 결과인지는
알 수 없는데, 1970년 발행본까지 그대로였다. 다만, 김달성·조상현 엮음이되 발행처
가 다른 교과서에는 모두 '문화'로 표기되어 있다.

65 후일 『세종대왕기념사업회 25년사』(1981.12 : 23)에서는 '근본'이 아니라 '글본'으로
표기하였다. 그것은 한낱 실수가 아니라, '한글이야말로 민주적인 글자의 본보기'라
는 의미를 표현하기 위한 선택이었던 것으로 이해되는데, 일반의 공감을 얻지 못하여
묻히고 말았다.

결과만 놓고 보면, 1954년 발행한 『음악 2』와 『음악 3』[66]에 변이형 ㉮-2가 등장하였다. 그렇게 된 연유를 명확히 알 수는 없으나, 그 2책이 '박태현 작곡'의 악보를 처음으로 수록한 교과서라는 점을 생각하면, 새로운 곡조의 발표에 맞추어 누군가가 노래말도 다듬어 보려 했던 결과였을 개연성이 있다. 하지만 1955년 발행본에서는 『음악 2』는 ㉮-1로 되돌아가고, 3~6학년용 교과서에 또 다른 변이형 ㉯ 유형이 나왔으며,[67] 그것은 1957년 1월 발행한 4~6학년용[68]에까지 지속되었다.

그 이듬해, 1958년 3월에는 「제1차 교육과정」(1955.08. 공포)에 따라 교과서를 새로 발행했는데, 이전과 달리 『음악 6』에만 「한글 노래」 악보를 실었다. 하지만 제1절 노래말만 적었으므로(☞악보 8)[69] 위에서 지적한 노래말의 차이는 드러나지 않는다. 「제2차 교육과정」에 따라 1966년 3월 새로 발행한 국민학교 교과서에는 「한글의 노래」 악보를 전혀 싣지 않았다. 그에 반하여 중학교 교과서들에서는 그 악보를 실었는데, 대체로 ㉮-1 유형으로 되돌려졌다.

제3절의 문제 부분은 애초에 "(희망이 앞에 있다) 한글 나라에"였다. 1955~1957년의 국민학교 교과서에서 "(희망이 앞에 있다) 한글

---

66 1954년 9월 발행한 4~6학년용 교과서에는 「한글의 노래」 악보를 싣지 않았다.
67 한글학회의 기관지 『한글』 제114호(1955.10)와 제119호(1956.10)에 실린 악보의 노래말은 ㉯ 유형이었다.
68 1957년 1월 발행된 1~3학년용에는 「한글의 노래」 악보를 싣지 않았다.
69 제1절만 적은 것은 지면 크기에 맞춘 결과였다. 그때 판형이 5·7판(국판)이었는데 1개 면에 두 노래의 악보를 실었다.

의 나라"로 적기도 하였으나 곧 "한글 나라에"로 되돌려 오늘에 이르고 있다. 다만, 일부의 중·고등학교 교과서[70]에서는, 1970년대가 저물 때까지 "한글의 나라"로 표기하다가 「제4차 교육과정」에 따라 1984년에 발행한 교과서에 이르러서야 그 자취를 감추었다.

그런데 "희망이 앞에 있다 한글의 나라"(a)와 "희망이 앞에 있다 한글 나라에"(b)는 의미가 좀 다르다. (a)는 우리의 희망, 곧 '한글의 나라' 달성이 바로 앞에 다가왔다는 뜻이다. 이에 비하여 (b)는 우리나라가 한글 나라가 되었으니, 앞날에 희망이 있다는 뜻이다.

〈표 1〉과 비슷한 시기의 국민학교 교과서에 수록된 노래말 사이에는 또 하나의 차이점이 제1절에 있었다. 그리고, 시기는 다르지만 제2절에도 그런 점이 있으니, 함께 표로 보이면 아래와 같다.

〈표 2〉 노래말의 차이 (2)

	Ⓐ	Ⓑ
제1절	해가 돋았네	해가 돋았다
제2절	으뜸이로다	으뜸이도다

제1절의 "돋았네"를 달리 표기하는 일이 이전에는 거의 없었는데, 윤이상·김영일 엮음의 국민학교 교과서 『새 음악』(1952.04)에는 "돋

---

70 예컨대, 박태준·이상춘 엮음–동아출판사 발행(1960.04)의 『중학 음악』, 음악교재연구회 지음–호악사 발행(1967.01)의 『중학 음악』, 정진우·박재훈 지음–호악사 발행 (1967.12)의 『고등학교 음악』, 박재훈·노명 지음–호악사 발행(1975.01)의 『중학 음악』 등이었다.

았다"로 표기되었다. 부주의한 결과일 수도 있겠으나, 더 명확한 느낌을 첨가하기 위하여 변조했을 개연성을 생각해 볼 수 있는데, 이후로 계승되지는 않았다.

1950년대 중반까지, 제2절의 "으뜸이로다"는 모든 악보에 일정하였다. 그런데 「제1차 교육과정」에 따라, 1950년대 후반에 새로 발행한 일부 중·고등학교[71] 교과서에서 그 부분을 "으뜸이도다"로 바꾸어 표기하였다. 김성태 지음-음악예술사 발행의 『중등 음악』(1959.03), 조상현·김달성 엮음-한국검인정교과서주식회사 발행의 『중등 음악』(1958.12), 김달성·조상현 엮음-한국검인정교과서주식회사 발행의 『고등 음악』(1958.12) 등이었는데, 더 또렷한 느낌을 나타내는 쪽을 선택했던 것으로 이해된다.[72] 「제2차 교육과정」에 따라 1966학년도에 새로 발행한 여러 교과서에서도 그것을 따랐으며, 「제3차 교육과정」에 따라 1975학년도에 새로 발행한 교과서에 이르러서는 "으뜸이로다"로 거의 통일되어[73] 오늘날까지 계승되고 있다.

---

71 그 교육과정에 따라 1958년 3월 새로 발행한, 국민학교 교과서 『음악 6』에 실린 악보에는 제2절(과 제3절)을 표기하지 않으니, 논의의 대상이 되지 않는다.

72 여기 '-로다'는 감탄의 뜻을 나타내는데, '-이-'와 '아니-' 뒤에만 붙는 특별한 형태이며, 지난날에는 흔히 사용했었다. 일반적인 형태는 '-도다'이니, 이것은 '-이-'와 '아니-'를 포함하여 아무 말에나 두루 붙으며, '-로다'에 비하여 일상성이 강하다.

73 "으뜸이로다"가 아주 사라진 것은 아니었다. 같은 시기에 발행한 중·고등학교 교과서에도 있었고, 「제4차 교육과정」에 따라 발행한, 문교부 지음의 『국민학교 교사용 지도서 음악 6』(1983.03) 216쪽에 반주용으로 실어 놓은 악보에도 "으뜸이로다"가 남아 있었다.

▌또 하나의「한글날」 1954년 10월 10일『동아일보』제4면에 아래
의 시가 실렸다.

한글날
1. 거룩하신 세종임금 한글만드셔
   만백성에 펴놓으신 5백여덟돐
   고난속에 자라나온 한글기념일
2. 쓰기좋고 보기좋고 익히기좋은
   세계에서 으뜸가는 우리의글이
   굽힘없이 뻗어나는 한글기념일
3. 우리문화 꽃피게할 겨레의보배
   세종임금 높으신뜻 섬겨받들어
   간직하고 이어가자 한글기념일

'소년동아' 난에 초등생·중학생의 글 3편과 함께 게재되었는데, 지은
이의 성명 표기 없이 맨 위에 실려 있다. 내용으로 볼 때에, 지은이는
그 신문의 편집부에서 일하던 사람이었을 것을 것으로 짐작된다. 실
제 노래로 불렸는지도 확인하기 어렵다.

5. 노래 제목의 바뀜

5.1. 「한글 노래」로 제목이 바뀜

앞에서 누누이 보았듯이, 작사자 최현배가 애초에 붙인 노래 제목
은 「한글의 노래」였다. 그런데, 「제1차 교육과정」 시행의 후반기인
1958년 3월 새로 발행한 국정國定 음악 교과서에서 토씨 '-의'를 빼버
리고 두 낱말을 띄어 써서 「한글 노래」라고 했으니, 다음 쪽의 [악보
8]이 그것이다. 국민학교 교과서 『음악 6』의 후반부(60~63쪽)에 여러
의식용 노래들[74]과 몰아서 실었는데, 비좁은 지면 때문에 노래말은
제1절만 적었다. 그렇게 바꾼 과정에 대한 기록은 접할 수 없는데,
그해부터 한글날 기념식에서도 줄곧 「한글 노래」라고 하였다.

「제2차 교육과정」과 「제3차 교육과정」 시행 시기, 곧 1966학년도
부터 1982학년도까지 발행한 국민학교 음악 교과서에는 「애국가」를
비롯하여 국경일 노래의 악보만 실었다. 그 동안에는 삼일절, 제헌절,
광복절, 개천절만 국경일이고, 한글날은 국경일이 아니었다(☞제1편
의 5.1).

▌중등 교과서의 난맥상 : 제1~3차 교육과정 시기 국민학교 음악 교
과서와는 달리, 중·고등학교 교과서에 수록한 악보의 제목은 한결같

---

74 「새해의 노래」, 「삼일절 노래」, 「제헌절 노래」, 「광복절 노래」, 「개천절 노래」, 「한글
   노래」, 「대한의 노래」, 「통일 행진곡」의 여덟을 1쪽에 2개씩 배치하였다. 권두에는
   「애국가」 악보를 실었다.

[악보 8] 문교부 지음의 『음악 6』(1958.03) 62쪽.

지 않았다. 그것은 일시적으로 그치지 않고 40년 동안 지속되었으니, 그에 대하여 간단히 짚어 두기로 한다.

「제1차 교육과정」 시행의 후반기에 문교부의 '검정'을 거쳐 발행한 중학교와 고등학교 교과서들에서도 다른 '의식의 노래'[75]와 함께 「한글 노래」 악보를 책의 후반부에 실었다.[76] 예컨대, 김성태가 짓고 음악

---

75 의식용 노래들을, 1957~1958년 무렵 중·고등학교 교과서에서 '의식의 노래'로 일컫었기 시작하였다. 아주 드물게는 '식가式歌'라고도 하였다.

76 중·고등학교 음악 교과서의 판형이 4·6배판으로 커지면서, 흔히 뒤표지 안쪽에다

[악보 9] 김성태 지음의 『중등 음악』(1959.03) 뒤표지 안쪽.

예술사에서 발행한 『중등 음악』(1959)(☞악보 9)과 『고등 음악』(1957),[77] 그리고 조상현·김달성이 엮고 한국검인정교과서주식회사에서 발행한 『중등 음악』(1958.12)과 『고등 음악』(1960.01) 등이었다. 하지만 그보다 더 많은 중학교 교과서에서는 여전히 제목을 「한글의 노래」로 적었다. 물론 중학교 교과서 중에는 의식의 노래에 「한글의 노래」를 포함하지 않은 교과서가 있었고, 고등학교 교과서 중에는 의식의 노래를 전혀 싣지 않은 것도 있었다.

「제2차 교육과정」과 「제3차 교육과정」에 따라, 1966학년도와 1975학년도에 각각 새로 발행한 중학교 교과서는 통틀어 30종[78] 가까이 되는데, 16종의 교과서에서 「한글 노래」라는 제목으로 악보[79]를 실었다. 하지만 4종에서는 여전히 「한글의 노래」라고 했으니, 호악사와 영지문화사에서 발행한 것이었다. 그 나머지 8종 가량은 의식의 노래를 아예 다루지 않았다.

위 두 교육과정의 시행 동안에 발행된 '인문계 고등학교 음악' 교과서는 통틀어 20여 종이었다. 그 가운데 김형근 지음-을유문화사 발행(1968.01), 서수준 지음-일진출판사 발행(1968.01)의 교과서에만

'의식의 노래' 악보 예닐곱을 몰아서 실었다. 그러니 악보의 크기는 매우 작아졌다. 어떻든 그 이후 여러 교과서에서 의식의 노래 악보들을 이런 방식으로 배치하였다.

77 다만, 김성태 지음-음악예술사 발행의 두 교과서에서는 "박태현 작곡"을 명기하지 않았다. 단순한 실수였는지, 의도적인 처리였는지는 알 수 없다.

78 교과서의 이름은 출판사에 따라 달랐다. 『중등 음악』, 『중학 음악』, 『중학교 음악』 등이었는데, 그 앞에다 꾸밈말을 붙여 차별화하기도 하였다.

79 다만, 이승학 지음-친우문화사 발행(1966)의 교과서에서는 "박태현 작곡"을 명기하지 않았다.

「한글 노래」라는 제목으로 악보가 실렸다. 그에 비하여 정진우·박재훈 지음-호악사 발행(1967.12 / 1974.01), 서수준 지음-일진출판사 발행(1974.01)의 교과서에서는 여전히 「한글의 노래」라고 하였다. 20종 가량에는 의식의 노래를 아예 수록하지 않았다.

요컨대, 「제1차 교육과정」에 따라 1958년 3월 문교부에서 발행한 국민학교 음악 교과서에서 「한글 노래」로 제목을 바꾸고, 중앙의 기념식에서도 그렇게 일컬었다. 하지만 「제3차 교육과정」의 시행이 끝나는 1982학년도까지 발행된 중·고등학교 교과서에 수록된 한글기념가의 30% 정도에서는 여전히 「한글의 노래」라고 하였다. 문교부의 '검정' 절차가 있었음에도 그러한 난맥상이 20년 넘게 지속되었고, 그 이후로도 끊이지 않았다(☞5.2). 그런데 그렇게 된 것은 타당한 근거에 기초하여 선택하거나 용인한 결과가 아니라, 부주의의 결과, 또는 한번 사용한 악보를 그대로 복사하거나 재사용한 결과였다.

5.2. 「한글날 노래」로 다시 바뀜

1978년 4월, 문공부(오늘날의 문화체육관광부)에서는 국경일의 식장이나 행사 때에 부르는 노래, 곧 '의식儀式의 노래'의 음반과 카세트를 제작하여 전국의 각급 행정기관과 교육기관에 배포하였다. 그 속에는 「삼일절 노래」, 「제헌절 노래」, 「광복절 노래」, 「개천절 노래」 등과 함께 「한글날 노래」가 포함되어 있었다(경향신문 1978.04.17 : 8). 그로써 「한글날 노래」라는 제목은 아주 공식화하였다.

[악보 10] 문교부 지음의 『음악 6』(1983.03) 앞표지 안쪽.

물론 그 「한글날 노래」는 새로운 지은 것이 아니고, 「한글의 노래」~「한글 노래」라고 하던 것을 제목만 그렇게 바꾼 것이었다. '날'을 삽입한 것은 '~절 노래'라고 한, 다른 노래들과 균형을 맞추려 한 결과일 것인데, 그렇게 함으로써 (물론 의도했던 것은 아니겠으나) 「한글날 노래」를 부를 기회를 축소하는 결과를 초래하였다. 한글날이 아닌 날, 또는 한글날 식장이 아닌 자리에서 이 노래를 부르는 것이 어색하게 되어 버린 것이다(리의도 2007.11 : 9).

어떻든 문공부의 시행대로 제목을 「한글날 노래」로 바꾼 악보를 맨 처음 수록한 교과서는 「제4차 교육과정」(1981.12. 고시)에 따라 문교부에서 새로 발행한 국민학교 교과서 『음악 6』이었다. 그것은 1983년 3월 초판이 발행되었는데, 그 앞표지의 안쪽[80]에 [악보 10]을 실은 것이다. 물론 1983년 한글날 기념식에서도 「한글날 노래」라고 하였다. 그로부터 초등학교에서 「제7차 교육과정」의 시행이 완전히 끝나는 2010학년도까지, 통틀어 27년 동안 초등학교 음악 교과서의 그러한 처리는 변함이 없었다.

2011학년도에는, 「2007 교육과정」에 따른 교과서 『음악 5』와 『음악 6』이 발행되었다. 경쟁 체제로 제도가 바뀌어, 중등학교 교과서처럼 개인이 지어 교육과학기술부의 검정을 거쳐 발행한 것들이었다. 5종을 거두어 살펴보았는데, 신계휴 외 6인 지음-천재교육 발행, 장기범 외 4인 지음-미래엔컬처그룹 발행, 조효임 외 7인 지음-태림출판사

---

80 4학년용에는 「광복절 노래」와 「제헌절 노래」, 5학년용에는 「새해의 노래」와 「삼일절 노래」, 6학년용에는 「개천절 노래」와 「한글날 노래」를 각각 수록하였다.

발행의 『음악 6』에서 「한글날 노래」 악보를 수록하였다. 나머지 2종에서는 의식의 노래를 전혀 싣지 않았다.[81]

2013학년도부터는 「2009 교육과정」에 의거한 초등학교 교과서가 나왔다. 6종의 음악 교과서를 살펴보니 2종의 2권에 「한글날 노래」 악보가 수록되어 있다. 석문주 외 6인 지음-동아출판 발행의 『음악 3~4』(2014), 노승종 외 9인 지음-교학사 발행의 『음악 5~6』(2015)이다. 2017~2019년학년도에는 「2015 교육과정」에 따라 편찬한 초등학교 음악 교과서들이 새로 나왔는데, 일제히 「한글날 노래」 악보는 싣지 않았다.[82]

요컨대, 1983년 발행본 이후의 초등학교 음악 교과서에서는 예외 없이 「한글날 노래」라고 하였다. 다만, '검정' 체제로 바뀌어 발행된, 2011학년도 발행본부터는 「한글날 노래」 악보를 수록하지 않는 일이 많아졌고, 오늘날은 전혀 싣지 않고 있다.

▌중등 교과서의 난맥상 : 제4~7차 교육과정 시기 초등학교와는 달리, 중등학교 음악 교과서들에서는 쉬이 「한글날 노래」로 바뀌지 않았다. 먼저 「제4차 교육과정」에 따라 1984학년도에 새로 나온 중학교 교과서를 보면 오동일 지음-학연사 발행의 교과서에서 「한글날 노래」라는 제목으로 악보[83]를 실었을 뿐이다. 그때부터 「제7차 교육과정」의

---

81 「특수학교 교육과정」(2008.02. 고시)에 따라 교육과학기술부에서 저작·발행(초판 2009.03)한 『음악 2』에는 그 후반부 '참고곡'이라는 이름 아래 몇몇 의식의 노래와 함께 207쪽에 「한글날 노래」 악보를 수록하였다.

82 저작권자가 교육부인 교과서도 그러했다.

시행이 끝나는 2009~2011학년도까지, 25년 동안 발행된 중학교 음악 교과서가 통틀어 30종 가까이 되는데, 14종에서는 약속이나 한 듯이 여전히 「한글 노래」였다. 30종 가운데 절반쯤의 교과서에서는 의식의 노래들을 아예 수록하지 않았다.

　중학교 교과서와는 달리, 고등학교 교과서에서는 「한글날 노래」의 비중이 비교적 높았다. 「한글 노래」가 12종, 「한글날 노래」가 9종이 었는데, 그 9종을 올려 보면 이러하다: 1990년 발행본으로 안형일 외 2인 지음-금성교과서 발행, 정세문 외 2인 지음-동아출판사 발행의 『고등학교 음악』, 그리고 1996년 발행본으로 신귀복·강덕원 지음-현대음악출판사 발행, 오동일·고춘선 지음-세광음악출판사 발행, 우동희·박종인 지음-태림출판사 발행, 이언도 외 2인 지음-법문사 발행, 이홍수 외 2인 지음-동아출판사 발행, 조창제 지음-태성출판사 발행의 『고등학교 음악I』, 그리고 2003년 발행본으로 고춘선·홍종건 지음-세광음악출판사 발행의 『고등학교 음악』.

　‖중등 교과서의 난맥상 : 「2007 교육과정」 이후　「2007 교육과정」에 따른 『중학교 음악』은 2010~2012학년도에 학년별로, 순차적으로 발행되었다. 20종이 넘는 듯한데, 단지 6종에서만 「한글 노래」 악보를 찾을 수 있었고, 제목은 예외 없이 「한글 노래」였다. 「한글날 노래」라는 제목은 「2009 교육과정」에 따라 새로 발행한, 장기범 외 4인 지음-미래엔 발행(2013)과 박정자 외 3인 지음-아침나라 발행(2014)의 『중

83　그 악보에 "김성태 작곡"으로 잘못 표기되어 있다.

학교 음악』에서 확인할 수 있었다.[84] 다른 2종의 교과서는 여전히 「한
글 노래」였다. 이 4종을 제외한, 대다수 교과서에서는 의식의 노래를
전혀 싣지 않았다.[85] 「2015 교육과정」에 따라 2018~2020학년도에 발
행한 교과서는 15종 가량 살펴보았는데, 김광옥 외 5인 지음-아침나
라 발행, 조대현 외 6인 지음-다락원 발행의『중학교 음악』각권에만
「한글날 노래」 악보를 확인할 수 있었다. 그 나머지 대다수 교과서에
서는 의식의 노래를 싣지 않았다.

「2007 교육과정」에 따라 발행한『고등학교 음악』은 10종 가량을
살펴보았다. 고춘선·홍종건 지음-세광음악출판사 발행의『고등학교
음악』(2010.03)에 「한글날 노래」라는 제목으로 수록하였고, 3종의 교
과서에는 여전히 「한글 노래」로 수록하였다. 그 나머지 7종의 교과서
에는 의식의 노래를 아예 싣지 않았다. 「2009 교육과정」과 「2015 교
육과정」에 따라 발행한『고등학교 음악』은 통틀어 10여 종을 살펴보
았는데, 전혀 의식의 노래를 싣지 않았다.[86]

요컨대, 중학교 음악 교과서에는, 중앙정부에서 「한글날 노래」로
이름을 바꾼 지 39년이나 흐른 2017학년 3월 발행본에까지도 이전의
제목 「한글 노래」가 남아 있었다. 그리고 2014년 3월 이후에 발행된

---

84 두 책의 악보는 "정인보 작사, 윤용하 작곡"이라는 오류를 안고 있다.
85 저작권자가 경기도교육청인 교과서도 그러하였다.
86 고등학교 음악 교과서로는, 「2007 교육과정」~「2015 교육과정」 시행 동안에『음악과
   생활』,『음악 이론』,『음악사』,『음악과 매체』,『음악과 사회』,『음악과 진로』,『음악
   감상과 비평』 등의 여러 교과서가 더 있다. 그 모두를 살피지 못하고 의식의 노래들을
   다룰 만한 것으로 짐작되는『음악과 생활』을 살펴보았는데, 노동은 외 5인 지음-법문
   사 발행(2002 / 2010)의 교과서에서 「한글 노래」 악보를 확인할 수 있었다.

중등학교 음악 교과서에서는 점차로 「한글날 노래」를 포함하여 의식 儀式의 노래 악보를 덜어내는 방향으로 흘러왔으니,[87] 2022년 기준으로 30종에 달하는 중등학교 음악 교과서 가운데 「한글날 노래」 악보를 수록한 것은 2종정도에 지나지 않는다.

▌「2022 교육과정」 고시 2022년 12월, 교육부에서 다시 새로운 교육과정을 고시하였다. 「2022 교육과정」이다. 이 교육과정에 근거하여 편찬, 검정, 편집의 과정을 거쳐 발행될 음악 교과서에서는 위의 내용들이 어떻게 실현될지 지켜볼 일이다.

---

87 그에 반하여, 대개는 전반부에 「애국가」 악보는 실었으며, 더하여 '교가'를 적는 자리를 두는 교과서가 많았다.

제3편

자료

- 훈민정음 창제·반포에 관한 「국문 연구」의 내용
- 훈민정음 창제·반포에 관한 사료
- 「500돌 한글날 담화」
- 「503돌 한글날 담화문」
- 「한글은 겨레정신의 결정」
- 516돌 한글날 기념식 「기념사」
- 「(519돌) 한글날에 즈음하여」
- 「건의서-한글날을 국경일로 정하는 일-」
- 523돌 한글날 기념식 「식사」
- 530돌 한글날 기념식 「식사」
- 533돌 한글날 기념식 「식사」
- 535돌 한글날 기념식 「기념사」
- 544돌 한글날 기념식 「기념사」
- 「그래도 한글날은 국경일이어야 한다」
- 「한글날은 국경일로 격상돼야」
- 560돌 한글날 경축식 「경축사」
- 한글날 경축사는 오류투성이
- 「훈민정음 창제의 력사적 의의」
- 「조선 인민의 문자」
- 「우리 문자의 과학성과 인민성」
- 「자랑스러운 우리의 민족 문자」
- 「자랑스러운 민족 글자 훈민정음」

〈자료 01〉 1909년

훈민정음 창제·반포에 관한 「국문 연구」의 내용

(ㄱ) 어윤적의 「국문 연구(1909.03)」

세종대왕이 以이天縱之聖천종지성으로서 〔줄임〕 즉위 25년 癸亥계해 冬동에 新制二十八字신제28자ᄒ시니 名曰諺文명왈언문이라. 開局禁中개국금중ᄒ시고 命명文臣문신鄭麟趾정인지申叔舟신숙주成三問성삼문崔恒최항ᄒ샤 詳加解釋상가해석ᄒ라 ᄒ시고 〔줄임〕越三年월3년 丙寅병인에 完成一書완성일서ᄒ야 命명其名曰訓民正音기명왈훈민정음이라 ᄒ야 頒于民間반우민간ᄒ니 - 이기문 1907.10 : 35.

세종대왕은 하늘이 내리신 성인으로서 〔줄임〕 즉위 25년 계해년 겨울에 28자를 새로 지으시니 이름이 언문諺文이다. 궁궐 안에 국국局을 여시고 문신文臣 정인지 신숙주 성삼문 최항에게 상세히 풀이를 붙이라 분부하시고 〔줄임〕 3년이 지나 병인년에 한 책을 완성하니, 그 이름을 훈민정음이라 하라 분부하시어 민간에 반포하니.

(ㄴ) 이능화의 「국문 연구(1909.03)」

세종대왕 28년 丙寅병인에 子母자모 28字자를 御製어제ᄒ샤 諺文언문이라 命名명명ᄒ시고 此차를 民間민간에 頒布반포ᄒ시니 - 이기문 1907.10 : 122.

세종대왕 28년 병인년에 자음자·모음자 28자를 지으시어 언문이라 명명하시고 이를 민간에 반포하시니

(ㄷ) 주시경의 「국문 연구(1909.03)」

세종대왕게서 天縱천종의 大聖대성으로 국어의 相當상당ᄒ 문자가 無무홈을 深慮심려ᄒ시고 친히 국문 28자를 刱制창제ᄒ사 癸亥계해 冬동에 成

성호시고, 名_명을 訓民正音_{훈민정음}이라 호여 28년에 頒布_{반포}호시니 - 이기문 1907.10 : 208~209.

세종대왕께서는 하늘이 내리신 큰 성인으로, 국어에 알맞은 문자가 없음을 깊이 생각하시고 친히 국문 28자를 창제하시어 계해년 겨울에 완성하시고, 이름을 훈민정음이라 하여 28년에 반포하시니

<자료 02> 1443년 / 1446년

훈민정음 창제·반포에 관한 사료(한문본)

㉮『세종실록』25년 계해 12월 條조

是月 上親制諺文二十八字. 其字倣古篆,〔줄임〕書字雖簡要轉換無窮. 是謂訓民正音. - 태백산본 권102 : 42ㄱ.

　　이달에 임금께서 친히 언문 28자를 지으셨다. 그 문자는 옛 전자를 닮았으며,〔줄임〕글씨가 비록 간략하나 전환이 무궁하다. 이를 훈민정음이라 한다.

㉯『세종실록』28년 병인 9월 條조

㉠ 是月 訓民正音成, 御製曰'國之語音異乎中國, 與文字不相流通. 故愚民有所欲言 而終不得伸其情者多矣. 子爲此憫然新制二十八字, 欲使人人易習 便於日用耳.〔12줄 줄임〕入聲加點同而促急.' - 태백산본 권113 : 36ㄴ.

　　이달에 훈민정음이 완성되었으니, 임금께서 글을 지어 이렇게 이르시었다. '우리 말소리가 중국과 달라서, 그 문자와 서로 통하지 아니한다. 이러하므로 백성 중에 이르고자 하는 바가 있음에도 종내 제 뜻을 실어 펴지 못하는 사람이 많다. 내가 이를 안타깝게 생각하여 새로 28자를 만들었으니, 사람마다 쉬이 익혀서 날마다 사용함에 편안하게 하고자 할 따름이다.〔줄임〕입성은 점 더함은 같으나 빠르다.'

㉡ 禮曹判書 鄭麟趾序曰'有天地自然之聲則, 必有天地自然之文.〔7줄 줄임〕癸亥冬 我殿下創制正音二十八字, 略揭例義以示之, 名曰訓民正音.' - 태백산본 권113 : 36ㄴ~37ㄱ(정인지 발문).

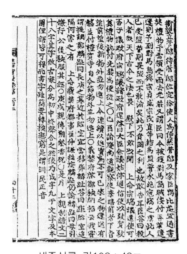

세종실록 권113 : 36ㄴ. 세종실록 권102 : 42ㄱ.

예조판서 정인지는 발문(후기)에서 '천지에 자연의 소리가 있은즉, 반드시 그것을 적을 문자가 있어야 한다. 〔줄임〕 계해년 겨울에 우리 임금께서 정음 28자를 창제하시고, 간략히 보기例와 취지義를 게시하여 그것을 보이시고, 이름을 훈민정음이라 하시었다.'

ⓒ 遂命 '祥加解釋 以喩諸人'. 於是 臣與集賢殿應敎 臣崔恒, 〔줄임〕 臣李善老等, 謹作諸解及例, 以敍其梗槩. 〔4줄 줄임〕 大智盖有待於今日也歟. – 37ㄱ~37ㄴ(정인지 발문).

드디어 '풀이를 상세히 붙이어 모든 사람을 깨우치게 하라.'고 분부하시었다. 이에 신은 집현전 응교 최항, 〔줄임〕 이선로 등과 더불어, 삼가 여러 풀이와 용례를 짓고, 그 대강을 서술하였다. 〔줄임〕 크신 지혜는 아마도 오늘을 기다림이 있음인저!

ⓓ 강희맹 지은 「신숙주 行狀행장」

上 以本國音韻與華語雖殊, 其牙舌脣齒喉淸濁高下 未嘗不與中國同. 以列國皆有國音之文 以記國語, 獨我國無之. 御製諺文二十八字.

設局於禁中, 擇文臣撰定. - 보한재집 권11 : 3ㄴ.

임금께서 '우리 나라의 음운이 비록 중국말_{華語}과 다르나, 5음(아·설·순·치·후)과 청탁과 높낮이가 중국과 다를 바가 없다. 여러 나라가 모두 제나라 말소리를 적는 문자를 가지고 있어 자기 나라말을 적는데, 오직 우리에게는 그런 문자가 없다.'고 생각하시어 언문 28자를 지으시었다. 궁궐 안에 국局을 설치하시고 문신을 뽑아 책을 편찬하시었다.

㉛ 이정형 지은 『東閣雜記_{동각잡기}』

世宗 以列國皆有國音之文 以記其國之音 而獨我國無之, 本國音韻雖
與華語有殊 而其牙舌脣齒喉淸濁高下 未嘗不與中國同, 御製諺文字母
二十八字. 設局禁中, 使成三問崔恒申叔舟等撰之. - 권1 : 43.

세종께서는 '여러 나라가 모두 자기 나라 말소리를 적는 문자를 가지고 있어 자기 나라 말소리를 적는데, 오직 우리에게는 그런 문자가 없다. 우리 나라의 음운이 비록 중국말_{華語}과 다름이 있으나 5음(아·설·순·치·후)과 청탁과 높낮이가 중국과 다를 바가 없다.'고 생각하시어 언문 자모 28자를 지으시었다. 궁궐 안에 국局을 설치하시어 성삼문·최항·신숙주 등에게 책을 편찬하도록 하시었다.

㉜ 『동국 문헌비고(1770)』 및 『증보 문헌비고(1907)』

訓民正音 : 本朝 世宗二十八年 御製訓民正音. 上以爲諸國各製文字
以記其國之方言 獨我國無之, 遂製子母二十八字 名曰諺文. 開局禁中,
命鄭麟趾申叔舟成三問崔恒等撰定之. - 권51 : 1ㄱ 및 권108 : 1ㄱ.

훈민정음 : 조선조 세종 28년에 임금께서 훈민정음을 지으시었다. 임금께서는, 여러 나라가 제각기 문자를 지어 자기 나라의 말을 기록하는데 오직 우리 나라에는 문자가 없음을 생각하시고, 마침내 자음자·모음자 28자를 지으시어 언문이라 하시었으며, 궁궐 안에 국局을 개설하시고, 정인지·신숙주·성삼문·최항 등에게 훈민정음을 편찬하도록 분부하시었다.

〈자료 03〉 1946년

500돌 한글날 담화

이날은 한글날이니, 지금으로부터 500년 전에 우리 세종대왕께옵서 우리 한글을 처음으로 지으사 우리에게 반포해 주신 날이다. 이날은 우리 민족이 기렴할 만한 기뿐 날로서 금년부터는 국경일로 작정되어 우리 나라에서 영원히 민족 경일慶日[1]로 지켜 갈 것이다.

우리 민족은 찬란한 문화, 5000년의 긴 력사를 가젓지마는 일직이 우리말에 맛는 글을 가지지 못하고 중국의 한문을 빌어다가 써 왓다. 그런데 한문은 우리말에 맛지 아니하며 또는 그 글이 매우 어려워서 우리 민족의 뜻을 나타냄에 적당치 안앗다. 그리하여 우리 일반 국민은 뜻이 잇어 말하고저 함이 잇스되 그 뜻을 펴 보지 못하엿스며, 따라서 우리 문화의 발전은 매우 지루하엿섯다.

그리다가 우리의 성인 세종대왕께옵서 이를 답답히 녀기사 여러 해 동안 온갖 지혜와 정성을 다하사 기원 3775년(세종 25년) 겨울에 새로 소리글 스물엿덜 글자를 만들어 내시고, 뒤로 3년 동안 이를 정밀히 수정 하시와 기원 3779년(세종 28년) 9월 열흘께 세상에 반포하시와 우리 국민에게 쓰라고 주시니, 이 글이 곳 한글이며, 이날을 양력으로 고친 것이 10월 9일 곳 오늘이다.

이로부터 우리 민족은 우리말에 맛는 글을 가지고 우리의 뜻을 유감업시 나타낼 수 잇게 되엇스며, 우리에게 필요한 모든 학문을 이 글로 적어

---

1 조선일보(1946.10.10 : 2)에서는 '민족 경일'이 아니라 '민족적 국경일'이라고 썼다.

가지고 쉬웁게 배우게 된 것이다.

그리다가 우리는 한때의 불행으로 일본의 침략 정치에 눌리게 되어 우리의 문화는 말살을 당하게 되매 우리의 말과 글은 금지되어 쓰지를 못하게 되엇섯다. 그러나 불의는 반듯이 정의에 굴복하는 것이라 지난 8월에 일본은 마침내 항복하고 우리는 해방되어 민족이 다시 살아남에 따라 우리의 말과 글은 다시 살아낫다. 이로부터 우리는 우리말과 우리글로 자유롭게 뜻을 나타내어 활발하게 학문을 닥게 되엇다.

한 민족의 말과 글은 그 민족의 정신이요 목숨이니, 이 가운데서 생명이 뛰노는 것이다. 더욱 견줄 바 업시 아름다운 글을 가진 우리의 기쁨이랴!

우리가 만일 이 글을 가지지 못하엿더라면 오늘날 우리의 신세와 처지가 어떻게 되엇슬가. 은혜를 생각하면 우리는 참으로 기뻐하고 고마워하여야 할 것이다. 그러므로 이 글을 밧아 가진 우리는 힘써 이 글을 배우고 또 더 닥가서 더욱 아름답게 만들고, 이 글로 우리의 문화를 놉히고 싸아 올리며, 한 거름 나아가 세계 문화에 크게 공헌하는 바가 잇서야 할 것이다.

1946년 10월 9일

군정청 문교부장 유억겸

☞『자유신문』 1946.10.09 : 2.

〈자료 04〉 1949년

503돌 한글날 담화문

우리 나라에서 자초自初로 사대주의적 사상을 가지고 남을 모본模本하기에만 힘써서 우리의 고유한 기능과 물산을 장려하기에 심히 등한하였던 것이 큰 약점이었다. 본래 우리의 국문을 창정創定한 것이 우리의 창조적 특성을 표시한 것인데, 한문 학자들이 이것을 포기시켜서 자기들도 쓰지 아니하고 남에게도 쓰지 못하게 한 결과로, 400여 년 이래 별로 개량된 것은 없고 도로혀 퇴보를 시켜 우리의 문화 발전에 얼마나 지장이 되었는가를 생각하면 실로 가통可痛한 일이다.

과거 40년 동안에 일어와 일문을 숭상하느라고 우리 국문을 버려두어서 쓰는 사람이 얼마 못 되는 중, 민족성에 열렬한 학자들이 비밀리에 연구해서 국문을 처음으로 만든 역사를 상고하여 처음에 여러 가지로 취음(取音)해서 쓰던 법을 모본하여 그것이 국문을 쓰는 가장 정당한 법이라고 만들어 낸 결과, 근래에 이르러 신문계나 다른 문학 사회에서 ‘정식 국문’이라고 쓰는 것을 보면 이전에 만든 것을 개량하는 대신 도로혀 쓰기도 더디고 보기도 괴상하게 만들어 놓아 퇴보된 글을 통용하게 되었으니, 이때에 이것을 교정하지 못하면 얼마 후에는 그 습관이 더욱 굳어져서 고치기 극난極難할 것이매 모든 언론기관과 문학계에서 특별히 주의하여 속히 개정되기를 바라는 바이다.

이상에서 말한 바와 같이 쓰기도 더디고 보기도 괴상하다는 예를 들어 말하자면, 가령 ‘잇스니’를 ‘있으니’, ‘하셧슴니다’를 ‘하셨읍니다’, ‘놋는다’를 ‘놓는다’, ‘꼿을 꺽는다’를 ‘꽃을 꺾는다’, ‘갑이 만타’를 ‘값이 많다’라고 쓰니, 더 말할 것 없이 이것만 가지고라도 이전에 쓰던 것과 지금 새로 쓰는 것을 비교하여 어느 것이 눈으로 보기 쉽고 입으로 부르기 쉽고 또 손으로 쓰기 속(速)한가. 누구나 지금 것이 이전 것만 못한 것을 다 알 수 있을 것이다.

오직 그분들이 말하기를 지금 새로 쓰는 것이 과학적으로 된 것이라 하니 더욱 말이 되지 않는 것이다. 현대 과학이란 것은 날마다 개량해서 개량한 것이 전보다 낫고 편하고 속한 것이 특징이다. 어렵고 보기 싫고 쓰기 더디고 읽기에 곤란한 것을 만들어 가지고 과학적이라고 하는 것은 누구나 우스울 일이다. 이것이 과학이라면 세상 사람은 과학을 다 내던지고 과학 아닌 것을 주장할 것이니, 우리만 홀로 앉아서 과학과 반대되는 일을 하면서 과학을 따라가는 줄로 안다면 이는 많은 오해라 아니할 수 없으니, 고괴(古怪)한 이론을 캐지 말고 우리의 발달된 훌륭한 국문을 원칙대로 써서 널리 이용하면 문명 발전에 그만큼 많은 행복을 줄 것이요, 그러는 중에 날로 개량되어 지금보다 더욱 편의하게 될 것이니, 아무쪼록 단순하게 만들어 타이프라이터에 이용하기에도 편하게 하여 남보다 더 발전되어야 할 것이다.

우리 국문을 깊이 연구하는 이론가 측에서는 한글이라는 것이 옳다 하여 『비행기』를 『날틀』, 『자전』을 『말광』, 『산술책』을 『셈본』, 『학교』를 『배움집』, 『삼각형』을 『세모꼴』, 『가감승제』를 『더들곱재기』라고 말을 고쳐서 쓰니, 이런 것은 다 명사로 된 글자인데 이것을 뜯어서 새로 번역하여 만든다는 것은 구차스러운 일이므로 이런 것은 다 폐지하고, 알아보기와 쓰기에 쉽고 편리하도록 개량하는 것이 문학가와 과학자들의, 민족과 문화에 대한 사명일 것이다.

1949년 10월 8일

대통령 이승만

『자유신문』 1949.10.09 : 2.

〈자료 05〉 1956년

한글은 겨레정신의 결정

― 한글날을 국경일로 하자 ―

최현배

오늘 시월 구일은 세종대왕께서 한글을 지어내어 나라 안에 반포하신 지 꼭 510째 돌 한글날이다. 『훈민정음』의 서문에 한글 창제의 취의趣意가 분명히 나타나아 있다. 첫째, 우리 나라의 말이 중국의 말과 서로 다름을 인정하고, 둘째, 중국의 한자가 우리 나라 말에 맞지 아니함을 단정하고, 셋째, 그러므로 우리가 한자를 사용한다는 것은 무식한 백성을 더욱 무식하도록 만들어 날마다의 일보기에 불편이 막대할 뿐 아니라, 정치적 문제를 호소할 길도 없어 민의에 따른 민주 정치를 할 수 없음을 딱하게 여기시고, 이를 바로잡고 이를 구하기 위하여 우리 말씨에 딱 들어맞는 글자 28자를 지어내어 국민의 일상생활에 편리함이 있게 하였다 하고 있다.

다시 말하면 세종대왕은 우리 나라가 중국이 아니며, 우리의 말씨가 중국의 말씨와 같지 아니하며, 따라 중국의 한자는 우리에게 매우 부적당 불리한 글자임을 확인하고, 배달겨레에게는 배달겨레 자신에게 적합한 글자를 따로 가져야만 백성이 다 잘 살아갈 수 있겠음을 투철히 믿으시고서 갖은 정성과 애씀을 다하여 새로운 글자 한글을 지어 내노라 하는 것이다. 그러한즉 『훈민정음』은 정히 우리 배달겨레의 문화 독립 선언이요, 한글은 문화 독립의 기초이다. 한글의 탄생은 다만 한 종류의 글자의 생겨남이 아니라, 실로 그것은 겨레의식 통일의 상징이요, 겨레문화의 영원한 발달의 원동력인 것이다. 이 지구상에 겨레가 허다하지마는 제 손으로 지은 글자로써 20세기의 훌륭한 문화 생활을 일삼는(營爲하는) 겨레가 그 얼마나 있는가?

한글은 우리 세종대왕의 일인일대의 창작으로서, 인류 역사에 유례가 없는 독창적 과학적 글자이니, 한글은 다만 훌륭한 취지에서 지어진 것일 뿐 아니라, 또 가장 뛰어난 성능을 가진, 배달겨레 무상無上의 자랑이요 영원한 힘인 것이다.

겨레여! 생각해 보라. 아메리카 신대륙의 발견보다도 먼저 창작된 이 과학스런 글자를, 만약 우리 겨레가 세종대왕의 이상理想을 체득하여서 이를 십분 존중 애용하였더면 이 나라의 문화, 이 백성의 행복이 얼마나 두드러지게 더해졌을 것인가? 남들은 그간에 새 대륙을 발견하여서 거기에다 온갖 백성들을 모아서 새로운 문화와 생활을 세워 이제 온 세계에 큰 광휘를 날리는데, 우리 겨레는 이렇듯 과학스럽고 쉽고 편리한 문화의 기본 연장을 가지고 있으면서 능히 이를 살려 쓰지 못하였기 때문에 세계의 낙오자의 쓴잔을 마시고 있는 오늘의 현실을 생각하면, 세종대왕의 성덕을 저버린 죄를 무엇으로 사赦하려는가?

그런 중에서도 만약 우리에게 한글의 유산이 아주 없었던들 왜정 36년 간의 모진 억압 아래에서 우리 겨레가 능히 해방 갱생의 정신과 능력을 보존하고 있었을 것인가? 우리가 한글의 위대성과 유능성을 생각하면 생각할수록 과거에서 이를 멸시한 죄를 사할 길이 없는 동시에, 현재에도 아직 그 위대한 능력과 무한한 가치를 깨치지 못하고 한자를 1000자라도 써야 하겠다고 앙탈하는 신식新式 완고頑固가 이 사회에 수두룩 남아 있음을 생각할 적에 겨레의 장래를 염려하는 우리 마음의 답답함을 금할 수 없도다.

한글은 배달겨레 독창력의 최대의 결정結晶이요, 배달문화의 영구永久의 동력이요, 겨레정신의 온전한 표현이다. 우리가 한글의 창제 반포를 기념 축하하는 것은 곧 겨레정신을 기르며, 문화 독립의 의욕을 북돋우며, 창조 능력의 발휘를 꾀함이다. 우리가 과거 왜정의 억압 아래에서『훈민정음』반포 제8 주갑을 기틀로 하여 처음으로 한글날을 지키기로 한 것이 이제 꼭 30돐이다. 집회의 자유가 없는 그때에 우리는 요리 먹는 것을 빙자 삼아 해마다 요리집에서 한글날 기념식을 엄숙히 지냄으로써 겨레 독립·문화 자주의 정신을 고취하여 왔으니, 그 주도자의 노릇을 한 이는 한글학회이었다.

해방이 된 뒤 10년이 되는 동안에도 한글날의 식전은 여전히 한글학회 중심으로 거행되어 오늘에 이르렀다. 한글학회는 한글날 지키는 주체로서, 또 한글 운동의 중심으로서 그 과거의 업적에 대하여 스스로 만족의 정이 한쪽에 없지도 아니함은 사실이다. 그러나 다시 생각하건대 우리 나라와 겨레에 이렇듯 중대한 뜻을 가진 한글날의 지내기(擧行)는 홀로 한글학회의 전담사全擔事에 속해 버릴 것이 아니다. 한글학회는 이 면에 있어서 전문적 선각자로서, 조국을 잃어버리고 정부를 가지지 못한 그때에 제 정부의 할 일을 대행한 것이니, 조국이 광복되어 행정부가 있는 이때에야 전 민족 영구한 경절慶節인 한글날의 지키기를 어찌 하나의 학회에만 일임하여 버리고 모른 체하고 있을까 보냐?

더구나 해방 직후에는 한글날의 식전 지내기도 온 국민의 큰 관심을 끄내 성대히 행하기도 하였었지마는, 그 뒤로는 천박한 인심이 점점 사리 사욕과 사권私權사영私營들에 쏠리게 되고, 이러한 정신적인 행사에 등한하게 됨을 따라, 또 한글학회의 사업 및 경제가 부자연스럽게도 쇠약하여짐에 따라, 한글날의 기념식은 너무도 소조蕭條한 감이 없지 아니하여, 일을 주관하는 우리 한글학회로서는 천박한 인심의 건망증에 한심과 개탄을 불금不禁하는 터이다.

오늘날 우리 나라의 진정한 내면적 완전한 독립 자주를 획득하기 위하여는, 한글날을 더 성대하고 더 엄숙하게 지키는 일이 간절히 요구된다. 한글학회는 결코 종래의 사명과 공헌을 조금도 변하고자 함은 아니요, 도리어 그 사명, 그 이념을 더 빛나게 살리기 위하여, 한글날을 나라의 공휴일로만 하는 데에 그치지 말고, 나라의 경절로 하여 온 백성이 이날을 엄숙하게 또 즐겁게 지킴으로 말미암아, 세종대왕의 이상을 실현하여, 한글의 사명을 다할 날이 하루라도 빨리 오기를 간절히 바라는 바이다.

📁『동아일보』 1956.10.09 : 4.

〈자료 06〉 1962년

516돌 한글날 기념식 기념사

훈민정음 반포 517돌의 한글날을 맞이하여 각계 귀빈 여러분을 모시고 뜻깊은 기념식을 올리게 됨을 무한한 기쁨으로 생각하는 바입니다.

우리 온 국민이 해마다 한글날을 경축하고 있습니다마는, 이것은 조선 초엽에 이르러 영명하신 세종대왕에 의하여 배우기 쉽고 쓰기에 편한 우리의 글을 가지게 되었음을 영원히 기념하고 그 위덕을 길이 받드는 동시에 우리 문화를 높이자는 데에 그 뜻이 있는 것이라 하겠습니다.

세종대왕께서는 오랜 재래의 폐습을 타파하시고 개국 직후의 혼란을 수습하시어 국정을 바로잡으시는 한편, 특히 집현전에 학자를 모으시고 몸소 백성을 위하여 한글을 창제하셨습니다. 그리하여 백성들로 하여금 자주 정신을 불러일으키고 민족 문화의 튼튼한 기초를 이룩하셨습니다.

이는 백성을 지극히 사랑하시고 국민을 위하여 정사를 베푸신 대왕의 민본주의 사상의 고귀한 결정結晶입니다. 대왕께서는 용비어천가와 그밖에 당시에 허다한 저술과 번역들을 훈민정음으로 이루셔서 한글의 보급과 겨레문화의 발전을 위해 계속 힘쓰셨습니다.

그 후 우리 민족사상 암흑 시대이었던 왜정 36년간의 모진 학대와 압정 속에서도 우리 민족 정신이 뚜렷이 빛났던 것은 우리의 넋을 담은 그릇인 한글을 가지고 있었던 때문이라고 생각합니다.

이제 우리들은 세계의 자랑거리인 한글을 항상 갈고 닦아서 더욱 빛내야 함은 물론이려니와, 아직도 우리 국민 중에서 2할이나 되는 문맹자들에게 하루속히 한글을 익히게 하여 우리 나라에 글 모르는 소경이 한 사람도 없도록 함으로써 세종대왕의 거룩한 뜻이 더욱더 빛나게 실현되

어야 하겠습니다. 이것이 우리 민족 문화의 터전을 이룩하신 세종대왕의
위업을 길이 계승 기념하는 것이 되며, 세계 어느 나라보다도 뒤떨어지지
않는 문명국을 이룩할 우리들의 의무라 하겠습니다.

오늘 한글날을 당하여 과거 한글의 발전을 위하여 갖은 역경과 희생을
무릅쓰고 싸워 오신 여러 학자 및 지사들의 고혼을 위로하며, 그분들의
노고를 감사히 생각하는 동시에, 우리 국민이 한 사람도 빠짐없이 한글을
배우고 한글을 사용함으로 말미암아 나라의 힘과 겨레의 행복이 더욱더
증진되기를 빌면서 기념사에 대ft하는 바입니다.

1962년 10월 9일

문교부 장관 / 세종대왕기념사업회 회장 김상협

🗀 국가기록원 누리집

〈자료 07〉 1965년

담화문
(519돌) 한글날에 즈음하여

친애하는 국민 여러분! 오늘은 세종대왕께서 우리 한글을 만들어 반포하신 지 오백열아홉 돌 되는 기념일입니다.

세계 어떤 민족도 제 나라 글자를 위해서 기념하는 날을 가지는 민족은 없습니다. 다만 우리 민족만이 가진 특유한 자랑거리입니다. 뿐만 아니라 우리는 매양 세계 모든 민족의 글자 중에서도 가장 아름답고 가장 과학적이요, 가장 쉽게 배울 수 있는 원만한 글자가 바로 우리 한글인 것을 자랑하고 있습니다. 이것은 우리만이 내세우는 말이 아니라, 세계의 언어학자들이 한결같이 긍정하고 예찬하는 것이기도 합니다.

그러나, 나는 오늘 우리가 글자만을 자랑하기보다는 그 글자를 통한 높은 문화를 자랑할 수 있어야 하고, 또 그 문화를 통한 우리들의 높은 생활을 자랑할 수 있어야만 그것이 비로소 민족의 참된 자랑이 되는 것이라고 말하고 싶습니다.

지금 우리의 현상으로는 세계에 자랑할 수 있는 가장 우수한 글자를 가지고 있으면서 문화로나 생활로서는 남에게 뒤지고 있는 것이 사실입니다. 우리가 오늘의 이 기념일을 한갓 형식적인 연례행사로 넘길 것이 아니라, 참된 반성과 새로운 결의를 다짐하는 계기로 삼아야 할 이유는 바로 여기에 있는 것입니다.

한일 관계 등 복잡한 국제 정세와 공산 사상에 대한 치열한 대결을 하고 있는 오늘이기에, 민족의 주체 의식과 전통 정신, 그리고 그 터전 위에 우리의 문화와 생활을 건설하는 일은 그 어느 때보다 절실히 요청되고 있는 것입니다.

그것은 곧 한글을 통한 문화 건설입니다. 이것이 바로 민족 문화입니다. 또 한글을 통한 사상 건설입니다. 이것이 바로 민족 사상입니다. 또 한글을 통한 교육 건설, 생활 건설입니다. 이것이 바로 민족 교육이요, 민족 생활입니다.

그러기 위해서는 지금까지 우리 민족의 문화와 사상과 교육과 생활을 병들게 한 모든 그릇된 요소를 과감하게 제거하지 않으면 안 될 것입니다. 그 중에서도 가장 중요한 일은 고루한 한문 문화의 예속으로부터 벗어나는 것입니다. 이것은 단순한 한글 운동만이 아닙니다. 민족의 주체 의식과 민족 자주 문화의 기초가 "제얼 제말, 제글"의 삼위일체적인 완전한 연결 위에서 닦아져야 하기 때문입니다.

그래서 우리들의 사상, 교육, 정치, 생활 등, 모든 면으로부터 봉건적이요 전근대적이요, 비과학적이요, 비자주적이요, 비민주적인 일체의 병적인 요소를 구축驅逐해 버리지 않으면 안 될 것입니다.

나는 오늘 "만일 세종대왕께서 우리 한글을 창제하시지 않았던들, 지금 우리 민족이 그 어떠한 슬픔과 어둠 속에서 허덕이고 있겠는가?" 하는 것을 생각하고 세종대왕의 은공과 업적을 다시 한번 추앙하게 됩니다.

또한 "만일 5백여 년 동안에 우리 조상들이 바로 깨닫고 실천하여 문화, 사상, 교육, 생활 전체를 오로지 이 한글을 발판으로 건설하고 육성 발전시켜 왔던들, 지금쯤 우리 민족이 과연 얼마나 빛나는 자주적, 민주적 위치에 처해 있겠는가?" 하는 것을 생각하면서, 귀중한 세월을 효과적으로 쓰지 못했던 것을 애석히 여기는 마음 금하지 못합니다.

우리는 오늘부터라도 국민 전체를 위해 한글을 창제하신 세종대왕의 높으신 뜻을 받들어, 민족 정신을 바로잡고, 민족 문화를 창조해야 하겠다는 것을 통감痛感하는 바입니다.

한글은 자주적이요, 평민적인 곳에 그 생명이 있습니다. 우리들의 문화
와 사상과 교육과 생활 전체를 이 한글 위에 세워야 한다는 것은 바로
민족 주체성으로써 우리들의 노선을 삼고, 또 평민적 민주적인 것으로써
우리들의 이상을 삼는다는 것을 뜻합니다.

이러한 정신을 살려 앞날을 다짐하는 것으로 오늘을 기념하는 참다운
의의로 삼아야 할 것입니다.

끝으로, 한글을 내 몸과 같이 아끼고 키워 온 많은 선열과 학자 여러분
의 공적을 높이 받들면서 앞으로의 더 큰 발전을 빕니다.

1965년 10월 9일

대통령 박정희

☞『한글』1965.10 : 7~8.

<자료 08> 1966년

건 의 서

─ 한글날을 국경일로 정하는 일 ─

우리가 한글의 우수성을 인식한 지도 이미 오래이며, 배달민족이 세계에 떳떳이 내놓는 자랑거리도 한글인 동시에 제 나라 글자가 이루어진 날을 기념하는 민족도 우리밖에 없다는 것도 세계적 사실입니다.

그러나, 우리가 이처럼 '한글날'을 기념함은, 한갓 그것을 자랑하려는 데에 그치지 않고 온 국민이 이 기념의 날을 깊이 인식함으로써, 이 보배를 더욱 갈고 닦아서 빛을 낸다면, 그만큼 우리 문화의 발전에 유조有助하기 때문입니다.

그래서, 우리가 세종대왕께서 한글 곧 훈민정음을 반포하신 날을 알게 된 것이, 지금으로부터 40년 전인 1926년 병인년이었고, 그해부터 훈민정음 반포한 날을 '한글날'이라 정하여 해마다 기념하게 된 것이며, 계속하여 한결같이 한글학회(8·15 전에는 조선어학회) 주최로만 이 거족적 행사를 도맡아 행하여 오다가, 이승만 대통령 때에, 이것을 국경일로 행하여 달라는 건의를 한 바 있었으나, 다만 공휴일로만 정하여 오던 중, 세종대왕기념사업회가 발족한 이래 1957년 한글날부터 공동 주최로 지켜 왔습니다.

한글날 기념행사 범절이 다른 국경일 행사와 다를 것이 없는데, 다만 국경일로의 법적 조처만이 안 되었을 뿐, 우리 나라 국경일을 살펴보건대, 3·1절, 광복절, 제헌절, 개천절 들인데, 국가적으로 경사를 기념하는 날 중에 오히려 한글날을 우위로 하는 것이 문화 민족의 처사가 아닌가 하여, 우리 뜻을 같이한 문화단체들은 획기적으로 우리 정부 당국에 간청 건의하는 바입니다.

만일 세종대왕께서 우리 글의 지으심이 없었던들, 우리는 오늘날 어떠한 지경에 이르렀을 것입니까? 그 어려운 한문으로 얼마나 고생하며 머리를 앓았을 것인가 생각하면 소름이 끼칠 일입니다.

우리 한글날은 우리 전 국민이 다 같이 경축할 날입니다. 구미 선진 국가들이, 우리에게는 나라 글자를 만든 분의 이름을 알고, 그 만든 날이 있어, 그것을 기념할 수 있는 점이 부럽다는 것입니다.

우리는 이 거룩한 날에 세종대왕의 성은과 주시경 선생 및 우리글 우리말을 지켜 싸워 온 여러 선배의 노력을 추모하며, 아울러 한글이 빨리 전용專用되어, 민주 문화의 터전을 이루도록 그 의의를 높임에 있어, 금년 한글날부터 국경일로 정하여, 서울뿐 아니라 각 지방에서도 공적으로 거국적 기념식을 거행함으로써, 민족 자주 문화 창조의 의욕과 국민 주체성 확립에 관한 각성을 일으키도록 해 주시기 바랍니다.

1966년 2월   일

세종대왕기념사업회

한국예술문화단체총연합회

민족문화협의회   배달문화연구원

대한교육연합회   한국문인협회

한글타자연구회   새싹회

한국국어교육학회   한국 어문학 연구회

국어국문학회   한글학회

☞ 『한글』 1966.03 : 115~116.

〈자료 09〉 1969년

523돌 한글날 기념식 식사

　오늘 시월 아흐렛날은 겨레의 은인인 세종대왕이 한글을 애지어 나라 안에 반포한 523돌 기념일입니다.

　서기 1446년대는 유럽에서는 문예부흥의 물결이 각국에 일어 흐르는 때이었습니다. 문예부흥이란 중세 장구한 세월에 절대적인 권위를 휘두르던 죽은 말씨, 라틴말의 압박을 벗어나서, 독일·이탈리아·프랑스·영국의 나라들이 제 입으로 날마다 생활에서 사용하고 있는 제 나라 말로써 글자 생활을 일삼자 함에서 비롯된 것이니, 서양은 이 문예부흥 운동으로 말미암아 중세의 암흑을 타파하고 근세 문명의 새벽빛을 맞이하게 된 것입니다.

　한글은, 수천 년 동안 내 나라 말과는 서로 맞지 않는 어려운 한자·한문의 거만한 횡포에 위압되어, 백성의 생활에 막대한 지장을 받아 오는 배달겨레에게 새 생활의 개척과 새 문명의 창조를 일으키기 위하여, 천고에 빼어난 성인의 높은 인덕과 밝은 슬기로 말미암아 창제된 겨레의 글자입니다. 다시 말하면, 서양 천지에서 낡은 권위, 죽은 속박을 벗어나려는 해방의 운동이 일어남과 때를 같이하여, 동양 천지에서도 남의 글자, 낡은 권위의 속박을 벗어나고자 하는 새 글자의 기운이 동트어 오른 것입니다.

　그렇건마는, 서양에서는 각 나라의 제 국어 존상尊尚의 문예부흥 운동으로 말미암아 근대 문명이 자꾸자꾸 왕성히 일어났으나, 동양에서는 한글의 지음이 큰 자극, 큰 물결을 일으킴에 미치지 못하고 말았으니, 이는 서양의 문예부흥의 첫걸음이 각 나라의 식자識者들의 자각에서 일어났음에 대하여, 동양의 한글은 한 나라의 임금의 슬기와 의사로 말미암아 지어지고 펴어진 것이므로 다수 국민의 시대적 각성을 동무하지 못한 때문이었습니다.

한글이 인류사상 가장 발달한 소리글자로서 또 적토에 떨어진 꽃씨였건마는 그 뒤 500년의 긴 세월에 능히 제 노릇을 발휘하지 못한 것은 절후節候 풍우風雨가 제철의 온도와 수기水氣를 더하지 못한 탓이라 하겠습니다. 곧 세종대왕은 500년을 앞당겨 보는 밝은 눈을 가졌기 때문에 너무 이르게 민중의 글자를 지어내신 것입니다. 이는 세종대왕 자신이 500년이나 기다릴 수 있는 목숨의 소유자가 아님을 생각하고서, 그 재세在世의 날에 겨레의 글자를 지어 끼친 것입니다. 그렇지마는 그 한글의 반포를 받은 우리 자손으로 보면 후회와 부끄러움을 금할 길이 없습니다.

이미 500년을 잃었은즉 인제는 잃어도 좋은 시간의 여유는 조금도 없습니다. 우리는 과거의 배은망덕의 허물을 보상하기 위하여, 또 만대의 뒷줄(후예)에게 부끄러움을 물려주지 않기 위하여 마땅히 굳센 결심과 용기를 진작振作하여 한글만 쓰기를 단행하지 않으면 안 되겠습니다. 한글만 쓰기는 위로는 세종대왕의 성의聖意를 이어 받듦이 될 뿐 아니라 배달겨레의 역사적 사명인 겨레 중흥을 달성하기 위하여, 또 시대 정신의 요청인 과학 기술의 발달과 민주주의 사회의 건설을 위하여 반드시 실현하지 않으면 안 된다고 생각합니다. 정부가 1970년부터는 모든 공문서에 한글만 쓰기를 단행하기로 한 것은 무엇보다도 나라의 경사, 겨레의 기쁨입니다.

나라는 힘이외다. 힘을 기르는 것이 나라사랑의 최대의 의무입니다. 한글은 힘의 샘터입니다. 교육도 이로써만 가능하고, 만반의 과학적 지식도 이로써 기록되고 전수되어야 하며, 산업의 기초도 이에서 생기는 것이며, 국방력의 강성도 이에서 샘솟지 않으면 안 됩니다. 조국을 광복한 지 이제 25년에 조국의 힘이 각 방면으로 뻗어 나가는 것은 그 근원이 한글에 있음을 우리는 잊어서는 안 됩니다. 한글은 모든 힘의 샘터입니다. 우리는 이 샘터에서 힘의 줄기가 더욱 활발하게 솟아나기를 바라는 마음 극히 간절합니다. 그리하여 이 한글의 창제 및 반포를 기념하는 한글날 기념식에 다다라 이로써 식사를 삼는 바입니다.

1969년 10월 9일

한글학회 이사장 / 세종대왕기념사업회 회장 최현배

🗁『나라사랑』 1990.09 : 44~46.

〈자료 10〉 1976년

530돌 한글날 기념식 식사

인류의 진정한 역사는 언어의 기록에서부터 시작됩니다. 기록이 없는 시기는 '역사 시기'가 되지 못하는 것입니다.

훈민정음이 만들어지기 전에 있어서도 우리 나라에는 언어의 기록이 있었습니다. 『삼국사기』나 『삼국유사』는 말할 것도 없으며, 하고많은 금석문을 비롯하여 개인의 문집에 이르기까지 많은 기록들이 있습니다. 그러나 그 기록들의 대부분은 우리말의 기록인 아닌 한문입니다. 또 우리말의 기록이라 했자 그것은 극히 적을 뿐 아니라, 그것마저 한자를 빌어서 썼기 때문에 지금 우리는 이것을 기록 당시의 언어로 돌이키는 데에 큰 어려움을 겪고 있는 형편입니다.

그러므로 우리 겨레의 언어가 기록되기 시작한 진정한 시기는 훈민정음 창제 이후로 보아야 할 것입니다. 이때부터 진정한 민족의 역사가 시작되었으며, 민족의 주체성 있는 문화 생활이 여기에서 시작되었다 해도 과언이 아닙니다. 참된 국문학이 여기에서 시작되었으며, 민중의 의사 전달의 올바른 수단이 여기에서부터 비로소 제공되었던 것입니다.

한편, 언어는 한 민족의 민족으로서의 가장 중요한 보람이며, 한 민족의 언어는 그 민족의 창조적 정신 활동의 가장 중요한 소산인 동시에, 그 민족 정신을 형성하고 이끌어 가는 데 무엇보다도 큰 힘을 발휘하는 것입니다.

글자는 이러한 언어를 표기하여 영구히 보존할 수 있는, 제2의 언어 체계입니다. 언어는 글자를 수반했을 때에 비로소 언어로서의 진가를 발휘할 수 있게 되는 것입니다.

그러므로 우리말이 참된 언어로서의 제 구실을 다하게 된 것은 훈민정음이란 옷을 입게 되면서부터이며, 따라서 민족의 주체적 정신이 제대로의 자리를 잡게 된 것도 바로 이때부터라 해도 과언이 아닙니다.

훈민정음의 창제는 참된 우리 겨레의 역사 시대의 출발을 의미하는 동시에, 우리 민족 정신의 반영인 우리말에 옷을 입혀 준, 우리 민족 역사상 가장 중요한 사건입니다.

그럼에도 불구하고, 사대적이요 봉건적이요 보수적인 사고 방식에 젖어 있던 그 당시의 완고한 선비들 중에는, 이 역사적 큰 진전을 가로막으려는 무리가 있었습니다. 그들은 한자만이 참된 글자이며, 이외의 글자는 모두 오랑캐의 글자란 것이었습니다. 그러나 세종대왕께서는 이 완고한 무리를 물리치고, 바로 530년 전 오늘, 이 글자를 국민에게 반포하시기에 이른 것입니다.

그러나 세종과 최만리 사이에 벌어졌던, 한글과 한자와의 이 투쟁은 그 뒤에도 계속되었습니다. 양반 선비들이 한자와 한문만을 쓰면서 그들의 특권 의식에 도취되어 있을 때에 일반 서민들은 한글로써 소설도 쓰고 시도 쓰고 편지 왕래도 해 가며 살아왔던 것입니다. 한글과 한자의 이러한 대립은 지금도 그칠 줄을 모르고 있습니다.

역사는 흐릅니다. 그리고 전진합니다. 한자의 운명은 국제적으로나 국내적으로나 종지부를 찍기를 재촉하고 있습니다. 이 흐름은 민주주의 사고 방식에 의해 북돋워져 나가며, 현대의 글자 생활 양식에 의해 촉진되어 나가고 있습니다. 뿐만 아니라 한글에 의한 글자 생활은 외래어에 의해 가리워졌던 우리말의 참된 모습을 되찾는 길이기도 합니다. 이것은 오늘날 추진되고 있는 국어 순화의 바른 길이기도 한 것입니다.

한글 반포 530년을 맞는 오늘, 우리는 나라말을 사랑하고 나라글을 사랑하여 민족 문화를 계승 발전시켜 나가는 데에 모든 힘을 다할 것을

마음속 깊이 다짐하면서 온 국민의 적극적인 호응이 있으시기를 간절히
호소하는 바입니다.

1976년 10월 9일

한글학회 이사장 허웅

☞『한글 새소식』1976.10 : 1.

〈자료 11〉 1979년

533돌 한글날 기념식 식사

오늘은 우리 겨레의 문화를 중흥시킨 세종대왕께서 나라글자—훈민정음을 반포하신 지 5백 33돌이 되는 날입니다. 이 뜻깊은 날을 맞이하여 국무총리 님과 귀빈 여러분을 모시고 시민·학생들과 더불어 대왕의 성덕과 위업을 우러러 사모하면서, 우리에게 주어진 한글문화 창달의 사명을 다시 한번 되새겨 보게 된 것을 다시없는 기쁨으로 생각합니다.

배우기 쉽고 쓰기 편한 자모음子母音 28자의 소리글자인 훈민정음은 대왕의 백성 사랑의 정신이 깃들어 있는 것이었고, 방금 봉독한 바 있는 그 서문에서 그 어지신 뜻을 밝히셨습니다.

대왕의 원대한 정치 경륜과 문물 제도의 쇄신 정립, 그리고 국방 개척과 과학적 연구 발명 등, 그 위대한 업적을 이루 다 들 수 없지만, 그 가운데서도 우리의 생각과 사상을 유감없이 표기하는 동시에 백성의 '알 권리'를 베풀어 주고, 또 그 문화유산을 후세에까지 전달 발전시킬 수 있는 가장 오묘한 소리글자인 한글의 창제야말로 그 으뜸 되는 업적이라고 아니할 수 없습니다.

이는 참으로 대왕의, 백성 사랑의 어지신 정성에서 나온 것임은 물론이요, 그 굳은 신념과 빼어난 슬기와 비범한 영도력 아래 학자와 지식을 총동원하여 만든 것이며, 또 사대적인 고루한 선비들의 줄기찬 반대를 물리치고 공식적으로 반포 사용하게 하신 것입니다. 이로써 우리 겨레의 지주 정신과 우리 문화의 창조적인 주체성을 확립시킨 것입니다.

그러나 그 반포 당시에도 나타났던 사대 보수 세력의 반대 여파는 갑오경장 이전까지 수그러지지 않아 한글을 천대해 왔었습니다. 갑오경장이

군국 일본의 침략적인 소용돌이 속에서 이루어진 것이라 치더라도 우리 민족의 민주·자강·독립의 개화 사상은 강렬하게 불타올라 우리의 말과 글에 대한 인식과 연구가 굳세게 일기 시작하였습니다. 공문서와 교과서에 한글이 쓰이기 시작했을 뿐 아니라 『독립신문』 등 민간 신문에서는 한글을 전용하여 빈부귀천을 막론하고 모두 다 '알 권리'를 충족시키기까지에 이르렀습니다. 여기에는 한글 연구의 선각자인 주시경의 공로가 컸음을 잊을 수 없습니다. 그러나 일찍이 없었던 역사적 치욕인, 딴 민족의 지배를 받게 되었고, 군국 일본은 우리 겨레의 문화를 말살하기 위하여 결국은 우리의 말과 글까지 쓰지 못하도록 탄압하였습니다.

우리 겨레는 암흑한 굴욕 속에서도 광복·설욕의 기회를 노리다가 드디어 3·1운동을 폭발시켰습니다. 그리고 주시경 선생의 문인門人과 동지들은 우리의 말과 글을 수호·발전시키기 위한 문화 독립 투쟁에 앞장서 1921년 12월 3일 조선어연구회를 조직하였으니, 이것은 뒤에 확대·발전된 조선어학회(1931년) 내지 한글학회(1949년)의 탄생이었습니다. 이는 금년으로서 58돌을 맞이하여, 우리 나라에서 가장 오래된 현대의 민간 학술단체인 동시에 그 불굴한 항일 투쟁을 통하여 자라난 것입니다. 군국 일본의 말기인 1942년 10월 1일에 시작된, 대규모의 조선어학회 검거 사건은 그 수난의 절정이어서 투옥된 많은 동지들은 그 잔인한 고문에 못 이겨 그 중 두 분은 드디어 목숨을 버리게까지 되었습니다. 학회가 오랫동안 천신만고 심혈을 기울여 편찬한 『큰사전』의 출판도 인쇄 작업을 막 시작하려다가 이 사건으로 인하여 중단되고 말았습니다. 그 북새통에도 생명보다 더 귀중한 그 원고를 건지게 된 것만이 불행 중 다행이었습니다.

이 한글 반포 기념일도 조선어연구회 때 시작된 것으로서, 1926년에 이날을 '가갸날'이라 하여 2년 동안 계속해 오다가 '한글날'로 고쳐진 것이며, 일본의 대륙 침략 전쟁이 일어나면서 태평양 전쟁으로 패망에까지 이어지는, 거진 10년 동안의 전쟁 기간에는 모든 집회가 금지되었던 것입니다.

광복 찬란한 빛을 보게 된 조선어학회, 즉 한글학회는 고난의 막바지로부터 풀려난 감격을 안고, 1946년 한글 반포 500돌을 맞이하여 오랫동안 금지되었던 기념 집회를 저 덕수궁 넓은 마당에서 2만의 시민이 성대하게 열었으며, 이날을 공휴일로 정하여 겨레가 마음껏 경축하도록 하였읍니다. 그리고 그 이듬해 한글날에는, 되찾은 『큰사전』의 원고를 정리하여 그 첫째 권을 발간하는 기쁨을 가졌읍니다. 1956년, 510돌인 한글날에는 세종대왕기념사업회가 창립되고, 그 뒤부터는 한글 반포 기념식을 한글학회와 공동으로 주최하게 되었읍니다.

그러나, 그동안에 우리는 뜻하지 못한 동족상잔의 6·25 전란으로 일찍이 없었던 역사적 참화를 당하게 되어 강토와 민족은 남북으로 갈라진 채, 모두 잿더미가 되어 버렸읍니다. 한글학회도 여지없이 부서져, 그 귀중한 연구 업적과, 『큰사전』의 미처 출판되지 못한 나머지 원고까지도 몽땅 없어질 뻔하였읍니다. 그러던 중에도 여러 분들의 피나는 수호 노력에, 또 천우신조하여 거의 다 보전되었을 뿐 아니라, 빛나는 발전으로 발돋움하게 되었읍니다. 『큰사전』 6권의 완간은 물론이요, 한글 전용의 공식화와 국어 순화 운동으로 정력적인 활동이 전개되고 있읍니다.

우리는 한글 창제로부터 시작하여 533해 동안의 그 수난 및 발전의 자취와 한글날 기념의 역사를 제한된 짧은 시간에 요약해 보았읍니다. 그러나 이렇게 한글에 관한, 지난 일을 돌이켜보는 것은 오늘과 앞날에 우리가 마땅히 해야 할 국어의 연구와 그 보급·순화의 사명을 다짐하기 위해서입니다. 겨레의 흥망과 문화의 성쇠는 긴밀한 관계를 가진 것이며, 문화의 발전은 말과 글에 바탕하는 것입니다. 세종대왕의 한글 창제는 주체적인 문화 중흥의 핵심이거니와 오늘날 우리의 지상 과제인 통일과 번영을 위해서는 우리의 말과 글을 다듬어 주체 의식을 드높이는 것이 절대 필요합니다. 생각하면 우리 겨레는 분단과 적대가 굳어진 채, 세대가 바뀌고 의식과 생활의 바탕까지 갈라지려 합니다. 그러나 우리는 피가 통하는 말과 글로써 이 슬픈 현실을 극복하는 동시에, 변질되어 가는 국어의 순화·통일의 길을 트기 위해서도 한층 노력을 기울여야 되겠읍니다.

우리는 이 자리에서 한글을 창제 반포해 주신 세종대왕의 거룩한 은혜와, 이를 결사적으로 수호·발전시킨 선배·선열들의 높은 뜻을 몸받아, 한글문화의 통일과 발전을 또 한번 다짐하고자 할 따름입니다.

1979년 10월 9일

세종대왕기념사업회 회장 이관구

『한글 새소식』 1979.11 : 3.

〈자료 12〉 1981년

535돌 한글날 기념식 기념사

오늘은 우리 겨레의 성군이신 세종대왕께서 나라글자인 한글을 처음으로 만들어 반포하신 지 오백서른다섯 돌이 되는 날입니다. 이 뜻깊은 날을 맞아, 본인은 여러분과 함께 세종대왕의 높고 큰 뜻을 우러러 기려며, 한글 창제의 위업을 다시 경축하게 된 것을 다시 기쁘게 생각합니다.

예부터 우리 민족은 고유의 문화를 창조하고 가꾸면서 자주 국민의 긍지를 면면이 지켜 나왔습니다. 그 중에서도 겨레문화의 금자탑인 한글은 세계의 많은 글자 가운데서도 가장 발달된 과학적인 글자입니다. 누구나 쉬이 깨칠 수 있고, 세상 만물의 온갖 소리를 골고루 다 적어낼 수 있으며, 이미 오백여 년 전에 탁월한 과학성을 살린 글자로서 오늘날의 기계문명 시대에서도 글자 기계화를 가장 효과적으로 이룰 수 있는 훌륭한 글자인 것입니다.

한글의 높은 가치는 글자로서의 뛰어난 과학적 기능뿐만 아니라, 글자를 만드신 우리 조상의 숭고한 정신에서도 찾아볼 수 있습니다. 한글의 창제 이념 속에는 온 국민의 편리를 꾀한 민주·민본 의식과, 외래문화의 속박에서 겨레문화의 자주성을 선언하였던 자주 의식이 뚜렷이 살아 있는 것입니다. 오늘을 사는 우리는 이러한 조상의 빛난 얼과 슬기를 거울삼아 이 높고 큰 뜻을 더욱 펴 나가도록 힘을 기울여야 하겠습니다.

우리는 나라 말과 글이 역사와 함께 발전하면서, 그 문화 창조의 원동력이 되어 왔음을 잘 알고 있습니다, 우리말 속에는 우리 문화의 전

통과 가치가 잘 스며 있습니다. 따라서 우리는 늘 나라 말과 글에 대한
참 가치를 깨달아 이를 존중하고 사랑하는 마음을 키워 나가야 하겠습
니다.

일찍이 우리 겨레는 고유한 나라 말과 글이 있었기에 나라의 통일과
자주 문화를 이루어 낼 수 있었고, 또한 앞으로도 이 말과 글로써 길이
번영해 나갈 것이기에, 우리가 나라 말과 글을 닦고 키워 나가야 할 사명
은 더욱 크다고 하겠습니다.

더구나 우리는 순탄하지 못했던 역사의 소용돌이 속에서도 끈기있게
이 고귀한 말과 글을 지켜, 민족의 역사와 문화를 완전히 보유해 왔던
것입니다. 또한 우리 국민은 이러한 끈기와 용기를 바탕으로 새 역사 창조
를 위해 줄기찬 발돋움을 할 수 있었습니다.

이제 우리는 나라살림의 안정을 이룩하고 또 앞날의 번영을 내다보면
서, 한편으로는 민족 고유의 정신문화 연구 및 계발을 서둘러 나라힘의
정신적 바탕을 닦아 가고 있습니다. 이같이 순조로운 나라의 발전은 곧
온 겨레의 이상인 민주 복지 국가의 성취로 이어진다 하겠습니다.

위대한 민족 문화의 뿌리를 되찾고 새 역사를 펼쳐 나가고자 하는 우리
의 이러한 노력은 우리의 나라 말과 글을 바탕으로 우리 민족의 총단합
속에서 이루어져 나가야 할 것입니다.

한 나라의 일어나고 쓰러짐은 민족 문화의 발전에 달려 있으며, 민족
문화를 지키고 가꾸어 발전시키는 길은 나라힘을 배양해 나가는 데 있습
니다. 지금 우리는 찬란한 민족 문화의 계승, 발전을 위해 힘찬 발걸음을
계속하고 있습니다. 이처럼 나라힘을 기르고 국민 정신을 계발하여 새
역사의 문을 여는 중요한 때에 한글날을 경축하면서 우리의 결의를 굳게
하는 의의는 참으로 크다 하겠습니다.

본인은 오늘, 이 겨레의 힘의 원천인 한글의 드높은 가치를 더욱 깊

이 깨닫고 또 빛나게 닦아, 이 땅에 알찬 번영을 누려 나갈 문화의 터전을 계속 다져 나갈 것을 여러분과 함께 다시 한번 굳게 다짐하고자 합니다.

1981년 10월 9일

국무총리 남덕우

△『한글 새소식』1981.11 : 8.

〈자료 13〉 1990년

544돌 한글날 기념식 기념사

존경하는 허웅 한글학회 이사장님, 이관구 세종대왕기념사업회 회장, 영예의 한글유공자와 세종문화상 수상자 여러분, 이 자리에 참석하신 내빈 여러분, 그리고 친애하는 국민 여러분.

오늘은 세종대왕께서 민족 문화의 정수精髓인 한글을 만들어 세상에 펴신 지 오백마흔네 돌이 되는 날입니다. 이 뜻깊은 날을 맞아, 국민 여러분과 더불어 세종대왕의 위대한 업적과 그 큰 뜻을 되새기면서 무엇보다 문화 민족으로서의 긍지와 자부심을 새삼 느끼지 않을 수 없습니다.

우리 겨레는 단일민족으로 반만년의 유구한 역사를 연면히 이어 오는 동안 뛰어난 문화 창조 역량을 발휘하여 민족 문화를 찬란히 꽃 피워 왔습니다. 그 가운데서도 특히 한글이야말로 민족 문화사상 불멸의 금자탑이라 하지 않을 수 없습니다.

이 지구상의 수많은 민족이 각기 다른 말을 가지고 있지만 자기 고유의 글자를 가진 민족은 그리 많지 않음을 생각할 때 세종대왕의 위대한 업적에 대한 흠모와 우리 겨레의 우수성에 대한 자긍심을 억제할 수가 없습니다.

더욱이 한글은 누구나 배워 익히기 쉽고 쓰기 편리하여 인류가 만든 그 어느 글자보다도 뛰어나며, 제작 원리가 과학적이어서 자동기계화, 정보화 사회인 오늘에 있어서 그 실용성은 더욱 빛을 나타내고 있습니다.

그러나 한글의 진정한 가치와 의의는 그보다도 더욱 심오한 곳에 있습니다. 남의 나라 문자에 의존하는 문화적 사대주의를 물리치고 독창적인 민족 문화를 계발해 나가고자 하는 자주 정신과, 백성을 위하는 민본 정신, 그리고 실용성을 중시하는 합리주의 정신 속에서 한글의 진정한 가치를 보아야 할 것입니다.

한글 창제에 깃든 이 같은 숭고한 정신은 지난 오백여 년에 걸쳐 우리 민족사의 줄기찬 추진력이 되어 왔으며, 오늘에 이르러서는 자유 민주주의 정신으로 그 맥을 이어 왔다고 생각합니다.

국민 여러분.

말은 그 민족의 얼이요, 글은 그 얼을 보존·보강하는 몸이라 할 것입니다. 그렇기 때문에 우리의 애국 선열들은 한때 일제의 탄압으로 우리의 말과 글이 말살의 위기에 처해 있을 때, 이를 지키는 것이 바로 구국의 길이라고 믿고 온갖 박해를 무릅쓰면서 한글의 수호 발전에 신명을 바쳤던 것입니다. 이와 같이 하여 한글 수호 정신은 강인한 민족의 생명력을 길러 민족의 운명을 개척하며 오늘에 이르렀습니다.

이제 우리는 한글이 상징하는 자주 정신, 민주 정신, 합리 정신이야말로 45년에 걸친 국토 분단으로 손상된 민족 공동체를 회복하는 데 겨레의 역량을 결집, 발휘하는 지침임을 새삼 절감합니다.

같은 언어와 문자가 다른 의미로 사용되는 가운데 한 핏줄 한 겨레가 남북으로 흩어져 이질화되고 있는 오늘의 현실은 우리 민족 문화의 크나큰 오점일 뿐만 아니라 민족 자존의 심각한 훼손이 아닐 수 없습니다.

뿐만 아니라, 배타적 민족주의자가 아닐지라도, 우리의 일상생활 주변에 순화되지 않은 외래 문화의 말과 글이 잡연하게 혼재하여 민족 고유 문화를 훼손하고 있는 현상에 무관심할 수만은 없는 것입니다.

우리는 금세기가 가기 전에 민족 문화 분단의 역사에 종지부를 찍고 평화 통일의 민족적 과업을 완수함으로 훼손된 민족 자존을 회복하며 국제화 시대에 걸맞는 민족 문화 창달에 한층 노력하여야 할 것입니다.

우리 모두 세종대왕의 위업을 계승하고 선조들이 발휘했던, 그 자주·

민주·합리 정신의 슬기를 오늘에 되살려 민주 평화 통일의 영광된 시대를 열어 나갈 것을 굳게 다짐합시다.

끝으로, 오늘 뜻깊은 한글날을 맞이하여 나라 잃은 역경 속에서도 한글과 우리말을 지키고 더욱 빛내기 위하여 헌신·희생하신 선각자들의 애국 충절을 추모하며, 아울러 그동안 우리 말글 발전에 공헌해 오신 학자 여러분의 노고에 충심으로 경의를 표하는 바입니다.

감사합니다.

1990년 10월 9일

국무총리 강영훈

☞『한글 새소식』 1990.11 : 11.

〈자료 14〉 1991년

그래도 한글날은 국경일이어야 한다

리의도

새로운 「관공서의 공휴일에 관한 규정」(대통령령 제13155호)이 공표된 것은 1990년 11월 5일이다. 이 규정으로써 한글날이 공휴일에서 빠지게 되었다. 뜻있는 겨레들의 불길 같은 반대에도 아랑곳없이 한글날은 끝내 법정 공휴일에서 제외되고 만 것이다. 그런 뒤로 첫 번째 맞이하는 한글날, 545돌 한글날이 다가오는 이즈음, 우리는 이 문제를 다시 한번 생각해 보지 않을 수 없다.

한글날의 발자취

한글날 문제를 논의하기에 앞서 먼저 한글날의 발자취를 더듬어 볼 필요가 있다.

한글날의 뿌리는 서기 1926년으로 거슬러 올라간다. 조선어연구회(오늘날의 한글학회)에서는, 일제의 억압으로 인하여 위축되고 갈라져 있는 겨레얼을 북돋우고 하나로 묶는 일을 늘 생각하고 있었다. 그 방법의 하나로, 우리 겨레의 자랑거리인 훈민정음을 활용하기로 결의하였다. 그에 따라 『조선왕조 실록』 권113 세종 28년 9월 조條에 있는 "이달에 훈민정음이 이루어졌다."라는 기록을 근거로 하여, 그달의 그믐날인 29일을 훈민정음이 반포된 날로 잡았으며, 음력 9월 29일을 '가갸날'이라 이름하기로 하였다. 그리고 1926년 그날, 신민사新民社와 공동으로 각계 인사 400여 명 모인 가운데 훈민정음 반포 8회갑(8번째 환갑) 기념 잔치를 베풀고, '가갸날'을 온 겨레 앞에 선포하였다.

그 속엔 우리의 향기로운 목숨이 살아 움직입니다.

그 속엔 낯익은 사랑의 실마리가 풀리면서 감겨 있어요.

굳세게 생각하고 아름답게 노래하여요.

검이여, 우리는 서슴지 않고 소리쳐 가갸날을 자랑하겠습니다.

검이여, 가갸날을 검의 가장 좋은 날을 삼아 주세요.

온 누리의 모든 사람으로 가갸날을 노래하게 하여 주세요.

가갸날, 오오 가갸날이여.

가갸날 소식을 접한 만해 한용운 선생은 위와 같이 읊었으니, 이로써 우리는 그때의 감격을 느낄 수가 있다. 한글날과 그 기념식은 이렇게 시작된 것이다.

1928년에는 '가갸날'이라는 이름을 '한글날'로 고쳤다. 이로써 '한글'이라는 이름이 온 겨레 사이에 널리 퍼지는 계기가 되었다.

1931년에 이르러 시대의 흐름에 발맞춰야 한다는 판단 아래 '세종 28년 음력 9월 29일'을 양력(율리우스력)으로 환산하여 10월 29일로 고쳤다. 그런데 1934년에 이르러 양력 환산 방법에 의문이 제기되었고, 이를 다시 검토한 결과 그레고리력을 적용함이 타당하다는 결론이 났다. 이에 따라 '양력(그레고리력) 10월 28일'로 고쳤다. 그러나 1937년 이후로는 일제 당국에서 모든 것을 통제했으므로 아무런 기념행사를 갖지 못하였다.

그런 가운데 1940년 7월, 한문본 『훈민정음』 1책이 안동에서 발견되었다. 거기에 훈민정음 반포 날짜에 관한 좀 더 정확한 기록이 있었으니 "(正統정통 11년) 9월 上澣상한"이라는 구절이 그것이다. 그 '9월 상한'은 '9월'로만 알고 있던 시점을 그달의 '상순(上澣)'으로 좁혀 주는 기록이었다.

그 책을 살펴본 조선어학회에서는 그것이 훈민정음 반포 당시에 간행된 원본임을 확인하였고, 상순(1일~10일)의 끝 날인 10일을 훈민정음 반포일로 잡았다. 그리고 수학자들에게 '(정통 11년) 음력 9월 10일'을 양력 (그레고리력)으로 환산하기를 의뢰하여 '10월 9일'을 얻었고, 그 날짜를 한글날로 확정하였다. 그리고 1940년 11월치『한글』을 통하여 그러한 사실을 공표하였다.[1]

　1945년 광복. 그해 처음으로 '10월 9일'에 한글날 기념식을 올렸다. 그 다음해인 1946년은 훈민정음 반포 500돌이었다. 조선어학회(오늘날 의 한글학회)는 500돌 한글날을 더 뜻깊게 치르기 위하여 진단학회와 공 동으로 위원회를 구성하여 기념행사를 준비하였고, 정부(군정청)에서는 한글날을 임시 공휴일로 제정하였다. 그리하여 수많은 학생과 시민이 모 인 가운데 덕수궁에서 기념식을 올렸다.

　그 이후로 오래도록 한글학회(와 세종대왕기념사업회)가 중앙의 기념 식을 주최해 왔는데, 1981년부터는 한글날의 격을 높인다는 명목으로 그 기념식의 주최권을 정부가 넘겨받았다. 1981년에는 서울특별시(지방 정부)가 주최하였고, 1982년부터는 문화공보부(중앙정부)—1990년부터 '문화부'로 이름이 바뀜—가 주최하고 있다.

'국경일'과 '기념일'

　다 아는 바와 같이, 우리 나라의 법령은 '헌법 → 법률 → 대통령령'의 순서로 그 지위가 다르다. 그런데 헌법으로 특별히 정해 놓은 날은 없다.

　법률로서는 '법률 제53호'(1949.10.01)「국경일에 관한 법률」이 있는 데, 그 제1조는 이렇게 되어 있다 : "제1조(목적) 국가의 경사로운 날을 기념하기 국경일을 정한다." 국어사전에서도 '국경일'을 '나라의 경사를

1　이 단락은 사실을 거듭 확인하여 원문의 내용을 아주 고쳤다.

기념하기 위하여 정한 날'이라고 풀이하고 있다. 이 '국경일'이 우리 나라에서 법으로 규정한 날 가운데서 가장 지위가 높은 날이다. 여기에 드는 것이 삼일절·제헌절·광복절·개천절이다.

국경일과는 별도로 '기념일'이라는 것이 있다. '기념일'을 국어사전에서는 '어떤 일을 기념하는 날'이라고 풀이하고 있다. 사전 풀이에서도 나타나듯이, 기념일은 '결혼 기념일'과 같이 가족 단위의 것도 있을 수 있고, '회사 창립 기념일'과 같이 단체나 회사 단위의 것도 있을 수 있다. 그런데, 정부 차원의 기념일에 드는 것이 식목일, 4·19의거 기념일, 어린이날, 재향군인의 날, 스승의 날, 현충일, 6·25 사변일, 국군의 날, 경찰의 날, 국제연합일, 학생의 날, 저축의 날 들을 비롯하여 32개이고, 그 가운데 하나가 한글날이다. 이런 날들은 흔히 '법정 기념일' 또는 '국가 기념일'이라 한다.

국경일이 '법률'로 정해져 있음에 비하여, 이러한 기념일들이 '대통령령'으로 정해져 있는 것만 보아도 기념일은 국경일보다 그 지위가 낮음을 알 수가 있다. 그러니까 법적으로는, 애초부터 한글날이 삼일절·제헌절·광복절·개천절보다 지위가 낮게 되어 있었다.

그러나, 앞에서 더듬어 본 바와 같이, 우리 국회와 정부에서 국경일이니 기념일이니 하는 것을 정하기 훨씬 전, 1926년부터 이미 한글날은 있어 왔다. 일본에게 나라를 빼앗기고 어둠 속에서 살던 그 시절, 한글은 우리 겨레얼의 구체적 상징이었다. 우리 겨레는 '한글날'을 선포하였다. 그리고 이날이 되면 다시 한번 우리말을 생각하고, 우리의 마음가짐을 되돌아보았다. 한글을 매만지면서 무너져 내리려는 겨레얼을 추스르고 간직했었다. 그렇게 함으로써 겨레얼을 잃지 않았기에, 삼일 정신도 이어지고, 광복절·제헌절도 있게 된 것이다.

이것이 한글날이다. 왜, 이날이 국경일이 되지 않았는가! 왜정 시대의 한글날을 그대로 이어받지 않은 것은, 우리 지도자들의 큰 실수였다.

'공휴일'

공휴일이란 무엇인가? 1970년 6월 15일 '대통령령 제5037호'로 제정되고 지난해(1990년) 11월 '대통령령 제13155호'로 개정된 「관공서의 공휴일에 관한 규정」의 내용을 정확히 알 필요가 있다. 여기에 그것을 그대로 올려 본다.

관공서의 공휴일에 관한 규정 (1990.11)

제1조(목적) 이 영은 관공서의 공휴일에 관한 규정함을 목적으로 한다.

제2조(공휴일) 관공서의 공휴일은 다음과 같다. 다만, 재외공관의 공휴일은 우리 나라의 국경일과 주재국의 공휴일로 한다.

1. 일요일
2. 국경일
3. 1월 1일, 2일
4. 설날 전날, 설날, 설날 다음날(음력 12월 말일, 1월 1일, 2일)
5. 4월 5일(식목일)
6. 석가 탄신일(음력 4월 8일)
7. 5월 5일(어린이날)
8. 6월 6일(현충일)
9. 추석, 추석 전날, 추석 다음날(음력 8월 14일, 15일, 16일)
10. 12월 25일(기독 탄신일)
11. 기타 정부에서 수시 정하는 날

　　부칙

이 영은 1991년 1월 1일부터 시행한다.

이것이 대한민국 '공휴일'에 관한 법적인 근거인데, 제2조에 '한글날'이

들어 있지 않은 것을 확인할 수가 있다.

위의 규정에서 보듯이, 공휴일은 국경일이나 기념일과는 그 지위나 개념이 전혀 다르다. '공휴일公休日'을 국어사전에서 찾아보면, '공적으로 각계에서 다 함께 쉬는 날'이라고 풀이되어 있다. 잘라 말하면, 공휴일이란 '공적公的으로 쉬는' 날이다. 때문에 제2조에 첫 번째로 일요일이 들어 있다. 이렇게 보면, 한글날이 공휴일에서 빠졌다는 것이 그렇게 문제되지 않을 수도 있다.

그러나 현실적으로는 국민들에게 공휴일이 국경일 다음 자리를 차지하는 듯이 인식되어 있다. 삼일절·제헌절·광복절·개천절은 '국경일'이기 때문에 공휴일로 삼은 것이며, 식목일·어린이날·현충일 등은 '기념일'이기 때문에 공휴일로 삼은 것이다. 그러한 근거 없이 쉬는 공휴일은 일요일, 1월 1일과 2일, 설날 전후의 나흘, 석가 탄신, 추석 전후의 나흘, 기독 탄신[2]이다. 그렇기 때문에 오늘날 우리 국민들의 의식으로는, 식목일·어린이날·현충일과 같이 '공휴일'에 드는 기념일이 그렇지 않은 기념일보다 지위가 더 높거나 더 의미 있는 날로 되어 있는 것이 엄연한 현실이다.

이렇게 볼 때에 한글날이 '공휴일'인 기념일에서 '쉬지 않는' 기념일로 바뀌었다는 것은, 그만큼 한글날의 법적 지위가 낮아졌음을 의미하는 것은 숨길 수 없는 사실이다. 한글날이 식목일만도 못하고 현충일만도 못하며, 석가 탄신(부처님오신날)이나 기독 탄신(크리스마스)만도 못하다는 것을 정부가 공인한 셈이 되었다.

나라 안을 보든 나라 밖을 보든, 지금, 우리의 말과 글에 대한 중요성이 더욱 높아가고 있는 때이다. '수입 개방'이라는 이름 아래 외국의 문물이

---

2 '석가 탄신일'과 '기독 탄신일', 그리고 '충무공 탄신일' 들의 '탄신일'은 올바르지 않다. '탄신'이면 충분하며, 다른 말로는 '탄생일'이나 '탄일'이 있다.

물밀 듯이 밀어닥치는 것은 그만두고라도, 민족 통일 문제의 논의는 발등에 떨어진 불이다. 이런 때에 우리 겨레를 하나 되게 하는 구체적인 매개체는 무엇인가? 바로 우리의 말과 글이 아니겠는가. 그러나 오늘의 현실은 그 반대이다. 우리 말글에 대한 관심과 사랑이 부족하여 여기저기에서 걱정스러운 현상이 많이 일어나고 있다.

이런 판인데, 정부가 나보란 듯이 저런 짓을 저지르고 말았다. 그렇게 해놓고는 '초등학교에서부터 영어 교육을 실시하겠다'느니, '중·고등학교의 국어과와 한문과를 한 교과목으로 합치겠다'느니 하는 등의 짓거리를 벌이고 있다. 우리들이 염려했던 일들이 정부 안에서 연달아 추진되고 있는 것이다.

나라 안 곳곳에서, 정부의 어리석음을 덩달아 붙좇는 일이 벌어지지 않을까 매우 걱정된다.

한글날이 법정 공휴일에서 빠진 경위

우리가 알기로는, 한글날이 이렇게 되어 버린 것은 돈을 만지는 사람들에게서 비롯되었다. 경제 단체의 대표들이, 쉬는 날이 너무 많아 경제 활동에 지장이 많으니 쉬는 날을 줄여 달라는 내용의 건의를 정부에다 하였고, 정부에서는 이 건의를 받아들여 공휴일 규정의 개정 작업에 착수했던 것이다. 지난해 4월쯤에 이러한 사실이 언론 매체를 통하여 세상에 알려졌다.

보도 내용을 확인하는 과정에서 한글날이 법정 공휴일에서 제외될 것이라는 사실을 알게 된, 한글학회를 비롯한 여러 단체에서는 갖가지 반대 운동을 펼쳤다. 건의서·성명서도 연이어 내고, 공개 토론회도 열었다. 여러 신문에서도 반대 운동과 여론을 잇달아 기사화하였고, 여러 학자와 일반 시민도 각종 지면을 통하여 반대 의사를 밝혔다. 행동으로 반대 의사를 표시한 국민들도 있었다.

그럼에도 불구하고, 일은 정부의 처음 뜻대로 진행되어 갔고, 드디어 국무회의에서 「관공서의 공휴일에 관한 규정(1989.02) 개정령」이 의결되었다. 들리는 말로는, 우리 장관들은 한결같이 경제만을 생각했던지, 그 개정령이 국무회의에 상정되었을 때에 반대 발언을 한 이는 문화부 장관과 노동부 장관, 둘뿐이었다고 한다.

의결된 개정령이 대통령의 재가 과정에서 일단 제동이 걸렸다. 재심하라면서 국무회의로 되돌려 보냈다는 소식이 나온 것이다. 그동안에도 정부에서 흘러나온 되잖은 변명을 접하곤 했지만, 그래도 대통령이 한 지시라 그것만은 믿었었다. "정신문화적인 면에도 힘써 보겠다고 '문화부'까지 신설한 사람들인데, 그러면 그렇지, 한글날을 그렇게 할 수야 없을 테지!" 하면서, 여러 국민들의 의견이 받아들여진 것으로 이해했었다.

그런데 어떻게 된 셈인지 슬그머니 그 개정령의 시행은 기정사실이 되어 버렸다. 정부의 수준 높은(?) 수법에 우롱당했다는 기분을 지울 수가 없다. '경제'라는 이름 앞에서는 아무것도 맥을 추지 못했던 것이다.

하지만, 정부에서야 어떻게 하든, 옳은 것을 지키려는 국민들의 의지는 변함이 없다. 뜻을 같이하는 약 35,000명의 이름으로 '한글날을 국경일로 지정해 달라'는 내용의 청원서를 1991년 9월 11일 또 다시 대통령에게 제출하였다.

국경일에 대한 검토와 비판

말이 나온 김에 '국경일'에 대하여도 냉정히 생각해 보자. 앞에서도 말한 바 있는데, '국경일'이란 '나라의 경사'를 기념하기 위하여 정한 날이다. 그러면, 지금의 법정 국경일이 명칭과 실질이 들어맞게 정해져 있는가?

삼일절, 분명히 '기념'해야 할 날이다. 그러나 '경사'스러운 날인가 하는 대목에 이르면 좀 고개가 갸우뚱해진다. 1919년 3월 1일, 우리 겨레의 꿋꿋한 독립·자주 정신을 온 누리에 떨친 것은 더없이 고귀한 것이지만, 그때에 많은 목숨이 희생되었음도 생각하지 않을 수 없기 때문이다. 그러므로 이 날과 '경사'라는 말과는 좀 거리가 있다고 보는 것이다.

제헌절, 이는 대한민국 헌법이 처음 만들어진 것을 기념하는 날이다. 북한에는 이런 날이 정해져 있는지 모르지만, 조국이 통일되고 통일된 나라의 헌법이 새로 제정되면, 이 날은 다시 세인의 입에 오르내리게 될 처지가 될 것이 뻔하다.

광복절, 우리 나라가 일제의 지배를 벗어나 독립된 것을 기념하는 날이다. '경사'스러운 것은 틀림이 없으나, 이 일이 있기까지 일본으로부터 당한 민족적인 수모를 생각하면 마냥 기쁘기만 한 날은 아니다. 더구나 우리 스스로의 힘으로 쟁취한 독립이 아니기 때문에 그러한 마음이 더욱 절실하다. 또 한편, 이 날로부터 민족 분단이라는 슬픔의 씨앗이 뿌려졌다고 보는 쪽에서는 더욱 그러하리라.

개천절, 우리 겨레가 이 땅에 처음으로 나라를 세운 것을 기념하는 날이다. 단군을 인정하지 않는 이도 있지만, 단군을 인정하느냐 마느냐의 문제를 떠나서, 이것은 우리 겨레의 역사에서 기념할 만한 의미는 있다고 본다. 그리고 그것은 '경사'스러운 날이라고 해서 무리도 없을 것 같다. 그런데, 단군을 신앙의 대상으로 삼는 종교 단체나 그 주변의 단체들에서는 '양력' 10월 3일이 아닌 '음력' 10월 3일, 올해 같으면 양력으로 11월 8일에 기념행사를 따로 가진다고 하니, 여기에도 어떤 문제가 있는 것은 분명하다.

이렇게 볼 때에, 우리 나라의 「국경일에 관한 법률」은 다시 한번 객관적이고도 정밀히 검토해야 할 필요가 있음이 드러난다. 그것은 마침내는 「각종 기념일 등에 관한 규정」이나 「관공서의 공휴일에 관한 규정」에까지 연관이 되어야 할 것이다.

우리가 생각하기에는, 한글날이야말로 겉(이름)과 속(내용)이 들어맞는, 그래서 온 겨레가 함께 기려야 할 '국경일'이다. 아니, 이미 오래 전부터 온 겨레는 그렇게 생각해 왔고, 한글날을 지켜 왔다.

마무리

쉬는 날이 아무리 많아도 쉴 만한 의미가 있는 날은 쉬어야 할 것이며, 설령 쉬는 날이 줄어들더라도 온 국민이 쉴 만한 의미가 없는 날은 쉬지 않아야 한다. 아무 뜻 없이, 산술적으로, 정치적으로만 생각해서는 안 된다. 정신은 저 멀리 밀쳐 두고 물질만을 앞세워 생각해서는 안 된다.

한글날은 우리 국민에게 그 어떤 날보다도 경사스럽고 자랑스러운 날이다. 왜냐하면, 우리 겨레는 한글을 가짐으로써 비로소 자기의 생각을 막힘 없이 나타내고 남의 생각을 널리 받아들여, 마침내 온전한 한동아리가 될 수 있는 바탕을 마련하였기 때문이다. 뿐만 아니라, 한글은 우리 겨레의 독창성과 자주성의 결정체이기 때문이다. 한글은 우리의 겨레정신, 바로 그것이기 때문이다.

그러므로, 한글날이 '공휴일 기념일'로 환원되는 데서 그치지 않고, '법률이 정하는 국경일'로 그 지위를 높여야 한다. 그리하여 온 겨레가 이 날의 참뜻을 깊이 되새기고 길이 전하도록 해야 한다. 참다운 우리 문화를 만들어내고 이어 가는 기풍을 불러일으키도록 해야 한다.

아울러 지금 우리의 '국경일'과 '기념일'과 '공휴일'에 관한 법령이 합리적으로 되어 있는지 다시 한번 따져 볼 필요도 있다.

☞『월간 예감』 1991.10 : 62~65. 부분적으로 표현을 고쳤음.

〈자료 15〉 1991년

한글날은 국경일로 격상돼야

리의도

올해(1991년)는 한글날에 쉬지 못했다. 휴일이 너무 많아 생산 활동에 지장이 많으니 공휴일을 줄여 달라는 경제단체 대표들의 의견을 정부에서 받아들여 지난해에 「관공서의 공휴일에 관한 규정」을 개정하였기 때문이다. 그러나 우리는 이 같은 처사가 매우 부당하다고 생각한다.

우리 나라에서 법적 지위가 가장 높은 날은 '국경일'인데 삼일절, 제헌절, 광복절, 개천절이 여기에 해당한다. 그 다음이 '기념일'이다. 기념일은 식목일, 재향군인의 날, 6·25사변일, 저축의 날, 국제연합일 등을 비롯하여 32개에 이른다. 한글날도 이 가운데 하나다. 법정 국경일이 아니다.

그러나 우리 국회와 정부에서 국경일이니 기념일이니 하는 것을 정하기 훨씬 전, 일제 치하에 있던 1926년부터 한글날은 있어 왔다. 나라를 빼앗기고 어둠 속에서 살던 그 시절, 우리의 스승과 선배들은 겨레의 정신적 구심점을 마련하려는 목적에서 한글날을 온 겨레 앞에 선포하였던 것이다. 그로써 한글은 겨레정신의 구체적 표상이 되어 왔다. 이 날을 계기로 하여 우리말을 생각하고 한글을 보면서 무너져 내리려는 겨레정신을 추스르고 간직해 왔다. 그렇게 했기에 오늘의 우리가 있게 된 것이다. 이처럼 법적인 문제와는 상관없이 한글날은 이미 우리의 가슴 속에 국경일 이상의 자리를 차지하고 있다.

'공휴일'은 국경일이나 기념일과는 그 갈래가 전혀 다르다. '공적으로 다 함께 쉬는 날'인데 앞에서 말한 규정이 그 근거다. 일요일, 국경일, 설날과 추석, 석가 탄신과 예수 탄신 등등이 공휴일로 규정되어 있다.

한글날도 여기에 들어 있었는데 지난해의 개정으로 말미암아 제외되어 버린 것이다. 얼핏 생각하면 이것이 별 문제가 아닐 수도 있다. 그러나 국민들의 일반적인 의식으로는 공휴일이 국경일 다음 지위를 차지하는 듯이 되어 있다. 이런 실정에서 한글날이 '쉬는 기념일'에서 '보통의 기념일'로 돌려졌다는 것은, 그만큼 그 지위가 낮아졌음을 의미하는 것은 숨길 수 없는 사실이다. 한글날이 식목일만도 못하고, 석가 탄신이나 예수 탄신만도 못하다는 것을 정부가 공인해 버린 것이다.

지금 나라 안팎의 사정은 1926년 당시와 크게 다른 바가 없다. 시장 개방이라는 이름 아래 외국의 문물이 물밀 듯이 밀어닥치고 민족 통일 문제도 발등에 떨어진 불이다. 이런 때에 우리 겨레를 지켜 나가고 하나가 되게 하는 구체적인 매개체는 무엇이겠는가. 바로 우리의 말과 글이다. 이런 판국에 정부의 처사는 자기의 쓸개를 빼 버린 것과 다를 바가 없다. 나라 안 곳곳에서 정부의 어리석음을 뒤좇는 일이 벌어지지 않을까 해서 매우 걱정이 된다.

쉬는 날이 아무리 많아도 쉴 만한 의미가 있는 날은 쉬어야 하며, 설령 쉬는 날을 줄이더라도 쉴 만한 의미가 없는 날은 쉬지 말아야 한다. 아무 뜻 없이 그저 산술적으로 정치적으로 행정편의주의로만 생각해서는 안 된다. 더구나 '정신'은 저 멀리 밀쳐 두고 '물질'만을 앞세워 생각해서는 안 된다.

한글은 우리 겨레문화의 알갱이다. 우리의 겨레정신, 바로 그것이다. 따라서 한글을 기리는 한글날은 법적으로도 거기에 알맞은 예우를 해야 한다. 이번 일을 반성의 기회로 삼아, 한글날의 법적 지위를 국경일로 높여야 한다. 그것이 우리 스스로의 자긍심을 높이는 길이다.

☞『세계일보』 1991.10.10 : 9.

〈자료 16〉 2006년

560돌 한글날 경축식 경축사

　존경하는 국민 여러분, 그리고 내외 귀빈 여러분,

　앞서 우리 어린이합창단의 노래를 들으면서 우리말이 참 아름답다는 것을 다시 한번 느꼈습니다. 어린이 여러분, 수고 많았습니다.

　오늘은 세종대왕께서 한글을 만들어 널리 펴신 지 오백예순 돌이 되는 날입니다. 아울러 우리의 선각자들이 일제 치하에서 한글날을 처음 기념한 지 여든 돌이 되는 날입니다. 이 뜻깊은 날을 맞아 우리 말과 글을 가꾸고 지키기 위해 신명을 바치신 선현들의 높은 뜻을 기리며, 한글의 소중함을 다시 한번 되새깁니다.

　이번 한글날이 더욱 뜻깊은 것은 많은 분들의 노력에 힘입어 올해부터 국경일로 기념하게 되었기 때문입니다. 한글학회와 세종대왕기념사업회를 비롯해 한글 사랑을 실천해 오신 모든 분들께 깊은 감사와 축하의 박수를 보냅니다.

　내외 귀빈 여러분,

　한글은 우리 민족 최고의 문화유산이자 인류의 위대한 지적知的 성취입니다. 유네스코는 『훈민정음』 해례본을 세계 기록문화유산으로 지정했고, 세계 언어학계도 한글을 가장 뛰어난 표현력과 실용성을 가진 문자로 인정하고 있습니다. 무엇보다 세계에서 가장 낮은 수준의 문맹률은 한글의 우수성을 단적으로 보여 주고 있습니다. 배우기 쉽고 쓰기 편한 우리 글과 높은 교육열을 바탕으로 우리 나라는 기적과 같은 경제 성장과 민주주의 발전을 함께 이룰 수 있었습니다.

　이처럼 훌륭한 한글의 탄생에는 세종대왕의 위대한 정치 철학이 담겨 있습니다. 세계 어느 역사를 봐도, 문자가 있었는데도 백성을 위해 새롭게 문자를 만들었던 일은 없었습니다. 글을 모르는 국민의 불편을 살피려 하지 않았고, 또한 그것이 국민간의 소통을 막아 지배층의 특권을 유지하는 방편이 되었을지도 모르겠습니다.

이런 관점에서 보면 한글 창제 당시에 반대와 비판이 쏟아진 것은 당연한 일이었는지도 모릅니다. 중국을 섬기는 데 어긋나고, 백성을 누르고 다스리는 데 별로 이롭지 않은 일에 왜 그렇게 힘을 쏟느냐는 비난이 끊이질 않았다고 합니다.

그러나 세종대왕께서는 백성을 사랑하고, 백성과 함께하겠다는 일념으로 한글을 창제하고 반포하셨습니다. 이렇듯 한글은 계급적 세계관을 뛰어넘어 백성을 하나로 아우르고자 했던 민본주의적 개혁 정치의 결정판이라 할 수 있습니다.

한글은 또한 자주적 실용주의와 창조 정신의 백미白眉입니다. 만약 세종대왕께서 한자만 고집하던 지배층에 굴복하거나 중인들이 쓰던 이두에 만족했다면, 한글은 결코 만들어질 수 없었을 것입니다. 우리말에 딱 맞는 과학적인 문자 체계를 만들겠다는 부단한 노력이 세계에서 으뜸가는 문자를 창조해 낸 것입니다.

이 밖에 우리에게 맞는 농업 기술과 의학을 집대성하고, 과학 기술과 민족 문화를 꽃피울 수 있었던 것도 이러한 자주적이고 창조적인 노력의 결과라고 할 수 있을 것입니다.

세종대왕의 정치 철학은 오늘날에도 시사하는 바가 매우 크다고 하겠습니다. 한글 창제에 담긴 민본주의와 창조성, 그리고 자주 정신을 계승하고 발전시키는 일이야말로 우리가 지향하는 혁신과 통합을 이루는 길이 될 것이라고 생각합니다.

이러한 정신이 큰 흐름을 이룰 때 우리는 미래에 대한 목표와 전략에 힘을 모으고 더욱 자랑스러운 대한민국 역사를 만들어 갈 수 있을 것입니다.

국민 여러분,

우리말, 우리글은 문화 발전의 뿌리입니다. 좋은 말과 글이 좋은 생각을 만들고, 좋은 생각이 창조적인 문화를 만듭니다. 한글날이 국경일이 된 것을 계기로 우리 말과 글을 더욱 아끼고 발전시켜 나갑시다. 그래서 문화 민족으로서의 자긍심을 높여 나갑시다.

정부도 한글의 정보화·세계화를 적극 추진하는 등, 국어의 보전과 발전에 더 많은 관심과 지원을 아끼지 않을 것입니다.

우리의 자랑스러운 문화국경일 한글날을 다시 한번 경축하며, 여러분 모두의 건강과 행복을 기원합니다. 감사합니다.

2006년 10월 9일

대통령 노무현

☞『한글 새소식』 2006.11 : 6~7.

〈자료 17〉 2008년

한글날 경축사는 오류투성이

"한글은 언어 아닌 문자" — 리의도 교수의 탄식

"한심스럽기도 하고, 통탄스럽기도 하고, ……. 식장에 앉아 있
기가 부끄러울 정도였다."

한글학회 리의도(춘천교대 국어교육과 교수) 이사는, 먼저 국무총리의
경축사 중에 '한글주간이 선포되었다'라고 한 표현은 '선포하였다'라고
능동형으로 고치는 게 옳다고 지적했다.

하지만 겉으로 드러난 오류보다 심각한 문제는 내용. 한글에 대한 기본
적 개념상의 오류가 문제였다. 리 교수는 '한마디로 국무총리의 경축사는
말과 글을 구분하지 못했다'고 비판했다. 한국어라는 '언어'와 한글이라는
'문자'를 구별해야 하는데도 이를 혼동하거나 혼란스럽게 썼다는 것이다.

경축사에서는 "한글은 우리 민족 최고의 문화유산인 동시에 인류의
위대한 발명이며 세계 역사상 보기 드문 지적 성취입니다. 지금 세계에서
쓰이고 있는 6000여 개의 언어 가운데 만든 사람과 만든 날짜 그리고
만든 이유가 분명하게 밝혀진 유일한 문자가 바로 한글이기 때문입니다."
라며 한글의 우수성을 말하였다. 이 부분을 리 교수는 엄청난 오류라고
지적하였다. 6000여 개의 '언어'와 우리 문자 '한글'을 비교했는데, 언어
와 문자는 차원이 다른 것으로, 애초부터 비교 대상이 될 수 없다는 것이
다. 그리고 만든 사람, 날짜, 이유가 분명하기 때문에 한글이 민족 최고의
문화유산, 인류의 위대한 발명, 세계적 지적 성취라고 평가하는 것은 정말
우스꽝스러운 논리라고 혹평하였다.

또한 "지난해에는 한글이 유엔 세계지식재산권기구(WIPO)의 국제 공개어로 지정되었습니다."[1]라는 내용에 대해서도 같은 비판을 했다. '한글'에 대한 이해와 지식의 한계를 드러내고 있다는 게 그의 평가다.

국무총리는 '유네스코에서 『훈민정음』 해례본을 세계 기록문화유산으로 지정하고,[2] 문맹 퇴치 공로자에게 주는 상의 이름이 세종대왕상[3]인 점을 들며 한글의 우수성을 세계가 인정했다'고 하였다. 그런데 리 교수는, 그 두 가지는 사실이지만, '세종대왕상'이란 이름은 한글이 우수해서 붙인 것이 아니라, 세종대왕이 문맹 퇴치에 노력한 업적을 높이 평가하여 붙인 것이라고 지적하였다. 그리고, 『훈민정음』 해례본을 세계 기록문화유산으로 지정한 것은 해례본(책)의 중요성과 가치를 인정한 것이지, 한글(문자)을 세계 유산으로 지정한 것이 아닐뿐더러, 한글의 우수성과는 무관한 것이라며, 경축사에 드러난 '무지'를 따졌다.

리 교수는, 경축사에서 '한글이 무려 1만 2천여 개의 소리값을 표기할 수 있다.'[4]고 한 부분도 그냥 지나치지 않았다. 흔히들 한글의 1만 1,172

---

1 2007년 기념사에 "최근에는 한국어가 유엔의 세계지식재산권기구(WIPO)에서 국제 공개어로 지정되기도 했습니다."라는 구절이 있었다. 그해 9월 27일 제네바 본부에서 열린, 그 기구의 제43차 총회에서 한국어를 국제특허협력조약(PCT)의 국제 공개어로 채택했는데, 그 사실을 재빨리 언급한 것이다. 그랬었는데 여기 2008년 기념사에서 '한국어'를 '한글'로 교체해 버렸으니, 국무총리가 얼토당토않은 거짓말을 한 셈이 되었다. (이미 8개 언어를 채택하고 있었는데, 한국어를 추가한 것이다. 물론 이 '국제 공개어'는 유엔 공용어와는 다르다.)
2 이보다 앞서 2002년 기념사에서는 "유네스코가 지구상의 많은 문자들 가운데 훈민정음만을 유일하게 세계 기록유산으로 선정한" 것이라 하였다. 문자 '훈민정음'(한글)을 세계 유산으로 선정했다고 했으니, 의도한 것은 아니겠으나, 이 또한 사실을 왜곡한 망언인데, 2003년에도, 그 후로도 반복되었다.
3 '세종대왕상'에 관한 언급은 2003년 기념사에도 있었다.
4 2005년의 기념사에서는 "12,768자의 소리값으로 세계 최대의 소리값을 가졌다는

개 소리값의 표기를 자랑하는데, 이는 '최소한'을 의미하는 것이지 사실상
조합 가능성은 무한에 가깝다며 경축사는 이러한 한글의 가능성을 오히
려 축소하고 있다고 지적했다.

그는 "국무총리 한 사람이 경축사를 썼다면 그 한 사람의 무식으로
치부하면 될 일이지만, 이것은 정부 차원에서 수차례 검증을 거친 것 아니
겠느냐. 그럼에도 이런 점들을 걸러내지 못한 것은 집단적 무식으로밖에
볼 수 없으며, 국가적 위신의 문제이다."라며 분석을 마쳤다. 〈백웅기 기자〉

📁『헤럴드경제』 2008.10.10 : 9. 기사의 본뜻을 해치지 않는 범위에서, 읽는이의 이해를 돕기
위하여 표현을 조금씩 더하거나 줄이거나 다듬었으며, 각주를 덧붙였다.

평가를 받고 있으며"라고 하였다. 표현의 명료성과 적합성을 확보하지 못한 표현이다.

〈자료 18〉 1954년

훈민정음 창제의 력사적 의의

— 훈민정음 창제 510주년에 제際하여 —

김병제

오늘 조선 인민은 자기의 보배로운 문화유산 가운데 가장 고귀한 것으로 되는 정음 창제 510주년을 맞이한다.

조선 인민은 오랜 력사적 생활에서 자기의 훌륭한 모국어를 가지고 있으면서도 자기의 고유한 문자가 없어 거의 천년 동안이나 문자를 필요로 하는 모든 경우에 리두 문자를 사용하여 왔었다.

이 리두 문자는 훈민정음의 창제되기 전까지는 조선어를 표기하는 수단으로 리용되어 왔으나 그것은 봉건 통치 계급의 상부층에 복무하였을 뿐, 전 인민적 소용으로는 되지 못하였다. 이 리두는 한문 글자를 빌어 쓰는 데 있어 어떤 글자는 음을 취하고 어떤 글자는 뜻을 취하는 등 실로 조선어의 표기에는 아주 부적당한 표현 수단이었다.

이와 같이 글과 글이 서로 맞지 아니하는 기형적인 문자 생활이 오래 동안 계속되는 과정에서 자기의 모국어를 자유스럽게 표기할 수 있는 고유한 문자가 절실하게 강력하게 요구되었던 것이다. 그 결과로 드디어 1443년에 훈민정음의 창제를 보게 되었다.

15세기 중엽 세종 시기에는 이 훈민정음을 창제하였을 뿐 아니라 이미 실행 시기에 사용되어 오던 활자를 개량하여 대량적으로 서적을 간행하는 사업이 진행되었으며 아악을 완성하여 독자적인 악보를 만들게 되었고 또 고려사를 비롯하여 치평요람, 팔도 지리지, 오례의 등과 이 밖에도 허다한 서적들이 편찬 발간되는 등 고귀하고도 찬란한 력사적 전통과 문화적 유산들을 남기었다.

이러한 문화적 사업은 봉건 통치 기구를 강화하는 정책들과 련결되어 있으며 따라서 이들 문화는 기본적으로 봉건 통치 계급의 리익을 위하여 복무하였던 것이다. 실로 이 시기의 문화는 봉건 조선 력사의 전 기간을 통하여 가장 활발히 전개되었으며 앙양되었던 것이다.

이 시기의 우수한 문화유산 가운데 특히 훈민정음의 창제는 그것이 조선어의 발달에만 기여한 것이 아니라 조선의 민족 문화의 발전에 또한 커다란 영향을 주었으며 또 주고 있다는 점에서 더욱 의의가 크다.

조선 인민의 오랜 력사적 발전 과정에서 산생한 이 훈민정음은 리씨 조선 네째 임금 세종과 성삼문, 신숙주, 정린지 등 그 당시의 우수한 학자들의 참가에 의하여 제작된 것으로서 그 조직이 가장 우수하고도 과학적으로 되어 있다.

이 훈민정음의 제작은 물론 일조일석에 이루어진 것은 아니다. 다른 나라의 여러 가지 문자들과의 비교 연구와 또 하나하나의 글자의 형상과 그 음운 관계의 연구 등 다방면에 걸치어 고귀한 노력과 인내성 있는 고심이 없을 수 없었다.

이와 같이 하여 완성된 훈민정음은 1446년 10월에 훈민정음이라는 이름을 가진 하나의 책으로 세상에 발표되었으므로 이 날을 기념하기도 하나 그보다도 훈민정음을 창제한 그날을 기념하는 것이 더욱 의의가 깊은 것이다.

세종은 이 책의 서문에 쓰기를 "나라말이 중국과 달라서 문자로 더불어 서로 통하지 아니하므로 어리석은 백성이 말하고자 하는 바가 있어도 마침내 그 뜻을 펴지 못하는 자가 많기 때문에 내가 이를 딱하게 여기어 새로 스물 여덟 글자를 만드니 사람마다 쉽게 익히어 날로 쓰기에 편하게 할 따름이니라"라고 하였다.

이 서문에서도 볼 수 있는 바와 같이 이 훈민정음은 한문 글자와는 달라서 그 글자 수가 적어 짧은 시일에 쉽게 배우 수 있으며 일상생활에 곧 편리하게 리용할 수 있을 뿐 아니라 그것은 또 조선어의 문법 구조와 어음 조직에 가장 적합하도록 제작된 문자인 것이다.

이 훈민정음이 창제된 지 3년이 지난 뒤에야 비로소 책으로서 발표되었다. 그것은 이 3년 동안에 훈민정음을 더욱 련마하기 위하여서와 그것이 가지는 문자적 성능을 시험하기 위한 것이었다.

그 첫 사업으로서 1444년에 먼저 훈민정음으로서 중국 운회를 번역하게 하였던 것이다. 그러나 그후 며칠이 되지 않아 집현전의 부제학으로 있던 최만리를 비롯한 보수주의적인 몇몇 학자들은 이 사업을 반대하는 상소문을 세종에게 제출하였다.

자기의 고유한 문자인 훈민정음의 우수성을 인식하지 못하며 또 훈민정음의 문자적 사명을 의식적으로 거부하려는 봉건 관료들 가운데 특히 최만리와 같은 사대주의적 보수주의적 관념에 사로잡힌 관료배들은 어려운 한문으로써 자기들의 지식을 독점하기 위하여 또 다른 한편으로는 광범한 인민 대중이 문자를 해득하게 되는 것을 무엇보다도 두려워하였던 것이다.

훈민정음을 반대하는 자들이 있었으나 세종은 이 반대를 물리치고 이미 작정된 방침대로 추진시키기 위하여 투쟁하였으며 나아가서는 이것을 널리 보급 침투시키기 위하여서도 많은 관심을 가지었던 것이다.

그리하여 훈민정음은 공적인 문서에도 사용하게 하였으며 개인들 사이의 서찰에도 이를 사용하게 하였으며 또 봉건 왕조의 존엄성과 왕업을 찬양하는 사상을 인민들에게 침투시키기 위한 수단으로 훈민정음으로써 룡비어천가를 짓게 하였으며 1446년에는 석보상절, 1447년에는 월인천강지곡 등 불교에 관한 서적들을 발간하게 하였다. 뿐만 아니라 이 훈민정음을 그 당시 관리를 채용하는 시험에도 필수 과목으로 넣었으며, 또 세종 년대에 통용되던 돈에도 조선 글자를 새겨 넣는 등 일련의 대책들을 강구 하였던 것이다.

훈민정음 원본에는 해례본과 언해본과의 두 가지 종류가 있는데 훈민 정음의 원리를 해설하여 놓은 점으로 보아서는 꼭 같다. 그러나 그 책의 편찬된 체계를 비교하면 해례본은 훈민정음을 순 한문으로 해설한 것이 특징이고 언해본은 조선글로 그 뜻을 해설한 것이 특징으로 된다. 훈민정 음 해례본의 내용은 네 부분으로 나눌 수 있다. 즉 첫째로는 훈민정음을 창제하게 된 동기와 목적을 말한 세종의 서문이 있고 둘째로는 새 글자 28자의 발음에 대한 설명이 있고 세째로는 28자를 운용하는 방법에 대한 정린지 등의 해설이 있고 네째로는 정린지의 발문跋文이 실리어 있다.

그리고 언해본은 전편을 통하여 먼저 한문에 조선 글자로 토를 단 국한 문체로써 설명하고 다시 그것을 일일이 순 조선글로 해설하여 놓았으며 해례본과 같이 28자에 대한 발음 현상을 말하고 또 그 글자들의 운용법과 사성을 표시하는 법을 말하고 조선말과 중국말의 소리를 비교하여 보이 었다.

훈민정음은 그가 창제된 그 시기에 있어서는 전체 인민들에게 깊이 뿌리를 박지 못하고 또 널리 사용되지 못하고 오히려 봉건 량반들의 상부 층에 의하여 리용되었었다. 그러나 이러한 사실은 문자 발생의 초기에 있어 불가피적 현상으로밖에 볼 수 없는 것으로서 그후 훈민정음은 차차 조선의 고유 문자로서의 위치를 공고히 하며 대중적 친근성을 가지게 되 어 영웅적 조선 인민의 민족 문화 발전에 거대한 의의를 가지게 되었다.

인류 사회에서 언어가 없었더라면 인간들이 자연과의 투쟁에서와 인간 이 자기 생활에 긴요한 물질적 생산을 위한 투쟁에서 인간 호상간의 동작 을 조절하며 사회의 생산적 활동에서 성과물을 달성할 수 없었으리라는 것과 같이 만일 우리 나라의 고유한 문자인 훈민정음이 없었더라면 어떠한 종류의 문화 창작도, 과학 지식의 발전도 오늘의 수준에 도달할 수 없었을 것이다. 그러나 우리들 가운데는 아직까지 자기의 모국어와 자기의 고유한 문자 등 문화적 유산에 대한 정당한 인식을 가지지 못한 사람이 없지 않다.

우리의 경애하는 수령 김일성 원수께서 『애국심은 자기 조국의 과거를 잘 알며 자기 민족이 갖고 있는 우수한 전통과 문화와 풍습을 아는 데 있으며 자기 조국의 강토와 력사와 문화를 사랑함에 있다』고 가르치신 바와 같이 우리가 가지고 있는 조선어와 조선 문자에 대한 우수성에 대한 무한한 애착심은 곧 자기 조국을 사랑하는 애국심과 직접적으로 련결되어 있다는 것을 알아야 하겠다.

또 과거에 우리들의 선조들이 남겨 놓은 이러한 고귀한 유산을 옳게 계승 발전시키는 문제에 대하여 『우리에게는 아직까지도 우리의 선조들이 써 놓은 력사나, 지리나, 기타 군사, 정치, 경제, 문화 분야의 고귀한 문화유산들을 맑쓰-레닌주의적 견지로 연구 분석하고 그를 섭취하여 발전시키려 하는 것이 아니라 그 고귀한 유산들을 집어 치우는 아주 용서 못할 엄중한 결함을 가지고 있다. 지어 심한 경우에 있어서는 옛말이나 노래도 남의 것은 다 좋고 자기 것은 다 못쓰겠다고 하는 현상들까지도 있다. 우리는 자기의 고귀한 과학 문화의 유산에 대한 이러한 참을 수 없는 현상들과 앞으로 견결히 투쟁하여야 하겠다』고 하신 경애하는 수령 김일성 원수의 이 교시를 우리는 훈민정음 창제 510주년 기념일에 다달아 다시금 깊이 명심하여야 할 것이다.

『로동신문』(평양) 1954.01.15 : 2.

〈자료 19〉 1954년

조선 인민의 문자

― 훈민정음 창제 510주년을 맞이하여 ―

리극로

오늘은 조선 인민의 위대한 창조적 활동의 결과이며 고귀한 문화유산의 하나인 조선 고유의 문자 ―훈민정음이 창제된지 510주년 되는 날이다.

주지하는바 조선 인민의 고유 문자 ―훈민정음은 이제로부터 510년전 (1444년 1월 = 음력 1443년 12월)에 창제되었으며 그의 창제는 세종의 이름과 련결되어 있다.

조선 인민의 오랜 력사적 발전 과정에서 창조된 훈민정음은 리조의 세종과 성삼문, 신숙주, 정린지 등 그당시의 우수한 학자들의 참가에 의하여 제작되었는바, 그것은 물론 일조일석에 이루어진 것은 아니다. 이 문자가 창조되기까지에는 실로 다방면에 걸친 고귀한 로력과 인내성 있는 고심이 중첩되었다.

이와 같이 하여 완성된 훈민정음은 1446년 10월에 훈민정음이라는 이름을 가진 하나의 책으로 세상에 나오게 되었다. 세종은 이책의 서문에 쓰기를 나라말이 중국과 달라서 글자로 서로 통하지 아니함으로 어리석은 백성이 말하고자 하는 바 있어도 마침내 그 뜻을 펴지 못하는 자가 많기 때문에 내가 이를 딱하게 여기어 새로 스물여덟 글자를 〔빠졌음 : 지은이〕 반드시 사람마다 쉽게 익히어 날로 쓰기에 편하게 할 따름이니라 라고 하였다.

이 서문에서도 볼 수 있는 바와 같이 훈민정음은 한문 글자와는 달라서 짧은 시일에 쉽게 배울 수 있으며 일상생활에 늘 편리하게 리용할 수 있는 특징을 가지고 있다.

훈민정음은 조선어의 어음 조직과 문법 구조에 가장 잘 들어맞는 동시에 그의 과학성과 체계 정립성에 있어서 우수한 글자의 하나다.

김일성 원수가 『유구한 력사와 문화를 가진 우리 민족은 오랜 옛날부터 인류 문화의 공통적 보고에 기여할 만한 적지 않은 과학적 창조의 방법의 전통을 가지고 있습니다』라고 말씀하신 것은 무엇보다도 조선 인민의 고유 문자－훈민정음에도 해당되는 것이다.

훈민정음의 창제는 커다란 국가적 사건이었을 뿐만 아니라 또한 조선 인민의 문화적 발달에 있어서도 극히 중대한 의의를 가지는 것이며 훈민정음의 창제는 조선 문화의 비약적인 발달을 예상 약속하였던 것이다.

그러나 어디까지나 인민 대중을 증오하며 그로부터 리탈하고 인민 대중을 항상 봉건적 착취 제도 밑에 결박시켜 놓으려고 노력하던 몽매하고도 로고老固한 봉건 지배 계급은 인민적 성격을 가진 훈민정음의 발달을 억제하며 인민 대중을 훈민정음으로부터 멀리하게 함으로써 그들로 하여금 맹목적으로 봉건적 착취 제도를 감수케 해보려고 하였다.

훈민정음이 하나의 책으로 발표되던 초기에 벌써 집현전의 부제학으로 있던 최만리와 같은 사대주의적, 보수주의적 관념에 사로잡힌 관료배들은 어려운 한문으로써 자기들의 지식을 독점하기 위하여 또 다른 한편으로는 강인한 인민 대중이 문자를 해득하는 것을 무엇보다도 두려워한 나머지 훈민정음의 발전 보급을 위한 사업을 극력 반대하여 나섰던 것이다.

그러나 이럼에도 불구하고 훈민정음이 갑오경장 이후 비로소 국가 공용 문자로 통용되게 될 때까지 훈민정음은 인민 대중 속에서 보존되어 발전되어 왔다.

훈민정음은 그가 창제된 그 시기에 있어서는 전체 인민들에게 깊이 뿌리를 박지 못하고 또 널리 사용되지 못하고 오히려 봉건 량반들의 상부

층에 의여 리용되었었다. 그러나 그후 훈민정음은 차차 조선의 표음문자로서의 위치를 공고히 하여 대중적 친근성을 가지게 되었다.

갑오경장 이후 일제에 의한 조선의 강점 시기까지 리조 봉건 제도의 억압과 외래 제국주의의 침입을 반대하는 애국적 구국 투쟁과 결부된 어문일치 운동, 조선 어문의 통일, 조선어의 문자적 규범화를 위한 투쟁의 선두에는 조선 인민이 낳은 우수한 과학자 주시경 선생과 그 문하생들이 서 있었다.

일본 제국주의에 의한 조선의 강점은 조선 인민의 정치-경제적 생활만이 아니라 그의 문화-언어적 생활도 혹심하게 파괴하였다. 일본 제국주의자들은 조선 인민이 자기의 모국어로 글을 배우며 사회적 국가적 및 기타 기관에서 모국어로 말하는 것을 거의 다 금지하였다.

그러나 일본 제국주의자들이 자유와 독립에 대한 조선 인민의 희망을 억압하는 데 성공하지 못한 것처럼 조선 인민으로부터 그의 모국어를 빼앗아 버리지 못하였다. 실로 조선어는 일본 제국주의의 야만적인 탄압에도 불구하고 견디어 내었으며 살아 나왔다. 이것은 조선어와 조선 인민의 민족적 자주성이 견고함을 증시證示하여 준다.

위대한 쏘베트 군대에 의하여 장구한 일제 통치로부터 조선 인민이 해방된 것은 비단 조선 인민의 정치-경제 생활에서뿐만 아니라 또한 그의 문화-언어 생활에서도 새로운 전망과 급속한 전진의 길을 열어 놓았다.

경애하는 수령 김일성 원수와 조선로동당의 옳바른 지도 밑에 조선어와 조선 문자는 전폭적으로 발전될 가능성을 얻게 되었다. 실로 오늘 인민 민주 제도하에서 조선어와 조선 문자는 자기의 력사를 통하여 일찌기 찾아볼 수 없었던 그런 중대한 력사적 사명을 지니게 되었으며 영웅적 조선 인민의 민족 문화 발전에 거대한 의의를 가지게 되었다. 만일 우리 나라의 고유한 문자인 훈민정음이 없었더라면 오늘 우리의 가장 고귀한 사상적

무기인 맑스-레닌주의 사상이 그렇게 빠른 속도로 우리 인민 대중 속에 침투되기 어려웠을 것이며 우리의 민족 문화와 과학 지식의 발전도 오늘의 수준에 도달하지 못하였을 것이다.

그렇기 때문에 조선어와 조선 문자로 하여금 그가 담당할 이와 같은 중대한 책임을 영예롭게 수행할 수 있게 하기 위해서는 조선어와 조선 문자에 관한 과학적 연구를 보다 심오하게 보다 계획적으로 진행해야만 되었다.

공화국 내각 결정에 의하여 조직된 『조선어문 연구회』가 바로 이 과업을 담당하게 되었으며, 이에 망라된 저명한 언어학자들은 시급히 제기되는 일련의 문제들의 해결에 착수하였다. 조선어문연구회에서 발표한 『조선어 신철자법』, 『조선어 문법』 등이 이 과정에서 거둔 빛나는 성과들이다.

우리 조선 어학자들이 일련의 시급히 제기되는 문제를 해결함에 있어서 선진 쏘베트 언어학의 성과로부터 참조 받은 바가 실로 크다는 것을 말하지 않을 수 없다. 만일 조선 어학자들이 맑스-레닌주의적 언어 리론에 의하여 지도됨이 없었다면 이와 같은 극히 중요한 문제들의 해결에 있어서 이처럼 빛나는 성과를 거두지 못하였을 것이다.

언어학의 문제들에 대한 이·브·쓰탈린의 로작의 출현은 조선어 연구에 있어서 새로운 단계를 열어 놓았으며 조선어와 조선 문자에 관해서 시급히 제기되는 문제들의 과학적 해결에 대하여 옳은 지침들을 제공하였다.

그러나 미 제국주의자들과 그의 주구走狗 리승만 도당에 의하여 조국 땅에 전란의 불길이 오르게 됨에 조선 언어의 평화적 건설은 중단되었으며 동시에 전국 조선 어학자들은 조국의 자유와 독립과 영예를 위한 투쟁에로 궐기하였다. 미 제국주의자들은 공화국 북반부에 무력 침공을 개시하면서 조선 인민을 쉽게 정복하여 노예화할수 있다고 타산하였다. 그러나 그들은 자기들의 략탈적 계획을 실현하지 못하였으며 또 우리 인민을 정복하지 못하였다.

전체 조선 인민들은 3년간에 걸친 각고한 투쟁을 통해서 우리의 영광스러운 조국―조선 민주주의 인민 공화국을 적의 침래로부터 수호하였을 뿐만 아니라 또한 조선 인민의 빛나는 문화, 그의 형식인 조선어와 조선 문자도 미 영 무력 침략자들의 마수로부터 구원하였다.

이와 같이 조선어와 조선 문자는 영광스러운 길을 걸어 왔다. 이 길은 조선어와 조선 문자, 그 중에서도 조선 문자가 항상 인민 대중을 위하여 복무하여 왔으며 또 인민 대중에 의하여 보존 발달되어 왔다는 것을 중시하여 준다.

오늘 조선 인민의 고유의 문자―훈민정음 창제 510주년을 기념하면서 우리들은 조선 인민의 고귀한 문화유산의 하나인 이 훈민정음 창제의 력사적 의의를 깊이 인식해야만 할 것이다.

우리의 경애하는 수령 김일성 원수께서 교시하신 바와 같이『우리는 자기의 고귀한 과학 문화의 유산을 옳게 섭취하여 그를 발전시키는 기초 위에서만이 자국의 선진 과학, 문화들을 급히 또는 옳게 성취할 수 있다는 것을 반드시 알아야 한다』

우리들은 오늘 의의 깊은 훈민정음 창제 510주년을 기념하면서 우리 수령의 교시를 가슴 깊이 간직하고 우리 민족의 고귀한 문화유산의 하나인 훈민정음을 더욱더 사랑하며 연구하며 발전시키기에 노력해야 할 것이다.

🗁『민주조선』(평양) 1954.01.15 : 2.

〈자료 20〉 1954년

우리 문자의 과학성과 인민성

김수경

조선 인민이 세계에 자랑할 수 있는 수 많은 과학적 창조와 발명의 전통 가운데서 우리의 문자-훈민정음의 창제는 그 중요한 자리를 차지한다.

훈민정음은 지금으로부터 512년 전 1444년 1월(음력 1443년 12월)에 리조의 세종과 당시의 우수한 학자들의 집체적 노력과 인내성 있는 고심의 결과 제작되였다.

우리는 높은 긍지감을 가지고서 이 문자를 세계에 자랑하는바 그것은 이 문자가 우수한 여러가지의 특징을 지니고 있기 때문이다.

세계의 다른 여러 문자들이 그 제작 년대가 모호하여 해당한 언어 구조에 점차적으로 대응하게 되기까지 상당한 시일을 경과하여 온 것과는 달리 우리의 문자는 조선어의 문법 구조와 어음 체계에 알맞도록 15세기 중엽 체계적으로 전문 학자들에 의하여 제작되였다는 사실에 그 우수성의 력사적 근거가 있다.

우리 문자의 우수성은 첫째로 그가 조선어의 성질에 가장 알맞게 창조됨과 동시에 모음글자로서 세계 문자 발달사에서 최고의 계단에 도달한점에 있다. 인류가 력사적으로 발전하는 과정에서 문자는 점차로 회화문자로부터 표의문자로, 표의문자로부터 음절문자로, 음절문자로부터 자모字母문자로 발달하여 왔다. 우리의 문자는 개개의 기호가 개별적인 말소리를 나타내는 알파베트식 자모문자이기 때문에 세계에서 가장 발달된 문자들 중의 하나다.

우리 문자의 우수성은 둘째로 그 자형字形이 발음기관의 형상을 기본으로 하여 그 체계가 정연하게 론리적으로 규정된 점에 있다. 세계의 많은 문자들이 우연적인 약속 상의 기호로 되어 있는 것과는 달리 우리의 문자는 발음기관의 위치와 동작을 기초로 하여 이와 일정한 필연적인 련계 밑에 제작되었다. 문자가 입으로 발음되는 사람의 말소리를 적는 것인 만큼 문자의 자형이 발음기관의 형상과 일정한 관련을 가진다는 것은 실로 주목할만 한 과학적 의의를 가진다.

우리 문자의 우수성은 특히 그 본질이 인민적인 점에 있다. 훈민정음의 해설자의 한 사람 정린지가 『간단하고도 요긴하고 정靜하고도 동動한 까닭에 지혜 있는 사람은 하루아침에 깨칠 것이요, 어리석은 자라도 열흘이 못 되어 배울 수 있다』고 자랑할 만큼 그 체계가 과학적이면서도 대중적인 평이성을 가지고 있다.

훈민정음이 가지는 바로 이러한 높은 과학성과 인민성이 조선 인민으로 하여금 일찍부터 자기 모국어의 구조에 대한 과학적 연구를 촉진시키는 자극으로 되였으며 이 문자로 하여금 수백년에 걸친 지배 계급들의 혹심한 탄압과 박해에도 불구하고 능히 생존하여 오늘날 진정한 인민의 문자로 세게 발전할 가능성을 주었다.

봉건 통치 계급은 우수한 민족적 문자를 만들고서도 이에 대하여 속히 제한된 사용 분야 말에 허용하지 않음으로써 이 문자가 조선 인민의 언어 표기의 진실로 전 인민적인 도구로는 되지 못하게 만들었다. 인민 대중은 일기부터 소설에 노래에 순 조선어, 순 조선글로 자기들의 감정과 사상을 표현하면서 민족 문화의 형식으로서 조선 인민의 모국어, 그들의 인민-회화어의 동시적 등장을 요망하였으며 이로부터 문화 발전의 질곡으로 되여 있던 한문의 사용을 폐지할 것을 강력히 요구하였다. 그러나 봉건 통치 계급의 장기에 걸친 문화 독점과 한문 숭상은 조선 인민의 이 절절한 념원을 완전한 형태로는 실현하지 못하게 만들었다.

일본 제국주의자들은 우리 조국을 강점하자 조선 인민에게 락후성과 무식 상태를 강요하고 조선의 민족 문화를 말살하기 위하여 조선 인민의 모국어인 조선어와 조선 문자의 사용을 엄금하기에 온갖 수단을 다하였다.

위대한 쏘베트 군대에 의하여 일제의 식민지 기반羈絆으로부터 우리 조국이 해방된 직후부터 조선 인민의 고귀한 민족 문화의 발전을 항상 고루 추진시키는 조선로동당과 공화국 정부와 경애하는 수령 김일성 원수의 정확한 지도 밑에 공화국 북반부에서는 각종의 민주 개혁이 실행됨과 동시에 거대한 문화 혁명 사업이 진행되었다.

인민 교육과 문맹 퇴치 사업을 비롯한 일련의 조선 인민의 문화 혁명 사업이 해방 후 불과 2, 3년 만에 성공적으로 실현될 수 있었던 것은 첫째로 자기의 언어 구조에 적합한 고유의 문자를 조선 인민이 이미 500여 년 전부터 가지고 있었으며 둘째로 이 문자를 사용하여 인민적인 언어로 노래와 소설과 편지 들을 기록하는 문자적 전통을 조선 인민이 이미 오랜 세기에 걸쳐 쌓아 오고 있었으며 세째로 동일한 표준 조선어의 규범이 일찍부터 어음, 어휘, 문법, 철자법의 면에서 기본적으로 확립되어 있었으며 네째로 인민 경전의 주법전 조선 법에서 새로운 민주 교육 체계가 정리되고 문맹 퇴치 사업이 전 국가적으로 강력히 추진된 사실에서 그 원인을 찾을 수 있다.

이리하여 인민 민주주의적인 문화 발전의 온갖 조건이 보장된 공화국 북반부에서는 세계 문화의 최고 달성인 맑스-레닌주의 고전적 로작勞作들을 비롯하여 경애하는 수령 김일성 원수의 로작물이 광범한 인민 대중의 등불로 되어 조선 인민의 문화의 중요한 내용을 이루고 있으며 조국의 력사에 빛나는 과학자, 문학가들의 우수한 작품들과 인류 문화의 고전적 걸작들이 인민의 언어, 인민의 문자로 대량적으로 간행 보급되고 있다.

만일에 일찍부터 자랑스러운 자기의 문자를 가지지 않았던들 해방된 조선 인민이 이 모든 위대한 문화 창조 사업에서 그와 같이 커다란 성과를 거둘 수는 없었을 것이다. 바로 여기에 훈민정음의 창제가 가지는 전 민족적인 거대한 의의가 있다.

문맹 퇴치와 인민 교육의 발전은 고사하고 조선 문화를 완전히 파괴 류린하려는 미 제국주의자들은 공화국 남반부에서 그 주구走狗 리승만 미국 패도覇道로 하여금 조선 민족 문화의 형식으로 되는 언어와 문자의 통일을 파괴하기 위하여 조선어 철자법을 혼란에 빠뜨리려는 일련의 흉악한 책동을 거듭하게 하였다. 리승만의 소위『한글 간소화 방안』이란 바로 미국 상전의 지시에 따라 조선 인민의 고귀한 문화유산이며 조선 인민의 리익에 복무하는 우리의 문자를 말살함으로써 남조선 인민들의 조국에 대한 사랑과 민족 의식을 마비시킬 것을 그 기본 사명으로 하는 것이였다. 미국 패도들의 이 최악적 흉계에 대하여 남부 조선 전체 인민이 치렬한 반대 투쟁을 일으킨 것은 지극히 당연한 일이였으며 수년 간에 걸친 집요한 각양의 술책에도 불구하고 리승만 자신이 이 방안을 철회하지 않을 수 없는 추태를 연출한 것은 정의를 위한 인민의 사업은 반드시 승리하고야 만다는 불패의 신화를 다시 한번 확증하여 주는 것이였다.

조선 인민의 언어와 문자를 파괴하고 소탕하려고 발광한 일본 제국주의자들과 미 제국주의자들의 거듭되는 시도에도 불구하고 조선어와 조선 문자는 강제적 동화에 대한 거대한 견인성과 비상한 저항성을 뵈여 줌으로써 조선 인민과 조선어의 정복할 수 없는 자주성과 완강성을 남김없이 시위示威하였다.

오늘 우리들은 자랑스러운 우리의 문자 창제 기념일을 맞이하여 그 빛나는 력사적 전통과 우수성을 돌이켜 보는 동시에 이 문자를 앞으로 더욱 발전시키기 위한 방책에 대하여 깊은 고려를 돌리지 않을 수 없다.

우리의 문자는 자모문자로서 세계 문자 발달사에서 최고의 단계에 위치하고 있으나 한자 자형의 영향으로 말미암아 이를 순 자모문자식으로가 아니라 음절문자식으로, 즉 방형方形 문자식으로 사용하고 있다. 우리의 문자의 본질에 있어 동일한 성질을 가지는 로씨야 문자나 라틴 문자가 순 자모문자식으로, 즉 하나하나의 문자를 붙여서 가로쓰고 있는 데 비추어, 또한 이렇게 붙여서 가로씀으로써만 타자기, 전신기, 리노시쁘Linotype, 모노시쁘monotype 등의 최신식 인쇄기를 비롯한 문명의 리기를 우리의 문화 생활에 간편히 도입할 수 있는 사실에 비추어 자모-음절문자적 사용으로부터 순 자모문자적 사용으로의 우리 문자 사용법의 전환은 우리의 문화 창조 사업에서 커다란 의의를 가지는 것이니 이 사업의 실현을 위한 리론적 및 실천적 연구가 앞으로 더욱 더 절실히 요구된다.

우리의 우수한 문화적 전통과 유산을 창조적으로 계승 발전시킬 데 대한 김일성 원수의 간곡한 교시를 높이 받들고 조선 인민의 고귀한 문화적 창조의 하나인 우리 문자의 과학성과 인민성을 더욱 발전 완성시키기 위하여 전체 조선 인민은 더 한층 정력적으로 자기들의 노력을 기울여야 할 것이다.

🗁 『민주조선』(평양) 1956.01.15 : 2.

〈자료 21〉 1962년

자랑스러운 우리의 민족 문'자

류렬

오늘 우리는 자랑스러운 민족 문'자 훈민정음(한글)의 창제 518주년을 맞는다.

훈민정음 창제는 조선 민족의 어문 생활에서 획기적 사변으로 되였을 뿐만 아니라 그 문'자의 과학적 우수성과 창제 목적, 그의 인민성, 창제 과정의 집체성集體性 및 확고한 주체적 리념으로 하여 세계 어문 발달사에서 특별한 자리를 차지한다.

조선 인민은 훈민정음 창제 이전에도 장구한 문'자 생활의 력사를 가지고 있었다. 조선 인민이 한'자를 빌어 《리찰》《향찰》《리두》《구결》 등 조선말을 표기하는 여러 가지 독특한 표기 방법을 창조하여 사용한 력사만 해도 1천여 년이 된다.

그러나 어떤 방법으로 한'자를 빌어 쓰건, 그것은 그 기본에 있어서 한어漢語를 토대로 하는 만큼 조선 인민의 진정한 서사書寫 수단으로 될 수는 없었다. 때문에 조선말에 맞고 배우기 쉽고 쓰기 쉬운 자기 문'자를 가지려는 생각―이것은 전 민족적인 념원이요, 세기적인 숙망이였다.

자기들의 창조 사업에서 주체성과 인민성을 구현함으로써 훈민정음 창제자들은 조선 인민의 언어 생활에서의 이와 같은 념원과 세기적 숙망을 실현할 수 있게 하였다.

《사람마다 하여금 쉬이 익혀서 날로 씀에 편리》(훈민정음 《해례본》의 서문)케 할 목적으로 그들은 과학적이고도 독창적인 방법으로 조선 인민의 어음 조직에 가장 적합한 문'자를 만들어 내기 위하여 온갖 심혈을 기울였다. 그리하여 그들이 창제한 훈민정음은 당시의 조선어의 음운 체계를 정확히 반영하였다.

훈민정음의 과학성은 우선 매개每個 자모字母를 사람들이 발음할 때의 조음기관의 형상을 본따서 문'자화한 데서 찾을 수 있다. 뿐만 아니라 그들이 창제한 매개 자모는 제각기 조음기관이나 조음 특성을 보이면서 동시에 자모 호상간의 유기적 관계를 간결하고도 명확하게 드러내고 있다. 이것은 문'자학적 요구로 보아도 리상적이라 할 수 있으며 배우기 쉽고 쓰기 쉽게 하는 데 결정적 조건으로 되고 있다.

훈민정음에서는 또한 음을 《초성, 중성, 종성》의 세 가지로 갈라 보고 있다. 이것은 받침이 체계적으로 발달한 조선말 음운 체계의 특성에 전'적으로 맞는 독창적인 방법으로, 커다란 과학적 의의를 가진다.

훈민정음은 한'자와 같은 뜻글'자가 아니라 소리글'자이며, 또한 음절 문'자가 아니라 문'자 발달의 가장 높은 단계의 자모字母문'자이다. 이렇게 과학적인 체계에 기초한 자모문'자이기 때문에 불과 스물 몇 자로 우리말을 완전히 표기할 수 있는 것이다.

현대 언어학에서의 음운 리론이 19세기 후반기에야 발생한 것을 고려할 때에 15세기 전반기에 이미 이렇듯 체계적인 음운관을 가졌으며 그것을 직접 문'자 창제를 통하여 구현하여 놓은 것은 우리의 자랑이 아닐 수 없다.

그러나 훈민정음이 낡은 사회에서 걸어온 길은 결코 순탄하지 않았다. 창제 당시에는 최만리를 비롯한 반인민적 사대사상에 물젖은 썩은 선비들의 집중적 공격을 받았으며 창제 이후에도 장구한 기간 봉건 통치배들의 집요한 천시와 탄압을 입어 왔다. 더우기 혹독한 민족 문화 말살 정책에 광분한 일제는 우리의 우수한 민족 문자를 조선 인민으로부터 빼앗아 보려고까지 하였다.

그러나 한 번 인민의 수중에 들어간 조선 문'자를 그 어떠한 내외의 폭압자들도 결코 도로 앗아 낼 수는 없었다. 애국적 조선 인민은 그 어느 때나 자기들의 민족어와 민족 문'자를 고수하여 결연히 투쟁하였으며 그 것을 원쑤들의 침략으로부터 자기 조국의 자유와 독립을 수호하기 위한 투쟁과 항상 밀접히 결부시켰다.

특히 김일성 동지를 선두로 하는 조선 공산주의자들은 일제를 반대한 간고艱苦한 무장 투쟁 행정行程에서도 모국어를 고수하고 그를 발전시키기 위한 사업에 특별한 관심을 돌리였다. 조국광복회 강령에는 벌써 모국어에 의한 교육 방침이 정식화되였으며 당시 유격 근거지들과 해방 구역들에서는 모든 공용어와 서사書寫 생활이 전적으로 조선어에 의하여 수행되였다. 이 행정에서 조선의 규범화와 그 인민성은 더욱 발양되였다.

항일 무장 투쟁에 무한히 고무되면서 1930년대 이후 시기에 와서 우리의 어문 학자들 속에서는 민족어와 민족 문'자의 통일, 보급, 과학적인 연구 정리, 사회적인 규범화를 위한 더욱 완강한 투쟁이 전개되였다.

정음 문'자는 8·15 해방 후 우리 당의 현명한 령도 하에 북반부에서 비로소 진정한 민족 문'자로 되여 그 진가를 더욱 빛내이게 되였으며 그 사명을 다하게 되였다.

당과 정부는 맑스-레닌주의 원칙과 우리 나라의 구체적 현실이 제기하는 요구에 립각하여 조선 문'자를 유일한 민족 문'자로 발전시키기 위한 일련의 혁명적 조치를 취하였다. 일제가 남긴 수백만의 문맹자를 퇴치하기 위한 사업과 모국어에 의한 인민 교육의 실시, 언어 문'자 생활에서의 력사적인 봉건적 질곡으로 되여 온 한'자 사용의 폐지, 서사 형식에서의 가로쓰기, 언어 정화 및 인민적 문풍¹ 확립을 위한 사회적 운동의 전개, 그리고 언어 문'자에 대한 과학적 연구와 규범화의 달성 등 우리 당의 정확한 언어 문화 시책에 의하여 조선어와 함께 우리의 민족 문화는 유례

없이 개화 발전하였다.

우리의 전체 언어학 부문의 일'군들은 당의 정확한 언어, 문화 시책에 고무되면서 《철자법》의 수정 보충, 올림말 17만 이상을 싣는 본격적인 주석註釋 사전 《조선말 사전》의 편찬, 규범성을 띠는 《조선어 문법》의 저술 등 사업과 함께 어휘론, 문체론, 응용언어학 등의 새로운 분야의 개척, 인민적 문풍 확립을 위한 리론-실천적 연구 등 맑스-레닌주의적 리론과 방법에 기초한 과학적 언어학의 건설과 언어의 규범화의 완성을 위한 사업에서 커다란 성과를 달성하였다.

그러나 미제美帝 강점 하의 남조선에서는 미제와 그 주구走狗들의 반인민적 어문 정책으로 하여 민족어와 민족 문'자는 일제 때 이상의 타락상과 혼란상을 빚어내고 있다. 우수하고 유구한 력사를 가진 민족 어문은 외래 강점자들의 저속한 언어와 그 문'자에 의하여 유린되고 있으며 부단히 오염되고 있다. 우리는 이와 같은 상태를 수수방관할 수 없다.

전체 남북 조선 인민은 힘을 합하여 미제 침략자를 남조선에서 물러가게 함으로써 통일되고 자유로운 조국의 품 안에서 아름답고 우수한 우리의 민족 어문을 더욱 발전시켜야 한다. 이를 위하여 언어학자들은 어문 연구 사업을 더욱 강화해야 하며 특히 통일된 후 남조선의 언어 문'자 생활을 바로잡아 주기 위한 구체적인 연구 사업을 지금부터 심오하게 진행하여야 한다.

이와 함께 공화국 북반부에서 진행되는 사회주의 건설에서 언어의 역할을 더욱 제고提高하기 위한 투쟁을 강화하여야 한다. 특히 당이 현 시기

---

1 이 글이 발표된 해(1962년)의 11월에 발행한 『조선말 사전』(과학원 언어문학연구소 편찬)을 찾아보면 "문풍(文風) : 글을 쓰는 데에 지켜야 할 수법이나 태도."로 기술되어 있다.

강조하는 언어 정화와 문풍 확립을 위한 투쟁을 더욱 심도 있게 진행함으로써 조선어의 규범화와 그 인민성을 높이며 조선어를 더욱 개화 발전시켜 나가도록 하여야 할 것이다.

　📁『로동신문』(평양) 1962.01.15 : 3.

〈자료 22〉 2004년

자랑스러운 민족 글자 훈민정음

김인호

슬기롭고 재능있는 우리 인민의 자랑스러운 민족적 재부財富인 훈민정음이 창제된 때로부터 560년이 되었다.

위대한 수령 김일성 동지께서는 다음과 같이 교시하시였다. 《이미 삼국 시기부터 리두 문자를 사용하여 오던 우리 인민은 1444년에 가장 발전된 문자인 훈민정음을 창제함으로써 문화 발전에 크게 기여하였습니다.》

훈민정음은 15세기에 우리 선조들이 창제한 글자 이름이며 그 창제 원리와 사용 규범을 밝힌 책 이름이기도 하다.

이 글자는 지금까지 우리 나라에서 사용되고 세계적으로 널리 알려지는 과정에 매우 우수하고 가장 발전된 글자라는 것이 확증되였다.

15세기 중엽에 우리 나라에서는 천문기상학, 지리학, 의학, 배무이[1]기술, 화약과 무기 제조업 등 과학 기술의 여러 분야들이 발전하였으며 특히 언어학과 인쇄 기술, 종이를 만드는 기술이 크게 발전하였다. 우리 선조들은 이미 고유한 고대 글자인 신지神誌 글자를 써 온 경험과 이러한 발전된 과학 문화의 성과에 기초하여 훈민정음을 만들었다.

일반문화 발전과 언어학이 발전한 성과에 기초하여 세종왕의 주관 밑에 정린지, 신숙주, 최항, 박팽년, 성삼문, 강희안, 리개, 리선로(리현로)

---

1 ‘배무이’는 ‘배 만들기’, 곧 ‘조선(造船)’에 해당하는 토박이말이니, ‘배뭇기’라고도 한다.

등 여러 문인들이 우리 나라 글자 발전 력사와 말소리 체계에 대한 연구, 이웃 나라 글자들에 대한 대비 연구를 오래동안 진행하였다. 결과 1444년 1월에 훈민정음이란 이름을 가진 새로운 류형의 발전된 글자가 창제되였다.

뒤이어 1446년 10월에는 새 글자의 창제 원리와 사용 규정을 해설한 책 《훈민정음》(해례)가 나왔다. 이 책은 목판으로 출판되였는데 주체 29(1940)년에 한 본이 경상북도 안동군의 리아무개라는 사람의 집에서 발견되였다. 이 책은 훈민정음의 원본이라고 한다. 지금은 이 원본을 복사한 책들이 전해지고 있다. 훈민정음이란 백성들을 가르치는 바른 소리를 적는 좋은 글자라는 뜻을 담고 있다.

훈민정음은 여러 가지 측면에서 발전된 글자로서의 우점優點을 가지고 있다.

우선 발음기관의 모양과 동작에 기초하면서 체계성 있게 만든 과학적인 글자이다. 기초글자들인 《ㄱ》는 혀뿌리가 목구멍을 닫는 모양을, 《ㄴ》는 혀끝이 웃이몸에 닿는 모양을, 《ㅇ》는 목구멍의 모양을, 《ㅅ》는 이 모양을 본따는 것과 같이 발음기관들이 움직이는 모양을 따라 만들었다. 그리고 《ㄱ, ㅋ, ㄲ》, 《ㄴ, ㄷ, ㅌ, ㄸ》, 《ㅅ, ㅈ, ㅊ, ㅉ》와 같이 기초글자들에 획을 더하거나 기초글자들을 합하는 방법으로 모든 글자들을 만들었다.

훈민정음의 글자들은 또한 말소리를 잘 나타내는 우점을 가지고 있다. 세계의 글자들에는 여러 가지 류형의 글자들이 있지만 가장 말소리를 잘 나타내는 글자는 자모字母글자이다. 우리 글자는 자모글자이면서 풍부한 우리 말소리들의 특성과 체계에 맞는 글자이기 때문에 세계의 모든 말소리들을 거의 다 나타낼 수 있다.

훈민정음의 글자들은 다음으로 배우기 쉽고 쓰기 편리한 우점을 가지고 있다. 글자는 수많은 말소리들을 기록하면서도 늘 보고 쓰는 기호이기 때문에 사람들이 배우는 데서도, 손이나 기계로 쓰는 데서도 편리하여야 한다.

훈민정음의 글자들은 수가 적고 글자 모양이 간단하면서도 구별이 잘 되고 체계적으로 되여 있기 때문에 배우기 쉽고 쓰기가 편리하며 그 누구나 리용하기 좋게 되여 있다.

훈민정음의 이러한 우수성에 대하여 창제자들 자신이 《슬기로운 사람은 하루아침에 통달할 수 있고 둔한 사람이라도 열흘이면 통달할 수 있다.》, 《천하의 말소리를 다 적을 수 있다.》, 《비록 바람소리와 학의 울음, 닭의 웨침, 개의 짖음이라도 모두 적을 수 있다.》 등과 같이 높이 평가하였다. 이처럼 우수한 글자가 창제된 것은 우리 인민들의 글자 생활과 나라의 과학 문화 발전에서 커다란 의의를 가지였다.

우리 글자가 창제됨으로써 우선 일상적인 글쓰기, 출판물의 간행과 리용, 인쇄 기술의 발전 등에서 획기적인 전환을 가져올 수 있게 되였다. 또한 발전된 자기 글자가 창제됨으로써 나라의 모든 과학 기술이 빨리 보급되고 빠른 속도로 발전하게 되였으며 우리 민족은 훌륭한 언어와 글자를 가진 민족으로서의 존엄과 영예를 더 크게 떨치게 되였다.

우리는 훌륭한 자기의 말과 글을 가지고 있는 자랑을 가슴깊이 간직하고 민족의 말과 글을 귀중히 여기며 그 우수성을 높이 발양發揚시켜 나가야 할 것이다.

📁『민주조선』(평양) 2004.01.15 : 3.

참고 문헌[*]

갈배사람. 1926.01.01/02. 「8회갑을 마지하는 정음의 發源발원」(2회 연재). 『시대일보』 제588호 제15면 / 제589호 제3면.

강영훈. 1990.11. 「544돌 한글날 기념식 기념사」. 『한글 새소식』 제219호 11쪽. 한글학회.

강원일보 보도. 1947.10.10. 「한글날 不祥事불상사」. 『강원일보』 제539호 제2면. 춘천 : 강원일보사.

경인일보 보도. 1987.10.09. 「오늘 5백41돌 한글날 / 인천 경기 지역 등 기념식」. 『경인일보』 제8473호 제1면. 수원 : 경인일보사.

경향신문 보도. 1946.10.10. 「한글 頒布반포 5백 주년 기념식의 盛典성전 / 다시 차즌 우리의 글」. 『경향신문』 제5호 제2면.

경향신문 보도. 1946.10.12. 「한글 頒布 기념우표 發賣발매」. 『경향신문』 제7호 제2면.

경향신문 보도. 1947.10.07. 「한글 頒布 記念기념 조선어학회 행사」. 『경향신문』 제311호 제3면.

경향신문 보도. 1947.10.09. 「오늘 한글 頒布 5백 1주년 기념일」. 『경향신문』 제313호 제2면.

경향신문 보도. 1948.11.03. 「오늘은 개천절」. 『경향신문』 제546호 제4면.

---

[*] 여기 참고 문헌의 간행지는 대다수가 '경성~서울'이다. 그러므로 번거로움을 덜기 위하여 그것은 주의가 필요한 경우에만 적고, 다른 지역은 다 밝혀 적었다.

경향신문 보도. 1949.11.09. 「삼일절 제헌절 광복절 가사 모집」. 『경향신문』 제989호 제2면.

경향신문 보도. 1952.10.10. 「한글노래도 힘차게 / 복 받은 9일을 영원히 기념」. 『경향신문』 제1937호 제2면.

경향신문 보도. 1953.10.13. 「한글 행사 성대盛大」. 『경향신문』 제2303호 제2면.

경향신문 보도. 1954.10.10. 「한글 반포 508주년」. 『경향신문』 제2665호 제3면.

경향신문 보도. 1961.10.09. 「훈민정음 반포 오백열다섯 돐 기념식 성대」. 『경향신문』 제4857호 제3면.

경향신문 보도. 1961.10.12. 「北傀북괴의 '한글날' 기념행사」. 『경향신문』 제4860호 석간 제3면.

경향신문 보도. 1962.10.09. 「한글 편 지 5백 16돌 / 시민회관과 영릉서 기념행사」. 『경향신문』 제5215호 제7면.

경향신문 보도. 1978.04.17. 「문공부, 음반 카세트 등 배포」. 『경향신문』 제10014호 제8면.

과학원 언어문학연구소 편찬. 1962.11. 『조선말 사전』. 평양 : 과학원출판사.

교원신문 보도. 1956.01.14. 「우리 글의 자랑」. 『교원신문』 제401호(누계) 제2면. 평양 : 교원신문사.

교원신문 보도. 1958.01.15. 「《훈민정음》 창제 514주년 기념 연구 발표회 진행」. 『교원신문』 제612호(누계) 제3면. 평양 : 교원신문사.

교원신문 보도. 1958.01.22. 「훈민정음 창제 514주년 기념 언어학 학술 토론회 진행」. 『교원신문』 제614호(누계) 제1면. 평양 : 교원신문사.

국문연구소. 1908.09. 「국문연구 議定案의정안」. 이기문 지음의 『개화기의 국문연구』(1970.05) 4~24쪽. 일조각.

국제신문 보도. 1948.10.09. 「오늘은 한글날 / 한글 반포頒布 502주년 / 感

激감격도 새로히 기념식 거행」. 『국제신문』 제424호 제2면. 부산 : 국제신문사.

국회. 2000.12.05. 「(제215회 국회), 문화관광위원회 회의록」 제13호 1~18쪽.

국회. 2005.06.14. 「(제254회 국회), 행정자치위원회 회의록」 제2호 1~21쪽.

국회. 2005.10.05. 「(제256회 국회), 문화관광위원회 회의록」 제7호 1~3쪽.

국회. 2005.12.01. 「(제256회 국회), 행정자치위원회 회의록」 제10호 1~7쪽.

국회. 2005.12.08. 「(제256회 국회), 본회의 회의록」 제15호 1~16쪽.

군산신문 보도. 1948.10.12. 「한글날 기념식 市街行列시가행렬 등」. 『군산신문』 제□□□호 제2면. 군산 : 군산신문사.

권덕규. 1919.12.24.~1920.01.07. 「조선 어문에 就하야 (1)~(7)」(참참이 7회 연재). 『每日申報매일신보』 제4347호~제4357호 제1면.

권덕규. 1926.11. 「우리 문자의 普及策보급책 | 대 명절로서 가갸날을 정하자」. 월간 『新民』 제19호 52쪽. 신민사.

김문식. 1926.12.08/10. 「정음을 제정 반포한 날은」(2회 연재). 『동아일보』 제2248호 / 제2250호 제3면.

김민수. 1980.06. 「이규영의 문법 연구」. 『한국학보』 제19집(제6권 제2호) 57~86쪽. 일지사.

김민수. 1985.04. 「『온갖것』 해제」. 『역대 한국문법 대계』 제1부 제40책. 탑출판사.

김병제. 1954.01.15. 「훈민정음 창제의 력사적 의의―훈민정음 창제 510주년에 제際하여―」. 『로동신문』 제2509호(누계) 제2면. 평양 : 로동신문사.

김병제. 1955.01.15. 「조선 인민의 민족적 자모―훈민정음」. 『로동신문』 제2784호(누계) 제3면. 평양 : 로동신문사.

김병제. 1957.01.16. 「훈민정음과 조선 인민의 문'자 생활」. 『로동신문』 제3545호(누계) 제3면. 평양 : 로동신문사.

김병제. 1959.01.15. 「훈민정음 창제 515주년」. 『로동신문』 제4167호(누계) 제4면. 평양 : 로동신문사.

김병제. 1961.01.15. 「훈민정음 창제 517주년」. 『로동신문』 제4898호(누계) 제3면. 평양 : 로동신문사.

김부겸. 2021.11. 「575돌 한글날 경축식 축하말씀」. 『한글 새소식』 제591호 2~3쪽. 한글학회.

김상협. 1962.10.09. 「516돌 한글날 기념식 기념사」. 국가기록원 누리집.

김수경. 1949.06. 「조선 어학자로서의 김두봉 선생 – 선생의 탄생 60주년을 맞이하여 –」. 월간 『조선어 연구』 제3호 2~10쪽. 평양 : 조선어문연구회.

김수경. 1956.01.15. 「우리 문자의 과학성과 인민성」. 『민주조선』 제3301호 (누계) 제2면. 평양 : 민주조선사.

김영진. 1926.11. 「正音정음 頒布반포 紀念日기념일을 當당하야」. 월간 『新民』 제19호 6~10쪽. 신민사.

김영진. 1927.11. 「제2회 '한글' 紀念日을 當하야」. 『新民』 제31호 2~3쪽. 신민사.

김영황. 1962.01.12. 「조선 인민의 우수한 고유 문'자 – 훈민정음 창제 518주년을 맞이하여 –」. 『문학신문』 제413호(누계) 제2면. 평양 : 문학신문사.

김영황. 1967.01.15. 「민족의 슬기가 깃든 우리 글자 《훈민정음》을 두고」. 『로동신문』 제7089호(누계) 제4면. 평양 : 로동신문사.

김영황. 1986.01.15. 「자랑스러운 우리 민족 문자 – 훈민정음」. 『로동신문』 제14201호(누계) 제4면. 평양 : 로동신문사.

김윤경. 1930.11.19~21. 「訓民正音 發布발포, 그 과거를 회고함」(3회 연재). 『동아일보』 제3552~3554호 제4면.

김윤경. 1931.10.29. 「訓民正音……한글」. 『조선일보』 제3893호 제5면.

김윤경. 1938.01. 『조선 문자及글어학사』 초판. 조선기념도서출판관.

김윤경. 1949.10.09~11. 「한글날을 당하여」(3회 연재). 『경향신문』 제 958~960호 제2면.

김윤교. 1994.10.08. 「고대 글자와 훈민정음에서 찾아볼 수 있는 일련의 공통성」. 『민주조선』 제15613호(누계) 제4면. 평양 : 민주조선사.

김인호. 1984.01.15. 「가장 발전된 글자―훈민정음」. 『로동신문』 제13470 호(누계) 제4면. 평양 : 로동신문사.

김인호. 1994.01.16. 「우리 인민의 자랑 높은 민족 글자 훈민정음」. 『로동신 문』 제17124호(누계) 제4면. 평양 : 로동신문사.

김인호. 1994.01.21. 「우리 인민의 자랑스러운 글자 훈민정음」. 『문학신문』 제1481호(누계) 제3면. 평양 : 문학신문사.

김인호. 2004.01.15. 「자랑스러운 민족 글자 훈민정음」. 『민주조선』 제18516 호(누계) 제3면. 평양 : 민조조선사.

김인호. 2004.01.29. 「발전된 우리 글자 훈민정음」. 『교원신문』 제3284호 (누계) 제4면. 평양 : 교원신문사.

김조규. 1946.10.09. 「훈민정음 發布발포의 意義의의―創制창제 오백週年주년 기념일에 際제하야―」. 『朝鮮新聞』 제170호(누계) 제3면. 평양 : 조선 신문사.

김종필. 1989.11. 「552돌 한글날 기념식 기념사」. 『한글 새소식』 제315호 6쪽. 한글학회.

김형석. 2021.07.06. 「6·25의 기적들 ⑦」. blog.naver.com > wif0691(김형 석의 역사산책).

나운영 작곡·이병기 작사. 1946.10.09. 「한글 반포 오백년 기념가」(악보). 『경향신문』 제4호 제4면.

남덕우. 1981.11. 「535돌 한글날 기념식 기념사」. 『한글 새소식』 제111호 8쪽. 한글학회.

남수. 1956.01.15. 「우리 나라의 민족적 자모 - 훈민정음」. 『로동신문』 제 3229호(누계) 제3면. 평양 : 로동신문사.

노동은. 1988.12. 「특집 : 해방 공간(1945~50)의 문화예술 - 음악 | 민족주의 음악 창출, 양대 산맥 이룩」. 『문화예술』 제120호(제6권 제2호) 60~87쪽. 한국문화예술진흥원.

노무현. 2006.11. 「560돌 한글날 경축식 경축사」. 『한글 새소식』 제411호 6~7쪽. 한글학회.

도진호. 1931.01.01. 「한글紀念歌기념가」. 『조선일보』 제3592호 제12면.

동광사 편집. 1926.12. 「정음회 創起창기」. 월간 『東光』 제8호 58쪽. 동광사.

동광신문 보도. 1949.10.09. 「오늘은 한글날」. 『東光新聞』 제1041호 제2면. 광주 : 동광신문사.

동광신문 보도. 1949.10.12. 「한글날 기념식 목포도 성대」. 『東光新聞』 제1043호 제2면. 광주 : 동광신문사.

동방신문 보도. 1949.10.09. 「한글날 記念기념」. 『東邦新聞』 제1013호 제2면. 대전 : 동방신문사.

동아일보 보도. 1924.02.01. 「正音정음 創造창조 紀念기념 음녁 금월 이십칠일에」. 『동아일보』 제1252호 제2면.

동아일보 보도. 1926.10.31. 「조선어 獎勵장려 협의」. 『동아일보』 제2210호 제5면.

동아일보 보도. 1926.11.04. 「한글의 새로운 빗 / 오늘이 '가갸날'」. 『동아일보』 제2214호 제5면.

동아일보 보도. 1926.11.06. 「꽃밭에서 가시밭에 / 기념식 席上석상 어윤적 씨 談담」. 『동아일보』 제2216호 제2면.

동아일보 보도. 1926.11.06. 「興海흥해 婦人부인 야학 개최」. 『동아일보』 제2216호 제3면.

동아일보 보도. 1926.11.08. 「이날을 기념코저 우리 글로 통신」. 『동아일보』

제2218호 제2면.

동아일보 보도. 1926.11.08. 「정음 반포 8회갑 기념 축하 강연 / 義州의주 본사支局지국 주최」. 『동아일보』 제2218호 제4면.

동아일보 보도. 1926.11.10. 「正音정음 강습」. 『동아일보』 제2220호 제2면.

동아일보 보도. 1926.11.11. 「'가갸날' 기념 축하 講演會강연회와 懇談會간담 회까지 개최」. 『동아일보』 제2221호 제5면.

동아일보 보도. 1926.11.12. 「'우리글', '정음날' / 正音頒布紀念會정음반포기념 회에서 결정」. 『동아일보』 제2222호 제2면.

동아일보 보도. 1926.11.14. 「'정음날' 확정 否認부인」. 『동아일보』 제2224호 제5면.

동아일보 보도. 1927.09.20. 「한글회 例會예회」. 『동아일보』 제2534호 제5면.

동아일보 보도. 1927.10.07. 「가갸날 긔념 한글 글씨 현상 모집」. 『동아일보』 제2551호 제3면.

동아일보 보도. 1927.10.24. 「한글의 생일노리 / 제481週주 기념」. 『동아일보』 제2568호 제3면(제1단).

동아일보 보도. 1927.10.24. 「한글 글씨 현상 발표」. 『동아일보』 제2568호 제3면(제7단).

동아일보 보도. 1927.10.26. 「盛況성황의 정음 祝宴축연 / 한글 회원과 유지가 총출동하야 각 방면으로 한글의 장래를 토론」. 『동아일보』 제2570 호 제3면.

동아일보 보도. 1927.10.27. 「가갸날 긔념 祝賀旗축하기 행렬과 기념 음악 연주회 / 靈光영광한글회 주최」. 『동아일보』 제2571호 제5면(제5단).

동아일보 보도. 1927.10.27. 「정음연구회 組織조직 / 公州공주 有志유지들이」. 『동아일보』 제2571호 제5면(제6단).

동아일보 보도. 1927.10.27. 「宣傳紙선전지 1000매 散布산포 / 禮山예산支局지국 주최로」. 『동아일보』 제2571호 제5면(제7단).

동아일보 보도. 1927.10.27.「伊川이천에서도 기념식」.『동아일보』제2571
호 제5면(제7단).

동아일보 보도. 1927.10.28.「가갸날 긔념 / 천안군 14개 면에서 일제히 강
연」.『동아일보』제2572호 제3면.

동아일보 보도. 1927.10.29.「順天순천에서 기념 강연」.『동아일보』제2573호
제3면.

동아일보 보도. 1927.11.01.「가갸날 긔렴 /群山군산에서 성황」.『동아일보』
제2576호 제3면.

동아일보 보도. 1928.11.14.「한글 강연 금지 / 경북 포항서」.『동아일보』
제2955호 제4면.

동아일보 보도. 1929.11.02.「농민대표 대회 / 뎡주」.『동아일보』제3308호
제3면.

동아일보 보도. 1930.03.17.「한글란 | 大대聖人성인 세종대왕」.『동아일보』
제3443호 제4면.

동아일보 보도. 1930.11.21.「한글 記念式기념식 盛況성황 / 기념일은 양력 10
월 28일로 作定작정」.『동아일보』제3554호 제2면.

동아일보 보도. 1931.11.01.「靈光영광 한글 記念 중지당코 해산」.『동아일보』
제3899호 제3면.

동아일보 보도. 1932.10.29.「한글날 (특집)」.『동아일보』제4262호 제5면.

동아일보 보도. 1935.10.01.「정음 반포 기념식을 거행 / 조선어학 연구회
주최로」.『동아일보』제5229호 석간 제2면.

동아일보 보도. 1946.02.20.「3월 1일을 國慶日국경일로」.『동아일보』重刊중
간 제81호 제2면.

동아일보 보도. 1946.03.01.「民族新生민족신생의 國慶日국경일인 삼일절」.『동
아일보』重刊 제90호 제1면.

동아일보 보도. 1946.10.09.「오늘은 '한글' 記念日기념일」.『동아일보』重刊

제276호 제2면.

동아일보 보도. 1946.10.09. 社說사설「한글 반포 500周年 記念日기념일에 際제하야」.『동아일보』重刊 제276호 제1면.

동아일보 보도. 1946.10.10.「한글 창제의 慶祝式경축식」.『동아일보』重刊 제277호 제2면.

동아일보 보도. 1947.03.01.「삼일절 記念歌기념가, 전국문총에서 新作신작」. 『동아일보』 제7216호 제3면.

동아일보 보도. 1947.10.09.「『한글날』記念式기념식과『큰辭典사전』頒布式 반포식」.『동아일보』 제7405호 제2면.

동아일보 보도. 1947.10.10.「한글 501주년 記念式기념식 / 昨日작일 여주서 盛大히 擧行거행」.『동아일보』 제7406호 제2면.

동아일보 보도. 1947.10.10.「우리 '글'의 記念式기념식 / 천도교당에서 意義 의의깊게 거행」.『동아일보』 제7406호 제2면.

동아일보 보도. 1948.10.10.「길이 빛내라 '한글' / 영능서 기념식전 성대 거행」.『동아일보』 제7717호 제2면.

동아일보 보도. 1948.10.14.「한글 기념 축하 성대 / 성인협회 주최」.『동아 일보』 제7720호 제2면.

동아일보 보도. 1948.11.02.「개천절 奉祝式봉축식」.『동아일보』 제7736호 제2면.

동아일보 보도. 1949.10.10.「문화민족의 獨立宣言독립선언 / 어제 '한글날' 기념식 盛大성대」.『동아일보』 제8051호 제2면.

동아일보 보도. 1949.12.14.「慶祝節경축절 歌詞가사 전문가에 위촉」.『동아일 보』 제8116호 제2면.

동아일보 보도. 1950.04.29.「개천절 노래 제정」.『동아일보』 제8249호 제2면.

동아일보 보도. 1954.10.10.「한글날」.『동아일보』 제9716호 제2면.

동아일보 보도. 1955.10.10.「「한글」 509주년 기념식 성대盛大」.『동아일보』

제10052호 제3면.

동아일보 보도. 1960.10.10. 「한글날, 위대한 성업 추모」. 『동아일보』 제
11875호 제3면.

동아일보 보도. 1961.10.13. 「북괴, 왜곡된 '한글날' 행사 / 내외문제연구소
발표」. 『동아일보』 제1243호 조간 제1면.

동아일보 보도. 1964.10.09. 「힘써 활용하자 / 박 대통령 담화」. 『동아일보』
제13219호 조간 제3면.

로동신문 보도. 1956.01.16. 「훈민정음 창제 512주년 강연회 진행」. 『로동
신문』 제3230호(누계) 제3면. 평양 : 로동신문사.

로동신문 보도. 1959.01.15. 「훈민정음 창제 515주년 기념 평양시 보고회
진행」. 『로동신문』 제4167호(누계) 제4면. 평양 : 로동신문사.

로동신문 보도. 1961.10.10. 「《훈민정음》(해례본) 저작 515주년 기념 보고
회 진행」. 『로동신문』 제5166호(누계) 제5면. 평양 : 로동신문사.

로동신문 보도. 1964.01.15. 「훈민정음을 만든 520주년을 기념」. 『로동신문』
제5993호(누계) 제3면. 평양 : 로동신문사.

로동신문 보도. 1974.01.16. 「우리 민족 글자 《훈민정음》을 만든 530돐
기념 보고회가 있었다」. 『로동신문』 제9648호(누계) 제3 / 4면. 평
양 : 로동신문사.

로동신문 보도. 1984.01.17. 「훈민정음 창제 540돐 기념 보고회 진행」. 『로
동신문』 제13472호(누계) 제3면. 평양 : 로동신문사.

로동신문 보도. 1994.01.15. 「훈민정음 창제 550돐 기념 평양시 보고회
진행」. 『로동신문』 제17132호(누계) 제3면. 평양 : 로동신문사.

로동신문 보도. 2014.01.16. 「민족어의 우수성을 고수하고 더욱 빛 내이기
위한 사회과학부문 토론회 진행」. 『로동신문』 제24429호(누계) 제5
면. 평양 : 로동신문사.

류렬. 1959.01.15. 「우리 글이 걸어온 길 - 훈민정음 창제 5백열다섯 돐을

맞으며ー」.『문학신문』제113호(누계) 제2면. 평양 : 문학신문사.

류렬. 1960.01.15.「자랑스러운 우리 문자ー훈민정음ー그의 창제 516주년을 맞으며ー」.『로동신문』제4532호(누계) 제3면. 평양 : 로동신문사.

류렬. 1962.01.15.「자랑스러운 우리의 민족 문'자」.『로동신문』제5263호 (누계) 제3면. 평양 : 로동신문사.

류렬. 1962.10.10/12.「훈민정음의 창제와 민족 문'자로서의 그 발달」.『로 동신문』제5531/5533호(누계) 제4면. 평양 : 로동신문사.

류렬. 1992.10.『조선말 력사 2』. 평양 : 사회과학출판사.

류응호. 1956.01.14.「훈민정음 창제 512주년」.『교원신문』제401호(누계) 제2면. 평양 : 교원신문사.

리극로. 1954.01.15.「조선 인민의 문자ー훈민정음 창제 510주년을 맞이하 여」.『민주조선』제2589호(누계) 제2면. 평양 : 민주조선사.

리극로. 1958.01.15.「우리의 훌륭한 글'자《훈민정음》의 창제일을 기념하 여」.『교원신문』제612호(누계) 제3면. 평양 : 교원신문사.

리극로. 1958.01.15.「조선 인민의 자랑스러운 문'자ー훈민정음」.『민주조 선』제3923호(누계) 제4면. 평양 : 민주조선사.

리극로. 1959.01.15.「조선 인민의 고유 문'자 훈민정음 창제 515주년을 맞으며」.『민주조선』제4231호(누계) 제4면. 평양 : 민주조선사.

리송희. 2017.01.17.「유구한 력사, 찬란한 민족문화 | 훈민정음」.『민주조선』 제22609호(누계) 제4면. 평양 : 민주조선사.

리은상. 1935.10.28.「우리글 노래」.『조선일보』제5183호 제4면.

리의도. 1991.04.「한글날과 국경일」.『한글 새소식』제224호 4~6쪽. 한글 학회.

리의도. 1991.10.「그래도 한글날은 국경일이어야 한다」.『월간 예담』제5 호 62~65쪽. 도서출판 하늘땅.

리의도. 1991.10.10.「한글날은 국경일로 격상돼야」.『세계일보』제845호 제9면.

리의도. 2006.03. 「한글날의 유래와 발자취」. 『나라사랑』 제111호 76~86쪽.
외솔회.

리의도. 2006.09. 「한글날의 발전사」. 『한글』 제273호 7~48쪽. 한글학회.

리의도. 2007.10/11. 「한글을 기리는 노래들」. 『한글 새소식』 제422 / 423
호. 한글학회.

리의도. 2008.08. 「한글학회 이름의 변천」. 『한글 새소식』 제432호 34~38
쪽. 한글학회.

리의도. 2011.08. 「한글 노래의 변천사」. 『국어교육 연구』 제49집 229~360
쪽. 국어교육학회.

리의도. 2019.08. 『한글학회 110년의 역사』. 한글학회.

리의도. 2022.02. 「어문 규범 갖추기에 쏟은 조선어학회의 노력」. 『우리
말글에 쏟은 정성과 노력』 507~583쪽. 박이정.

리의도. 2022.02. 「조선 어문에 쏟은 백연 김두봉의 정성과 노력」. 『우리
말글에 쏟은 정성과 노력』 57~167쪽. 박이정.

리호경. 2004.01.10. 「민족의 슬기를 세계만방에 빛내 주시여—훈민정음
창제 560돐을 맞으며—」. 『통일신보』 제1736호(누계) 제2면. 평양 :
통일신보사.

매일경제 보도. 1990.10.08. 「한글날 存廢존폐 논란 속 잔치 '풍성'」. 일간신문
『매일경제』 제7591호 제11면.

매일신보 보도. 1926.11.04. 「뜻잇게 열닐 가갸날」. 『每日申報』 제6786호
제3면.

매일신보 보도. 1927.10.26. 「'한글날' 祝賀會축하회 24일 밤에 거행」. 『每日
申報』 제7226호 제2면.

매일신보 보도. 1930.11.21. 「盛大성대 極극한 축하회」. 『每日申報』 제8326호
제2면.

문교부. 1947.11. 『초등 국어 5-1』. 조선서적인쇄주식회사.

문교부. 1948.10. 『초등 국어 5-1』. 조선서적인쇄주식회사.

문교부. 1949.08. 『초등 국어 5-1』. 조선서적인쇄주식회사.

문교부. 1966.06.08. 「국경일에 관한 법률 개정 의뢰」(공문).

문학신문 보도. 1961.10.13. 「《훈민정음》(해례본) 저작 515주년 기념 보고
　　　회 진행」. 『문학신문』 제387호(누계) 제4면. 평양 : 문학신문사.

문학신문 보도. 1964.01.17. 「훈민정음을 만든 520주년을 기념」. 『문학신문』
　　　제623호(누계) 제1면. 평양 : 문학신문사.

문화관광부. 2004.06. 「국어기본법 제정(안), 이렇게 마련되었습니다」.

문화관광위원회. 2004.11.16. 「국어기본법안에 관한 공청회 자료집」.

민경찬. 1987.08. 「특집=일본 문화 유입, 어디까지 왔나 : 음악 | 여전히 살아
　　　숨쉬는 일본 음악의 악령」. 월간잡지 『객석』 제42호(제4권 제8호)
　　　158~ 161쪽. 주식회사 예음.

민주조선 보도. 1952.10.22. 「조선민주주의인민공화국 과학원 조직에 관한
　　　내각 결정 발표」. 『민주조선』 제2745호(누계) 제1면. 평양 : 민주조
　　　선사.

민주조선 보도. 1954.01.18. 「훈민정음 창제 510주년 기념 보고대회 평양에
　　　서 진행」. 『민주조선』 제2592호(누계) 제3면. 평양 : 민주조선사.

민주조선 보도. 1955.01.18. 「훈민정음 창제 511주년 기념 보고회 진행」.
　　　『민주조선』 제2957호(누계) 제1면. 평양 : 민주조선사.

민주조선 보도. 1956.01.18. 「훈민정음 창제 512주년 기념 강연회」. 『민주
　　　조선』 제3303호(누계) 제3면. 평양 : 민주조선사.

민주조선 보도. 1957.01.17. 「훈민정음 창제 513주년 기념 학술 강연회」.
　　　『민주조선』 제3615호(누계) 제3면. 평양 : 민주조선사.

민주조선 보도. 1974.01.17. 「우리 민족 글자 《훈민정음》을 만든 530돐
　　　기념 보고회가 있었다」. 『민주조선』 제9024호(누계) 제3면. 평양 :

민주조선사.

민주조선 보도. 1984.01.17. 「훈민정음 창제 540돐 기념 보고회 진행」. 『민
　　　주조선』 제12169호(누계) 제4면. 평양 : 민주조선사.

민주조선 보도. 1994.01.15. 「훈민정음 창제 550돐 기념 평양시 보고회
　　　진행」. 『민조조선』 제15385호(누계) 제1면. 평양 : 민주조선사.

민주조선 보도. 2014.01.16. 「민족어의 우수성을 고수하고 더욱 빛내이기
　　　위한 사회과학부문 토론회 진행」. 『민주조선』 제24429호(누계) 제2
　　　면. 평양 : 민주조선사.

민주중보 보도. 1949.09.30. 「한글날 기념 준비에 분망奔忙」. 『民主衆報』
　　　제1162호 제2면. 부산 : 민주중보사.

민중일보 보도. 1945.09.29. 「한글강습회 終了式종료식」. 『민중일보』 제4호
　　　제2면.

박금순. 1967.01.15. 「아름다운 말 훌륭한 글 −《훈민정음》 창제의 날을 맞으
　　　며−」. 『민주조선』 제6735호(누계) 제2면. 평양 : 민주조선사.

박병녹. 1946.03. 「한글날」. 잡지 『한글문화』 창간호 68쪽. 한글문화보급회.

박승희. 1964.01.14. 「아름다운 말−훌륭한 글'자」. 『문학신문』 제622호(누
　　　계) 제1면. 평양 : 문학신문사.

박용구 구술. 2001.06. 『내가 엮은 해방과 분단』 487~543쪽. 도서출판 선인.

박정희. 1965.10. 담화문 「(519돌) 한글날에 즈음하여」. 『한글』 제135호
　　　7~8쪽. 한글학회.

박지홍. 1984.11. 『풀이한 훈민정음』. 과학사.

방종현. 1946.09. 「훈민정음 史略사략」. 『한글』 제97호(제11권 제4호) 37~50
　　　쪽. 조선어학회.

방종현. 1948.01. 『훈민정음 通史통사』. 일성당서점.

백과사전출판사 편집위원회. 1995.10.~2001.12. 『조선 대백과사전』 30권.
　　　평양 : 백과사전출판사.

백민문화사 편집. 1945.12. 「한글기념일과 한글노래」. 잡지『白民』창간호
　　30쪽. 서울 : 백민문화사.

부산일보 보도. 1985.10.09. 「한글날 5백 39돌」.『부산일보』제12829호 제7
　　면. 부산 : 부산일보사.

사회과학원 언어학연구소 편찬. 1992.03.『조선말 대사전』1~2. 평양 : 사
　　회과학출판사.

사회과학원 언어학연구소 편찬. 2006.12.『조선말 대사전(증보판)』1~3. 평
　　양 : 사회과학출판사.

세종대왕기념사업회 등. 1966.03. 「건의서-한글날을 국경일로 정하는 일-」.
　　『한글』제136호 115~116쪽. 한글학회.

세종대왕기념사업회. 1981.12.『세종대왕기념사업회 25년사』. 세종대왕기
　　념사업회.

세종대왕기념사업회. 2006.12.『세종대왕기념사업회 50년사』. 세종대왕기
　　념사업회.

신민사 편집. 1926.02. '훈민정음 제8 회갑 기념'. 월간잡지『新民』제10호.
　　신민사.

신민사 편집. 1926.04. '特告특고'.『新民』제12호 63쪽. 신민사.

신민사 편집. 1926.05. '훈민정음 제8 회갑 기념 특집'.『新民』제13호. 신민사.

신민사 편집. 1926.11. 「특집 : 우리 문자의 普及策보급책」.『新民』제19호
　　52~56쪽. 신민사.

신민사 편집. 1927.03. 「在재京城경성 중요 단체(종교·사상·교육) 現狀현상 조
　　사」.『新民』제23호 47~73쪽. 신민사.

신조선보 보도. 1945.10.09. 「한글노래」.『新朝鮮報』제5호 제1면. 서울 : 신
　　조선보사.

신조선보 보도. 1945.10.10. 「한글紀念式기념식 盛大성대」.『新朝鮮報』제6호
　　제2면. 서울 : 신조선보사.

안확. 1925.05.12. 「언문의 연원」. 『시대일보』 제354호 제4면.

어윤적. 1907.10. 「국문 연구」. 이기문 지음의 『개화기의 국문연구』(1970. 05) 30~120쪽. 일조각.

어윤적. 1926.11.14~15. 「정음의 故典고전」(2회 연재). 『동아일보』 제2224~2225호 제3면.

어윤적. 1926.12.29~30. 「정음 제정 반포-김문식 씨 논문에 대하야-」(2회 연재). 『동아일보』 제2269~2270호 제3면.

영남일보 보도. 1947.10.08. 「한글날 기념 講演會강연회 개최」. 『영남일보』 제667호 제2면. 대구 : 영남일보사.

영남일보 보도. 1949.10.09. 「한글날 기념일 道內도내 행사」. 『영남일보』 제2273 제2면. 대구 : 영남일보사.

유억겸. 1946.10.09. 「500돌 한글날 담화」. 『자유신문』 제361호 제2면.

유제한. 1955.04. 「6·25 사변 이후 한글학회의 걸어온 길」. 『한글』 제110호 43~49쪽. 한글학회.

이갑李鉀. 1934.07. 「문맹 타파가」. 『한글』 제14호(제2권 제4호) 7쪽. 조선어학회.

이관구. 1979.11. 「533돌 한글날 기념식 식사」. 『한글 새소식』 제87호 3쪽. 한글학회.

이규영 엮음. 1917(?). 『한글모 죽보기』. 필사본.

이규영. 1913.09. 『온갖것』. 필사본. 김민수·고영근 엮음의 『역대 한국문법 대계』(1985.04) 제1부 제40책. 탑출판사.

이규영 베낌(筆寫). 「우리글 創製창제 紀念歌기념가」. 『온갖것』 둘의 19번째 장.

이극로. 1945.10.09. 「한글노래」. 『新朝鮮報』 제5호 제1면. 서울 : 신조선보사.

이극로. 1945.10.09. 「한글노래」. 『자유신문』 제5호 제1면.

이극로. 1945.11.12. 「한글노래」. 『朝鮮週報』 제4호 5쪽. 서울 : 조선주보사.

이극로. 1945.12. 「한글노래」. 잡지 『여성문화』 창간호 36쪽. 여성문화사.

이극로. 1945.12. 「한글노래」. 잡지 『白民』 창간호 30쪽. 백민문화사.

이극로. 1946.03. 「한글 노래」. 정인승 지음의 『한글 독본』 36쪽. 정음사.

이극로. 1946.03. 「한글노래」. 잡지 『한글문화』 창간호 35쪽. 한글문화보급회.

이극로. 1946.04. 한글날 기념 방송 원고 「한글날을 맞으며」. 『한글』 제94호 (제11권 제1호) 33쪽. 한글학회.

이근수. 1979.03. 『조선조의 어문정책 연구』. 개문사.

이기문. 1970.05. 『개화기의 국문 연구』. 일조각.

이낙연. 2017.11. 「571돌 한글날 경축식 축하말씀」. 『한글 새소식』 제543호 2~3쪽. 한글학회.

이능화. 1907.10. 「국문 연구」. 이기문 지음의 『개화기의 국문연구』(1970.05) 121~203쪽. 일조각.

이병기. 1946.10.09. 「한글 반포 오백년 기념가」. 『경향신문』 제4호 제2면.

이병기. 1975.05. 『가람일기 (Ⅰ)』. 신구문화사.

이병기. 1976.04. 『가람일기 (Ⅱ)』. 신구문화사.[1]

이숭녕. 1954.07. 「15세기의 母音 體系체계와 二重母音이중모음의 Kontraction 的적 발달에 대하여」. 『동방학지』 제1집 331~432쪽. 연희대학교 동방학연구소.

이숭녕. 1976.05. 『革新혁신 국어학사』. 박영사.

이승만 담화. 1949.10.09. 「읽기 쉽고 쓰기 쉽게 — 고괴한 이론을 캐지 말자 —」. 『자유신문』 제1400호 제2면.

이윤재. 1932.10. 「훈민정음의 創定창정」. 『한글』 제5호(제1권 제5호) 190~192쪽. 조선어학회.

---

[1] 1919년 1월부터 별세할 때까지 쓴, 생전의 일기를 사후에 최승범이 정리하여 『가람일기』라는 이름으로 간행하였다.

이윤재. 1935.11. 「한글날에 대하여」. 『한글』 제28호(제3권 제9호) 4~6쪽. 조선어학회.

이응창. 1945.09.02. 「한글노래」. 『대구日日신문』 제2호 제1면. 대구: 대구일일신문사.

이응호. 1971.12. 「한글만 쓰기 운동」. 『한글학회 50년사』² 418~486쪽.³ 한글학회.

이탁. 1932.10. 「글씨 노래」. 『한글』 제5호 209쪽. 한글학회.

이해찬. 2004.11. 「558돌 한글날 기념식 기념사」. 『한글 새소식』 제387호 14쪽. 한글학회.

이홍구. 1995.11. 「549돌 한글날 기념식 기념사」. 『한글 새소식』 제279호 19쪽. 한글학회.

이희승. 1935.10.28. 「한글 記念日기념일의 유래」. 『조선일보』 제5183호 제4면.

이희승. 1955.08. 『국어학 개설』. 민중서관.

일로一路. 1932.10.29. 「글날 노래」. 『동아일보』 제4262호 제5면.

자유신문 보도. 1945.10.09. 「한글노래」. 『자유신문』 제5호 제1면.

자유신문 보도. 1945.10.10. 「昨日작일 한글 반포 기념 式典식전 / 해방되여 마즌 첫 紀念日기념일」. 『자유신문』 제6호 제2면.

자유신문 보도. 1946.10.09. 「光輝광휘의 '한글' 반포 / 오늘 國慶국경 기념행사」. 『자유신문』 제361호 제4면(제1단).

자유신문 보도. 1946.10.09. 「말과 글은 民族민족의 생명」. 『자유신문』 제361

---

2 한글학회 창립 63돌을 기념하여 그 학회에서 간행하였다. 간행 당시에는 "1921년 12월 3일 창립"으로 보아 왔으므로 '50돌'이라 한 것인데, 그 후에 "1908년 8월 31일 창립"으로 수정했으니 이렇게 치면 '63돌'이 된다.

3 그 책에서는 기본적으로 각 부분의 필자를 명시하지 않았다. 하지만 이 부분의 필자가 '이응호'인 것이 분명하므로 밝혀 적는다.

호 제4면(제2단).

자유신문 보도. 1949.10.09. 「다채로운 기념행사 / 명칭 변경에 관하여」. 『자유신문』 제1400호 제2면.

자유신문 보도. 1951.10.09. 「오늘은 한글날 / 문교부 주최로 기념 式典식전」. 『자유신문』 제1649호 제2면.

정광. 2006.06. 「새로운 자료와 시각으로 본 훈민정음 창제와 반포」. 『언어정보』 제7호 5~38쪽. 고려대 언어정보연구소.

정영호. 1997.01.18. 「우수한 민족 글자 훈민정음」. 『통일신보』 제1372호(누계) 제6면. 평양 : 통일신보사.

정용호. 1994.01.15. 「훈민정음은 자랑 높은 우수한 민족 글자」. 『민주조선』 제15385호(누계) 제2면. 평양 : 민주조선사.

정용호. 1996.10.04. 「우리 민족의 자랑 《훈민정음》(해례)」. 『민주조선』 제16236호(누계) 제4면. 평양 : 민주조선사.

정원식. 1991.11. 「545돌 한글날 기념식 기념사」. 『한글 새소식』 제231호 13쪽. 한글학회.

정인승. 1956.12. 「한글학회 35년 약사」. 『한글』 제120호 14~20쪽. 한글학회.

제주신보 보도. 1947.10.06. 「9일은 '한글날' / 北國校북국교에서 교내 음악회」. 『濟州新報』 제254호 제2면. 제주 : 제주신보사.

조규수. 1927.10.25. 「우리의 목숨 붙은 한글날」. 『조선일보』 제2562호 제3면.

조선신문 보도. 1948.01.16. 「조선어 신철자법 15일에 正式정식 公布공포」. 『朝鮮新聞』 제555호(누계) 제3면(제9단). 평양 : 조선신문사.

조선신문 보도. 1948.01.16. 「訓民正音훈민정음 紀念日기념일은 1월 15일로」. 『朝鮮新聞』 제555호(누계) 제3면(제10단). 평양 : 조선신문사.

조선어문연구회 편찬. 1950.04. 『조선어 신철자법』. 평양 : 조선어문연구회.

조선어문연구회 편집. 1949.04. 「조선어문연구회의 사업 전망」. 월간 『조선어 연구』 창간호 133~138쪽. 평양 : 조선어문연구회.

조선어학회 편집. 1932.10. 소식 「한글날 양력 환산」. 『한글』 제5호(제1권 제5호) 206~208쪽. 조선어학회.

조선어학회 편집. 1934.01. 소식 「한글 기념날 양력 환산 개정」. 『한글』 제17호(제2권 제7호) 1쪽. 조선어학회.

조선어학회 편집. 1934.07. 「문맹타파가」(악보). 『한글』 제14호(제2권 제4호) 7쪽. 조선어학회.

조선어학회 편집. 1934.12. 소식 「한글 반포 제488회 기념식」. 『한글』 제19호(제2권 제9호) 12~15쪽. 조선어학회.

조선어학회 편집. 1940.11. 소식 「한글날의 考證고증 是正시정」. 『한글』 제81호(제8권 제8호) 앞표지 안쪽. 조선어학회.

조선어학회 편집. 1946.04. 소식 「한글 방송국」. 『한글』 제94호(제11권 제1호) 66쪽. 조선어학회.

조선어학회 편집. 1946.11. 소식 「한글 신문」. 『한글』 제98호(제11권 제5호) 70~72쪽. 조선어학회.

조선어학회 편집. 1949.01. 소식 「한글 신문」. 『한글』 제105호 68쪽. 조선어학회.

조선우표사. 2014.12.30. 『조선우표-Korea Stamps-』 22쪽. 평양 : 조선우표사.

조선일보. 1923.02.16. 社說사설 「조선 正音의 元始원시된 舊曆구력 癸亥계해」. 『조선일보』 제890호 제1면.

조선일보. 1924.01.06. 社說 「조선 문화의 大대紀念기념」. 『조선일보』 제1214호 제1면.

조선일보 보도. 1926.11.02. 「가갸날 기념 懇談會간담회 개최」. 『조선일보』 제2205호 조간 제2면.

조선일보 보도. 1926.11.03. 「뜻잇는 이는 다 오시요! / 가갸날을 긔념 축하하리라」.『조선일보』제2206호 제2면.

조선일보 보도. 1926.11.06.「각 방면의 名士명사 雲集운집 / 大성황의 가갸날 / 두 가지 決議결의로 원만히 폐회」.『조선일보』제2209호 제2면.

조선일보 보도. 1926.11.07.「自意不合자의불합타고 巡査순사가 신문을 任意임의 押收압수」.『조선일보』제2210호 제2면.

조선일보 보도. 1926.11.09.「적반하장의 告訴고소 / 몰염치한 文川郡문천군 직원」.『조선일보』제2212호 조간 제2면.

조선일보 보도. 1926.11.11.「의미심장한 가갸날 祝賀會축하회 / 사리원 유지 기념 강연」.『조선일보』제2214호 조간 제1면.

조선일보 보도. 1926.11.11.「'가갸' 普及보급 宣傳선전 / 제1회 강연 大성황」. 『조선일보』제2214호 석간 제2면.

조선일보 보도. 1926.11.12.「기념이냐 실행이냐-가갸날과 한글 문제-」. 『조선일보』제2215호 조간 제1면(제1단).

조선일보 보도. 1926.11.12.「권덕규를 청하야 가갸날 기념 講演강연 / 천안 각 단체 주최로」.『조선일보』제2215호 조간 제1면(제7단).

조선일보 보도. 1926.11.12.「'우리글' 연구 기관 正音會정음회를 조직 / 정음 긔념일도 작정해」.『조선일보』제2215호 조간 제2면.

조선일보 보도. 1926.11.16.「咸함·金김 양씨 放免방면」.『조선일보』제2219 호 석간 제2면.

조선일보 보도. 1926.11.23.「가갸날 기념 강연 / 평남 덕천군」.『조선일보』 제2226호 조간 제1면.

조선일보 보도. 1927.01.01.「한글 欄난에 대하야」.『조선일보』제2265호 제2면.

조선일보 보도. 1927.01.03.「과거 1년 內外내외 日誌일지」.『조선일보』제 2267호 제4면.

조선일보 보도. 1927.09.24.「전남 영광『한글』회『가갸날』기념 준비」.『조선일보』 제2531호 제5면.

조선일보 보도. 1927.10.24.「가갸날 / 한글 탄생 紀念기념 482회」.『조선일
　　　보』 제2561호 제3면.

조선일보 보도. 1927.10.28.「가갸날−靈光영광 / 기념講演강연, 宣傳旗선전기
　　　行列행렬, 축하기념연, 음악연극회」.『조선일보』 제2565호 제4면(제
　　　9단).

조선일보 보도. 1927.10.28.「가갸날 기념 講演−天安천안」.『조선일보』 제
　　　2565호 제4면(제10단).

조선일보 보도. 1927.10.30.「가갸날 기념 강연 / 옥구, 공주」.『조선일보』
　　　제2567호 제4면.

조선일보 보도. 1927.11.19.「漢字廢止한자폐지 宣傳선전」.『조선일보』 제2587
　　　호 제5면.

조선일보 보도. 1928.11.27.「본사 記者기자 趙奎洙조규수 씨 長逝장서」.『조선
　　　일보』 제2827호 제2면.

조선일보 보도. 1930.11.19.「한글날 484 / 한글 반포 사백여든넷재 돐을
　　　맞으면서」.『조선일보』 제3549호 제4면.

조선일보 보도. 1930.11.21.「한글 紀念기념 명년부터 양력 10월 28일에 / 정
　　　음 반포 기념 盛大성대」.『조선일보』 제3551호 제2면.

조선일보 보도. 1931.01.01.「2등 당선 한글 紀念歌기념가」.『조선일보』 제
　　　3592호 제12면(3의 제4면).

조선일보 보도. 1932.01.01.「빗나는 한글날 6회째 紀念」.『조선일보』 제
　　　3937호 제9면(3의 제1면).

조선일보 보도. 1935.09.27.「정음 반포 기념 30일 거행 / 조선어학연구회
　　　주최로」.『조선일보』 제5152호 조간 제2면.

조선일보 보도. 1946.08.28.「서울대학案안 落着낙착 / 법령 102호 공포」.『조
　　　선일보』 제7141호 제2면.

조선일보 보도. 1946.09.12. 「초중등 교과서 24만여 부 配付배부」. 『조선일보』 제7153호 제2면.

조선일보 보도. 1946.10.04. 「'한글'에 榮光영광 있으라 / 多彩다채한 오백 주년 기념행사 준비」. 『조선일보』 제7167호 제2면.

조선일보 보도. 1946.10.05. 「9일의 한글날 公休日공휴일로 制定제정」. 『조선일보』 제7168호 제2면.

조선일보 보도. 1946.10.10. 「3항의 기념사업 發議발의 — 한글 반포 500년 기념식 盛大성대 —」. 『조선일보』 제7172호 제2면.

조선일보 보도. 1947.10.07. 「한글날 기념식과 큰사전 반포식」. 『조선일보』 제7478호 제2면.

조선일보 보도. 1947.10.09. 「오늘은 한글날」. 『조선일보』 제7480호 제2면.

조선일보 보도. 1947.10.10. 「한글 반포 기념 式典식전 盛況성황」. 『조선일보』 제7481호 제2면.

조선일보 보도. 1948.10.09. 「우리글은 세계의 자랑」. 『조선일보』 제7796호 제2면.

조선일보 보도. 1948.10.10. 「한글 기념식 어학회서 거행」. 『조선일보』 제7797호 제4면.

조선일보 보도. 1949.05.27. 「國慶日국경일과 公休日공휴일 法案법안 국무회의 통과」. 『조선일보』 제7955호 제2면.

조선일보 보도. 1949.10.10. 「한글날 기념식 嚴修엄수」. 『조선일보』 제8130호 제2면.

조선일보 보도. 1953.10.11. 「세종대왕릉 前전에서 祭典제전」. 『조선일보』 제9473호 제2면.

조선일보 보도. 1953.10.11. 「한글 頒布반포 기념식」. 『조선일보』 제9473호 제2면.

조선일보 보도. 1955.10.10. 「풍문여고서 한글날 기념식 엄수嚴修」. 『조선일보」제10201호 제2면.

조선일보 보도. 1962.10.10. 「받들자 세종의 성덕 / 한글날 잔치, 박 의장 등 참석」. 『조선일보』 제12748호 제7면.

조선중앙일보 보도. 1947.10.03. 「한글날 記念式, 여주 英陵서 거행」. 『조선중앙일보』 제162호 제2면. 서울 : 조선중앙일보사.

조성환. 2003.06. 「윤이상 동요의 사료적 가치와 악곡 분석 : 1952년에 간행된 『국민학교 새 음악』을 중심으로」. 『한국음악사학』 제30집 697~724쪽. 한국음악사학회.

조종현. 1930.11.19. 동요 「한말 한글」. 『동아일보』 제3552호 제4면.

주시경. 1907.10. 「국문 연구」. 이기문 지음의 『개화기의 국문연구』(1970. 05) 204~398쪽. 일조각.

중앙신문 보도. 1945.11.18. 「새로 창립된 國際音樂文化社국제음악문화사」. 『중앙신문』 제18호 제2면.

중앙신문 보도. 1945.12.14. 「우리 음악 敎科書교과서 編纂편찬 준비위원회」. 『중앙신문』 제34호 제2면.

중앙일보 보도. 2016.10.09. 「오늘은 한글날 | 570돌 한글날 … 북한에는 있다? 없다?」(김백기 기자). 인터넷판.

중외일보 보도. 1926.11.18. 「가갸날 記念 講演강연」. 『中外日報』 제4호 제4면.

차무로. 1932.10.29. 「글날을 쇠자」. 『동아일보』 제4262호 제5면.

차일로. 1929.08.21. 동시 「밤」. 『조선일보』 제3104호 제3면.

차일로. 1941.04. 「시골말에서 찾아본 語意어의」. 『한글』 제85호 1쪽. 조선어학회.

채동선 작곡·이극로 작사. 1945.12. 「한글노래」(악보). 『여성문화』 창간호 36쪽. 여성문화사.

최규하. 1977.11. 「531돌 한글날 기념식 기념사」. 『한글 새소식』 제63호 1쪽. 한글학회.

최정후. 1964.01.15. 「우리의 말과 글을 더욱 아름답고 풍부하게 하자」. 『로동신문』 제5993호(누계) 제2면. 평양 : 로동신문사.

최학송. 1927.10.27. 「所感소감」. 『조선일보』 제2564호 제3면.

최현배. 1940.05. 『한글갈』. 정음사.

최현배. 1954.10. 「한글의 노래」. 글모음 『한글의 투쟁』 10쪽. 정음사.

최현배. 1956.10. 「510째 돌 한글날을 맞이하여」. 『한글』 제119호 8~9쪽. 한글학회.

최현배. 1956.10.09. 「한글은 겨레정신의 결정結晶 ─한글날을 국경일로 하자─」. 『동아일보』 제10416호 제4면.

최현배. 1969.10.09. 「523돌 한글날 기념식 식사」. 『나라사랑』 제75집 (1990.09) 44~46쪽. 외솔회.

태영호. 2019.10.19. 「광화문 세종대왕 동상에 놀랐다」. 『조선일보』 제 30715호 B5면.

통일신보 보도. 2004.01.10. 「민족의 자랑─훈민정음」. 『통일신보』 제1736 호(누계) 제6면. 평양 : 통일신보사.

통일신보 기자. 2006.01.14. 「562년의 력사를 자랑하는 훈민정음」. 『통일신 보』 제1841호(누계) 제5면. 평양 : 통일신보사.

한글동인 편집. 1927.02. 「첨내는말」. 동인지 『한글』 제1호 1~2쪽. 한글사.

한글동인 편집. 1927.11. '사진 설명'. 동인지 『한글』 제7호 1쪽. 한글사.

한글학회 편집. 1949.12. 소식 「한글 신문」. 『한글』 제108호 133쪽. 한글학회.

한글학회 기록. 1954.10.17. 「이사회 회의록」. 필사본.

한글학회 편집. 1955.10./1956.10. 「한글의 노래」(악보). 『한글』 제114호 2쪽/제119호 7쪽. 한글학회.

한글학회 편집. 1960.02. 소식 「한글 신문」. 『한글』 제124호 101쪽. 한글학회.

한글학회 편집. 1961.11. 소식 「한글 신문」. 『한글』 제128호 154쪽. 한글학회.

한글학회 편집. 1965.10. 「대통령 담화문 | 한글날에 즈음하여」. 『한글』 제

135호 7~8쪽. 한글학회.

한글학회 편집. 1966.03. 소식「한글 신문」.『한글』제136호 103~121쪽. 한글학회.

한글학회 편집. 1971.12.『한글학회 50년사』. 한글학회.

한글학회 편집. 1972.09.~2022.11. 월간『한글 새소식』제1호~제603호. 한글학회.

한글학회. 2009.09.『한글학회 100년사』. 한글학회.

한덕수. 2022.11.「576돌 한글날 경축 축하말씀」.『한글 새소식』제603호 2~3쪽. 한글학회.

한성일보 보도. 1947.10.07.「한글날 行事행사 多彩다채」.『漢城日報』제305호 제2면.

한성일보 보도. 1949.10.11.「文字史문자사의 金字塔금자탑 / 한글날 기념식 盛大성대」.『漢城日報』제553호 제2면.

한송주. 2004.06.「반가운 날 한글 이 세상에 나오신 날」.『노래와 함께 역사와 함께』220~232쪽. 도서출판 다지리.

한용운. 1926.12.07.「가갸날에 대하야」.『동아일보』제2247호 제5면.

황부영. 1958.01.16.「훈민정음 창제 514주년」.『로동신문』제3855호(누계) 제3면. 평양 : 로동신문사.

허성철. 2001.01.27.「우리 민족의 자랑스러운 창조물《훈민정음》」.『통일신보』제1582호(누계) 제1면. 평양 : 통일신보사.

허웅. 1972.11.「526돌 한글날 기념식 식사」.『한글 새소식』제3호 1쪽. 한글학회.

허웅. 1976.10.「530돌 한글날 기념식 식사」.『한글 새소식』제50호 1쪽. 한글학회.

허웅. 1997.10.「훈민정음과 문맹 퇴치」.『한글 새소식』제302호 4~7쪽. 한글학회.

헤럴드경제 보도. 2008.10.10. 「말과 글 모호…한글날 경축사도 엉터리」(백
　　　웅기 기자). 『헤럴드경제』 제7987호 제9면.

호남신문 보도. 1949.10.11. 「한글날 기념식」. 『호남신문』 제1215호 제2면.
　　　광주 : 호남신문사.

홍기문. 1946.08. 『정음 발달사 (하)』. 서울신문사 출판국.

홍문관弘文館. 1903~1908. 『증보 문헌비고』 권108.

홍이섭. 2004.05. 『세종대왕(수정판)』. 세종대왕기념사업회.

SBS. 2018.10.08. 「한글날 vs 조선글날」. SBS 8시 뉴스.

http://www.archives.go.kr (국가기록원).

http://www.assembly.go.kr (국회).

http://likms.assembly.go.kr/record (국회 회의록).

http://www.launyung.co.kr. (작곡가 나운영의 생애와 작품)

http://www.law.go.kr (국가법령정보센터).

http://www.moleg.go.kr (법제처).

〈음악 교과서〉

경기도교육청 저작著作. 2013.03. 『중학교 음악』 3. ㈜중앙교육. 〔편찬자 : 윤
　　　용재 외 10인〕

계정식 저著. 1946.12. 『중등 노래교본-초급용』. 교회음악연구회(같은 날 '교
　　　재연구사'에서도 발행. 다음해 5월에는 '문화교육출판사'에서 발행).

고춘선·홍종건 지음. 2001/02/03.03. 교육인적자원부 검정 『중학교 음악』
　　　3권. 세광음악출판사.

고춘선·홍종건 지음. 2003.03. / 2010.03. 교육인적자원부 / 교육과학기술부
　　　검정 『고등학교 음악』. 세광음악출판사.

교육부 지음. 1990.03. 『(국민학교) 음악 6』. 국정교과서주식회사. 〔연구한
　　　이 : 한국교육개발원〕

교육부 저작. 1997.03. 『(초등학교) 음악 6』. 국정교과서주식회사. 〔편찬자 : 서울교육대학교 1종도서연구개발위원회〕

교육인적자원부 저작. 2002.03. 『(초등학교) 음악 6』. 대한교과서주식회사. 〔편찬자 : 경인교육대학교〕

교육과학기술부 저작. 2009.03. 특수학교 기본교육과정 『(초등학교) 음악』 1, 2, 3. 대한교과서주식회사. 〔편찬자 : 대구교육대학교 국정도서편찬위원회〕

교육부 저작. 2019.03. 『초등학교 음악 5, 6』. ㈜미래엔. 〔편찬자 : 경상대학교 국정도서편찬위원회〕

국민음악연구회 편찬. 1949.06. 문교부 검정 『초등 음악책-4·5·6학년용』. 국민음악연구회.

국민음악연구회 편찬. 1949.07. 문교부 검정 『초등 음악책-1·2·3학년용』. 국민음악연구회.

국민음악연구회 편찬. 1951.12. 문교부 검정 『초등 음악 6』. 국민음악연구회.

군정청 문교부 저작. 1946.08. 『초등 노래책』 3권(1·2학년 소용, 3·4학년 소용, 5·6학년 소용). 서울 : 조선서적인쇄주식회사.

(군정청) 문교부 지음. 1948.04. 『초등 노래책』 6권. 서울 : 조선교학도서주식회사.

금수현 엮음. 1963.01. 문교부 검정 『새 고등 음악』 2권(상, 하). 새로이출판사.

김광옥 외 5인. 2018.03. 대전광역시교육감 인정 『중학교 음악』. ㈜아침나라.

김달성·조상현 엮음. 1960.03. 문교부 검정 『고등 음악』 2권(상, 하). 한국검인정교과서주식회사.

김달성·김준수 지음. 1990.03. 교육부 검정 『고등학교 음악』. 세광음악출판사.

김성수 외 2인 지음. 2003.03. / 2010.03. 교육인적자원부 / 교육과학기술부 검정 『고등학교 음악』. ㈜대한교과서 / ㈜미래엔컬처그룹.

김성태 엮음. 1951.11. 문교부 인정 『국민학교 노래책』 3권(1·2, 3·4, 5·6).

창조사.

김성태 지음. 1957.03. 문교부 검정 『고등 음악』 3권. 예술교육출판사.

김성태 지음. 1959.03. 문교부 검정 『새로 엮은 중등 음악』 3권. 음악예술사.

김성태 지음. 1967.01. / 1975.01. 문교부 검정 『중학교 음악』 3권. 음악예술사.

김성태 지음. 1967.01. 문교부 검정 『고등 음악』 3권. 음악예술사.

김용진 외 2인 지음. 1989/90/91.03. 교육부 검정 『중학교 음악』 3권. ㈜시사
    영어사.

김정숙 외 3인 지음. 2010.03. / 2014.03. 교육과학기술부 / 교육부 검정 『중학
    교 음악』 3권. 법문사.

김준수·이동훈 지음. 1996.03. 교육부 검정 『고등학교 음악 I 』. 세광음악출
    판사.

김준수·이동훈 지음. 2003.03. / 2010.03. 교육인적자원부 / 교육과학기술부
    검정 『중학교 음악』 3권. 동진음악출판사.

김형근 지음. 1967.01. / 1975.01. 문교부 검정 『새 중학 음악』 3권. 을유문화사.

김형근 지음. 1968.01 문교부 검정 『인문계 고등학교 새 음악 I 』. 을유문화사.

나운영 지음. 1948.08. 문교부 검정 『중등 음악』 3권. 국제음악문화사.

나운영 지음. 1956.03. 문교부 검정 『중등 음악』 3권. 민중서관.

노동은 외 5인 지음. 2002.03. / 2010.03. 교육인적자원부 / 교육과학기술부 검
    정 『고등학교 음악과 생활』. 법문사.

노승종 외 9인 지음. 2015.03. 교육부 검정 『초등학교 음악 5~6』. 교학사.

대한예술교육회 꾸밈. 1952.03. 문교부 인정 『(국민학교) 음악-2학년 소용』.
    기신사紀新社(1953년 5월에는 '문화교육출판사'에서 발행).

류덕희 지음. 1995/96/97.03. / 2001.03. 교육부 / 교육인적자원부 검정 『중학
    교 음악』 3권. 도서출판 장원.

문교부 지음. 1954.03/09. / 1955.03/12. 『(국민학교) 음악』 1, 2. 대한문교서
    적주식회사.

문교부 지음. 1954.04/09. / 1955.03/12. 『(국민학교) 음악』 3. 대한문교서적
　　주식회사.

문교부 지음. 1954.09. / 1955.03/12. 『(국민학교) 음악』 4, 5, 6. 대한문교서
　　적주식회사.

문교부 지음. 1957.01. 『(국민학교) 음악』 4, 5, 6. 대한문교서적주식회사.

문교부 지음. 1958.03. 『(국민학교) 음악』 6권. 대한문교서적주식회사.

문교부 지음. 1966.03. 『(국민학교) 음악』 3, 4, 5, 6. 국정교과서주식회사.

문교부 지음. 1974.03. / 1983.03. 『(국민학교) 음악』 3, 4, 5, 6. 국정교과서주
　　식회사.

문교부 저작. 1979.03. 문교부 검정 『중학교 음악』 3권. 국정교과서주식회사.
　　　〔편찬자 : 서울교육대학교 1종도서연구개발위원회〕

문교부 지음. 1983/89.03. 『국민학교 교사용 지도서 음악 6』. 국정교과서주식
　　회사.

박재훈·노명 지음. 1975.01. 문교부 검정 『표준 중학 음악』 3권. 호악사.

박정자 외 3인 지음. 2014.03. 부산광역시교육감 인정 『중학교 음악』. ㈜아침
　　나라.

박태현·이승학 지음. 1951.10. 문교부 인정 『전시戰時 음악 공부』 3권(1·2학
　　년 소용, 3·4학년 소용, 5·6학년 소용). 장백사.

박태준·이상춘 엮음. 1960.04. 문교부 검정 『새 중학 음악』 3권. 동아출판사.

백병동 외 4인 지음. 2001/02/03.03. / 2010.03. 교육인적자원부 / 교육과학기
　　술부 검정 『중학교 음악』 3권. ㈜천재교육.

백병동 외 4인 지음. 2003.03. / 2010.03. 교육인적자원부 / 교육과학기술부 검
　　정 『고등학교 음악』. ㈜천재교육.

서수준 지음. 1968.01. / 1977.01. 문교부 검정 『인문계 고등학교 새 음악 I』.
　　일진출판사.

서수준 지음. 1975.01. 문교부 검정 『중학교 음악』 3권. 일진출판사.

서한범 외 3인 지음. 2010.03. / 2014.03. 교육과학기술부 / 교육부 검정 『중학
　　교 음악』. 도서출판 태성.

석문주 외 6인 지음. 2014.03. 교육부 검정 『초등학교 음악 3~4』. 동아출판㈜.

신계휴 외 6인 지음. 2011.03. 교육과학기술부 검정 『초등학교 음악 6』. ㈜천
　　재교육.

신귀복·류순희 지음. 1990.03. 교육부 검정 『고등학교 음악』. 현대음악출판사.

신귀복·강덕원 지음. 1996.03. 교육부 검정 『고등학교 음악 I』. 현대음악출
　　판사.

안형일 외 2인 지음. 1990.03. 교육부 검정 『고등학교 음악』. 금성교과서㈜.

오동일 지음. 1984.03. 문교부 검정 『중학교 음악』 3권. 학연사.

오동일 지음. 1990.03. 교육부 검정 『고등학교 음악』. 세광음악출판사.

오동일·고춘선 지음. 1996.03. 교육부 검정 『고등학교 음악 I』. 세광음악출
　　판사.

우동희·박종인 지음. 1996.03. 교육부 검정 『고등학교 음악 I』. 태림출판사.

윤명원·김영희 지음. 2001/02/03.03. 교육인적자원부 검정 『중학교 음악』
　　3권. ㈜지학사.

윤양석·김준수 지음. 1989/90/91.03. 교육부 검정 『중학교 음악』 3권. 세광
　　음악출판사.

윤이상·김영일 엮음. 1952.04. 문교부 인정 『국민학교 새 음악-5학년』. 부
　　산 : 대한군경원호회 경남지부 출판부.

음악교재연구회 지음. 1967.01. 문교부 검정 『표준 중학 음악』 3권. 호악사.

이강렴 편編. 1956.03. / 1963.01. 문교부 검정 『중등 음악교본』 3권. 국민음
　　악연구회.

이상근 지음. 1967.01. / 1975.01. 문교부 검정 『중학 음악』 3권. 영지문화사
　　　(1978년 발행본부터 '국정교과서주식회사'에서 발행).

이상덕 지음. 1984.03. 문교부 검정 『중학교 음악』 3권. 삼화서적주식회사.

이상덕 지음. 1990.03. 교육부 검정『고등학교 음악』. 동아서적주식회사.

이승학 엮음. 1959.03. 문교부 검정『중등 음악 1』. 친우문화사.

이승학 지음. 1966.01. / 1975.01. 문교부 검정『새로운 중학 음악』 3권. 친우
　　　문화사.〔1966년 발행본의 이름은『새로운 중등 음악』〕

이언도 외 2인 지음. 1996.03. 교육부 검정『고등학교 음악 I』. 법문사.

이용일·김우진 지음. 1995/96/97.03. 교육부 검정『중학교 음악』 3권. 주식
　　　회사 교학사.

이재면 지음. 1976.01. 문교부 검정『최신 중학 음악』 3권. 양문사.

이홍수 외 2인 지음. 1996.03. 교육부 검정『고등학교 음악 I』. 동아출판사.

장기범 외 4인 지음. 2011.03. 교육과학기술부 검정『초등학교 음악 6』. ㈜미
　　　래엔컬쳐그룹.

장기범 외 4인 지음. 2013.03. 부산광역시교육감 인정『중학교 음악』. ㈜미래엔.

장창환 지음. 1965.12. / 1975.01. 문교부 검정『새로운 중학 음악』 3권. 사조사.

장창환 지음. 1984.03. 문교부 검정『중학교 음악』 3권. 고려서적주식회사.

정세문 외 4인 지음. 1984.03. 문교부 검정『중학교 음악』 3권. ㈜동아출판사.

정세문 외 2인 지음. 1995/96/97.03. 교육부 검정『중학교 음악』 3권. ㈜보진재.

정세문 외 3인 지음. 1990.03. 교육부 검정『고등학교 음악』. 동아출판사.

정세문 외 2인 지음. 1996.03. 교육부 검정『고등학교 음악 I』. ㈜보진재.

정영택·허화병 지음. 1989/90/91.03. / 1995/96/97.03. 교육부 검정『중학
　　　교 음악』 3권. ㈜지학사.

정영택·허화병 지음. 1990.03. 교육부 검정『고등학교 음악』. ㈜지학사.

정영택·허화병 지음. 1996.03. 교육부 검정『고등학교 음악 I』. ㈜지학사.

정영택·허화병 지음. 2003.03. / 2010.03. 교육인적자원부 / 교육과학기술부
　　　검정『고등학교 음악』. ㈜교학사.

정진우·박재훈 지음. 1967.12. / 1977.01. 문교부 검정『인문계 고등학교 표
　　　준 음악 I』. 호악사.

정회갑·김성남 지음. 1974.01. 문교부 검정 『중학생의 음악』 3권. 현대악보 출판사(1978년 발행본부터 '국정교과서주식회사'에서 발행).

조대현 외 6인 지음. 2018.03. 대전광역시교육감 인정 『중학교 음악』. ㈜다락원.

조상현·김달성 엮음. 1958.12. 문교부 검정 『중등 음악』 3권. 한국검인정교과서주식회사.

조상현·김달성 엮음. 1966.01. / 1975.01. 문교부 검정 『중학 음악』 3권. 백영사. 〔1966년 발행본의 이름은 『중등 음악』〕

조창제 지음. 1996.03. 교육부 검정 『고등학교 음악 I』. 도서출판 태성.

조효임 외 7인 지음. 2011.03. 교육과학기술부 검정 『초등학교 음악 6』. 태림출판사.

중등음악교과서 편찬위원회 저작著作. 1946.05. 『임시 중등 음악교본』. 국제음악문화사.

최동선 지음. 1990.03. 교육부 검정 『고등학교 음악』. 학연사.

최영환·권길상 엮음. 1966.12. / 1975.01. 문교부 검정 『중학 음악』 3권. 일한도서출판사. 〔1966년 발행본의 이름은 『중등 음악』〕

최필림 외 3인 지음. 2001/02/03.03. 교육인적자원부 검정 『중학교 음악』 3권. 성안당.

허화병 외 3인 지음. 2010.03. / 2014.03. 교육과학기술부 / 교육부 검정 『중학교 음악』 3권. 세광음악출판사.

찾아보기

① 참고 문헌 목록은 범위에서 제외. ②*, 『 』, 「 」는 각각 인명, 책·신문, 작품·법령의 표시.

ㄱ

가갸날 34, 36, 37, 40~46, 51~63,
     65, 76, 116, 134, 165~167, 171,
     247, 256, 257
가갸날 노래 56, 165~168
『가람 일기』 31
가로쓰기 291
「각종 기념일 등에 관한 규정」 116,
     264
간담회 40, 41, 55
간사장 32, 67, 78, 173
*갈배사람 34
갑오경장 246, 281
*강덕원 216
*강상희 45
강습회 43, 50, 51, 55, 174
강연/강연회 29, 32, 33, 37, 42, 43,
     47~49, 50, 55~58, 77, 79, 80,
     85, 98, 104, 127, 145, 146, 166,
     168, 180
*강영훈 255
강원도 55, 149
『강원일보』 88

*강희맹 223
*강희안 294
개천절 101, 106, 133, 208, 238, 259,
     261, 264, 266
「개천절 노래」 182, 191, 195, 208,
     210, 212, 214
개화 사상 247
건의서 104, 106, 120, 121, 123,
     238, 262
검정 교과서/검정 182, 212, 214,
     215, 218
겨레문화 229, 233, 250, 267
겨레얼 256, 259
겨레정신 229, 230, 231, 266, 267
결의문 128, 130
경기도 34, 69, 81, 82, 85, 87, 105,
     113, 114, 117, 129, 140, 183
경상남도 92, 97, 98, 186, 193
경상북도/경북 55, 72, 92, 94, 144,
     295
경성/경성부 37, 55, 69, 91, 143,
     165
경성제국대학 149, 201

경절 / 경일 102, 103, 225, 231, 232
경축 107, 123, 165, 233, 239, 248, 250, 251
경축사 119, 134, 135, 139, 268, 271~273
경축식 68, 100, 134, 135, 138~140
「경축일 공포에 관한 건」 99
『경향신문』 82, 83, 86, 98, 100, 102, 105, 182, 185, 195, 198, 212
계명구락부 61, 62
*계정식 185, 186
계해 / 계해년 19, 20, 26~29, 33, 143
계해년 겨울 17, 18, 220, 221, 223
계해 / 계해년 12월 18, 21, 26, 27, 28, 30, 32, 34, 38, 143, 222
『고등 음악』/『고등학교 음악』 203, 205, 206, 211, 216, 217
고등학교 (음악) 교과서 188, 193, 199, 203, 205, 206, 208, 209, 211, 212, 216, 217
*고춘선 216, 217
*공병우 121
공보처 97, 98, 198
공용어 272, 291
공청회 126, 127
공휴일 81, 85, 86, 91, 99, 101, 103, 106, 107, 116, 120~124, 126, 128, 135, 136, 232, 238, 248,

256, 258, 260~263, 265~267
「공휴일에 관한 법률」 136
과학성 129, 131, 149, 250, 280, 284, 285, 288, 290
과학원 147~151, 156, 157, 292
「관공서의 공휴일에 관한 건」 90, 91, 137
「관공서의 공휴일에 관한 규정」 122, 135~137, 256, 260, 263, 264, 266
광복 39, 72, 77, 89, 102, 108, 110, 141, 142, 144, 149, 155, 167, 173~175, 178, 182~184, 196, 201, 231, 241, 247, 248, 258
광복절 101, 102, 106, 133, 135, 136, 208, 238, 259, 261, 264, 266
「광복절(의) 노래」 191, 195, 200, 208, 210, 212
광주光州 93, 166
교과서 173, 182, 183, 187~189, 191, 196
『교원신문』 149, 150, 154
교육부 84, 196, 215, 518
교육성 / 교육문화성 142, 149
교육위원회 98, 114, 154
교육청 88, 114, 217
9월 10일 74, 258
9월 그믐날 / 29일 36~43, 47, 51, 56, 60, 62, 66, 68, 69, 165, 166,

256, 257

국局 17, 18, 220, 224

국가 공용 문자 280

국경일 90, 91, 99~101, 104~107, 123~130, 133~137, 195, 208, 212, 225, 229, 238, 239, 256, 258~261, 263~268, 270

「국경일에 관한 법률」 101, 107, 127, 129, 130, 133, 136, 195, 258, 264

국립 민족박물관 86

국문 16, 17, 19~25, 35, 89, 90, 161, 164, 220, 227, 228

국문 숭용 22, 25, 161

국문 28자 17, 19, 20, 220, 221

국문 창제 기념식 22, 24, 161, 164

「국문 연구」/「국문 연구안」 16, 17, 19, 34, 220

국문연구소 16, 19, 24, 36, 163

「국문연구 의정안」 17, 19, 20

국민음악연구회 183, 189

국민학교 국어 교과서 178, 182

국민학교/초등학교(음악) 교과서 183, 187, 188, 191, 193, 195, 199, 202~205, 208, 212, 214, 215

국민회당 108

국어 17, 58, 100, 112, 113, 127, 130~132, 173, 177, 182, 220, 221, 244, 248, 249, 270

국어강습소 53

국어과 지도자 양성 강습회 77

국어국문학회 239

「국어기본법」 130~132

국어 순화/언어 정화 112~114, 244, 248, 291, 293

국어연구학회 30, 53

국일관 40, 49

국정 교과서 182, 191, 202, 208

국제 공개어 272

『군산신문』 88

군정 법률 제2호 99

군정 사령관/군정 장관 83

군정청 79~81, 84, 99, 100, 182, 187, 226, 258

*권덕규 24, 31~33, 35, 36, 39, 44, 45, 48, 50, 51, 53, 56, 60, 61, 162, 172

*권동진 78

*권상로 45, 69

*권오병 106

「권학가」 172

규범화 281, 291~293

그레고리력 69, 74, 257, 258

그믐날 37, 256

글과 말 51, 113, 168

「글날 노래」 170~172

「금강뫼 탐험 노래」 162

기념글 113, 148, 151~155, 157

기념 보고대회 145~148, 152

기념 보고회 74, 148, 151, 153, 154, 157

기념사 83, 84, 87, 93, 109, 110~113, 117~119, 123, 134, 233, 234, 250, 253, 272

기념사업 49, 81, 83

기념식 22~25, 29~32, 37, 38, 44, 55~57, 59, 69, 71, 72, 77~88, 91~93, 96~98, 100, 103~105, 108~111, 113~115, 117, 120, 121, 125, 132, 138, 141, 161, 163, 164, 166, 174, 181~186, 190, 191, 198, 199, 201, 208, 214, 231, 233, 239, 242, 248, 257, 258

기념우표 86, 155

기념일 28, 33, 37, 38, 47, 48, 61, 63, 75, 87, 93, 100, 103, 157, 168, 171, 235, 240

기념 축하회 32, 41, 42, 44, 47~49, 50, 61, 64, 65, 114, 165

기념행사 31, 53, 55, 72, 80, 87, 88, 91~94, 97~99, 106, 116, 120, 129, 131, 132, 141, 142, 145, 165, 168, 197, 238, 257, 258

기념회 32, 67

기독 탄신 261

「기미 독립선언서」 82

기초글자 295

*김계곤 129

*김광수 178

*김광옥 217

*김달성 203, 206, 211

*김대중 125

*김두봉 24, 142, 145~147, 148, 162, 163

*김문식 37

*김민수 24, 74, 160, 162, 163

*김병제 83, 142, 144, 148, 150~152, 274

*김부겸 139

*김상협 111, 234

*김성일 168

*김성태 186, 191, 192, 206, 209~211, 216

*김송 175

*김수경 145, 149, 284

*김순남 189

*김승순 196, 197

*김영명 126

*김영일 193, 205

*김영진 45, 60

*김영황 152, 153

*김윤경 38, 79, 80, 102

*김윤교 157

*김인호 153, 154, 294

*김일성 153, 278, 280, 281, 283,
    286, 288, 291, 294
*김정일 153
*김조규 142
*김종필 118
*김준연 63
*김창제 67
*김형근 211
*김현송 175
*김형모 167
*김형석 196, 202
끝날 37, 38, 73

ㄴ

나라글 112, 244
나라글자 246, 250
나라말 / 나라의 말 112, 224
나라 말과 글 250
나라힘 251
*나운영 184, 186, 193, 195~197, 201,
    202
*남덕우 252
남북 협상 회의 150, 189
*남수 149
『노래책』 / 『초등 노래책』 187, 191~
    193, 202
*노동은 189
*노명 205
*노무현 130, 135, 270

*노승종 215
*노태우 120

ㄷ

단군 158, 264
단군 만세 78
담화 / 담화문 84, 89, 90, 94, 99,
    105, 110, 225, 227, 235
대구 / 대구시 88, 94, 117, 140
『대구일일신문』 179
대전 / 대전시 94, 117, 140
대중적 친근성 281
대첩절 107
대통령령 91, 100, 101, 116, 122,
    123, 131, 132, 134~136, 256,
    258, 259, 260
대한교육연합회 104, 105, 108, 109,
    239
대한예술교육회 191, 193
대한제국 15, 16, 22, 24, 25, 36,
    160~163
덕수궁 81, 82, 99, 181, 248, 258
*도진호 169
독립 기념일 101
독립 만세 78, 79
독립 투쟁 79, 247
독창력 229
독창성 123, 129, 131, 265
『동각 잡기』 17, 18, 224

『동광신문』 93, 94

『동방신문』 92

『동아일보』 26, 29~32, 37, 40~45,
　　48~50, 55, 57, 58, 61, 62, 65~
　　67, 70, 81, 82, 88, 92, 99, 100,
　　102, 166~168, 170, 182, 183,
　　186, 195, 207

동인지『한글』 33, 52, 53, 62

뜻글자 290

ㄹ

라틴 문자 288

『로동신문』 148~154, 157, 278, 293

로씨야 문자 288

*류렬(유열) 143, 151, 155, 157, 289

*류상은 56

*류응호 149

*리각종(이각종) 39, 44, 45, 48

*리개(이개) 294

*리경철 155

*리극로 78, 83, 142, 145, 147~151,
　　153, 279 ☞이극로

리두(이두) 289, 294

*리병도 ☞이병도

*리선로 ☞이선로

*리승만 ☞이승만

*리의도 30, 31, 59, 71, 72, 96, 124,
　　145, 166, 173, 175, 178, 180,
　　181, 185, 187, 189, 191, 196,

　　256, 271

*리호경 154

ㅁ

마산외솔회 114

만세삼창 93, 94, 98, 117, 198

말과 글 22, 84, 110, 113, 118, 134,
　　135, 139, 140, 142, 152, 161,
　　163, 164, 226, 247~251, 254,
　　261, 262, 267, 268, 270, 271,
　　296

『말모이』 24, 162

말소리 18, 68, 222, 224, 284, 285,
　　295, 296

맑스-레닌주의 278, 282, 286, 291,
　　292

『매일신보』 41~43, 63, 64, 67

명월관 38, 63, 64, 67

모국어 274, 278, 281, 285, 291

모어 79

모음글자 284

모음자 17, 220, 224

목포 / 목포시 88, 93, 94, 167

문교부 84, 91, 97, 98, 106, 107,
　　109~111, 182, 187, 189, 190,
　　196, 199, 200, 202, 206, 209,
　　212~214

문교부장 84, 87, 88, 99, 226

문맹 / 문맹자 88, 89, 99, 111, 233,

291

문맹률 268

문맹 타파 43, 59, 63

「문맹타파가」 172

문맹 퇴치 40, 56, 110, 272, 286, 287

문법 구조 276, 280, 284

˙문영호 155

문예총 153

문자 개혁 146

문자보급가 169

문자적 사명 276

문자적 성능 276

문자적 특성 188

문자 체계 269

『문학신문』 151, 152, 154, 157

『문헌비고』 17, 18, 224

문화공보부 116, 258

문화관광부 125, 127, 130, 132

문화관광위원회 127, 129

문화국경일 270

문화단체 77, 92, 103, 106, 107, 180, 238

문화 민족 106, 119, 129, 135, 238, 270, 253

문화부 84, 258, 263

「문화예술 진흥법」 131

문화유산 130, 141, 147, 246, 271, 274, 275, 278, 279, 283, 287

문화체육관광부 134, 212

문화 혁명 286

미제美帝 292

미 제국주의자 282, 287

˙민경찬 178

민본 의식 250

민본 정신 253

민본주의 233, 269

민족 공동체 254

민족 문자 / 민족 글자 152~154, 157, 289~292, 294

민족 문화 100, 112, 142, 233, 234, 236, 244, 251, 253, 254, 269, 275, 277, 281, 282, 285~287, 290, 291

민족성 227

민족어 58, 113, 154, 155, 291, 292

민족 어문 292

민족 의식 287

민족 정신 233, 236, 243, 244

민족 통일 / 통일 113, 262, 264, 267, 292

민주 의식 250

민주 정신 254

『민주조선』 146~155, 157, 158, 283, 288, 296

민주주의 111, 141, 241, 244, 268, 286

『민주중보』 92

『민중일보』 173
*민태원 44, 45, 47, 48, 60~63

ㅂ

*박금순 146
*박승두 50
*박승빈 38, 45
*박승희 152
*박영진 168
*박용구 178
*박윤원 55
*박은용 178
*박재훈 205, 212
*박정자 216
*박정희 105, 110, 237
*박종인 216
*박태준 205
*박태현 178, 191, 194, 197, 199~201, 204, 211
*박팽년 294
*박희도 45
반포 17~21, 29, 33~39, 41, 43, 44, 47, 51, 53~56, 60, 67, 74~79, 81, 85, 87, 93, 98~100, 106, 112, 165, 169, 181, 184~186, 197, 198, 220, 221, 225, 229, 231, 233, 235, 238, 240~250, 256~258, 269
반포 기념식 38, 79, 248

반포 기념일 38, 58, 60, 62, 66, 74, 78, 141, 169, 248
반포 기념회 144, 169
반포 제8 회갑 34, 35, 37, 39, 41, 44, 55, 231, 256
반포일 16, 36, 39, 41, 56, 75, 166
발문 / 해례본 발문 18, 72, 73, 157, 222, 223, 286
발음 현상 277
발음기관 285, 295
발포 38, 141, 142
발표일 46
*방종현 39
배달겨레 / 배달민족 229, 230, 238, 240
배달말글몬음 30
배달문화 230
*백남운 145, 147, 149, 151, 153
*백명세 55
『백민』 175, 181
법률 16, 101, 112, 124, 125, 131~ 137, 258, 259
법정 공휴일 90, 91, 120, 256, 262
법정 국경일 15, 125, 133, 134, 263, 266
법정 기념일 / 기념일 15, 116, 122, 124, 235, 259, 261, 265~267
병인 / 병인년 17, 19~21, 33, 34, 36, 37, 53, 106, 220, 238

병인 9월 18, 37~39, 222
보고대회 145~148, 152
보고자 147, 148, 157
보성고등보통학교 51
봉건 왕조 276
봉건적 236, 244, 280, 291
봉건 통치 계급 274, 275, 285
부민관 91, 92, 97, 198
부산 / 부산시 91, 92, 94, 96, 97,
    113, 117, 140, 183, 189, 190,
    193, 196, 197
부산사범학교 98, 198
부산시성인교육회 98, 198
비라 55, 168
빅데이터 139, 140

ㅅ
*사공 환 35
사대주의 227, 253, 276, 280
사용 규범 / 사용 규정 294, 295
4·19 104, 259
사정한 조선어 표준말 71
사회과학원 76, 147, 153, 154
사회과학위원회 148
3·1운동 247
삼일절 / 3·1절 101, 106, 133, 135,
    136, 182, 238, 259, 261, 263,
    266
「삼일절 기념가」 182

「삼일절(의) 노래」 191, 195, 200,
    208, 210, 212, 214
삼일 정신 260
삼일항쟁 26
38선 96, 190
『새 음악』 / 『국민학교 새 음악』 193,
    202, 205
새 자모 150
서문 / 훈민정음 서문 67, 78, 83, 87,
    93, 117, 166, 229, 246, 275~
    277, 279, 289
*서수준 178, 211, 212
서울대학(교) 108, 199, 201
서울시민회관 109
서울특별시 114, 115, 258
석가 탄신 260, 261, 266, 267
*석문주 215
선전기 57, 79, 165, 166
선전문 55, 58
성명서 121, 125, 126, 262
*성삼문 17, 19~21, 37, 170, 220,
    224, 275, 279, 294
성인교육협회 87, 88, 98, 198
세계 기록문화유산 / 세계 기록유산
    72, 268, 272
세계화 119, 130, 270
*세종 16, 27, 34, 38, 68, 169, 188,
    244, 274~276, 279, 284, 294
*세종대왕 17, 19, 29, 32, 39, 43,

50, 81, 87, 89, 93, 97, 99, 185, 192, 220, 221, 225, 229, 230, 232, 233, 235, 236, 238~241, 246, 248~250, 253, 254, 268, 269

세종대왕기념관 108, 109

세종대왕기념사업회 103, 105, 106, 108~111, 113, 117, 120, 121, 127, 197, 203, 234, 238, 239, 242, 248, 249 253, 258, 268

세종대왕상 272

세종문화 큰잔치 105, 114

세종문화회관 109, 117, 121, 125, 126, 135

『세종실록』 17, 18, 28, 38, 73, 222

세종 25년 17, 21, 26, 27, 33, 34, 38, 39, 74, 143, 225

세종 28년 17, 19, 21, 30, 34, 37~39, 42, 68, 69, 74, 75, 141, 143, 144, 224, 225, 256, 257

세종특별자치시 140

소리값 272, 273

소리글 / 소리글자 225, 241, 246, 290

*손기정 82

*송병기 79

*송진우 44, 45, 48, 60, 61

수원 82, 117

순천 55, 168

시가행진 55, 77, 79, 84, 86, 97, 166, 180, 181, 198

『시대일보』 34

식가 174, 181, 209

식도원 41~44, 47, 61

식사式辭 78, 93, 109, 113, 240, 242, 243, 246

*신계휴 214

*신구현 142

*신귀복 216

*신기남 126, 128, 129

*신명균 32, 33, 50, 51, 53, 63, 67

『신민』 35, 59, 60, 64

신민사 30, 35, 39~43, 47, 61, 165, 256

*신석호 85

*신숙주 17, 19, 21, 170, 220, 223, 224, 275, 279, 294

「신숙주 행장」 17, 18, 223

『신조선보』 78

신지 글자 158, 294

실용성 105, 253, 254, 268

실행위원회 47, 48, 61, 65

*심의린 50

*심훈 62

쏘베트 언어학 282

ㅇ

*안기영 189

°안자산 35
°안재홍 60
°안창호 71
°안형일 216
°안호상 124
알 권리 246, 247
알파벳 284
「애국가」 25, 78, 87, 173, 175, 181,
    182, 191, 208, 210, 218
양력 26, 27, 33, 34, 37, 39, 40,
    43, 47, 48, 62, 66, 68, 69, 74,
    141, 143, 171, 225, 257, 258,
    264
°양하석 155
°양형섭 153
어윤적 / 어윤덕 17~19, 21, 37, 44,
    45, 47, 48, 63, 220
어음 조직 276, 280, 289
어음 체계 284
언문 17, 21, 27, 42, 44, 45, 50,
    64, 89, 220
언문 28자 18, 222, 224
언어 구조 284, 286
언어 이질화 118
언어문학연구소 144, 147, 149, 150,
    152, 157, 292
언어학 147, 149, 150, 282, 290,
    292, 294
언어학연구소 76, 147, 154

언해본 / 훈민정음 언해본 35, 277
『여성문화』 175, 176
여주 / 여주군 81, 82, 85, 87, 88,
    98, 105, 114, 125, 129, 183, 199
역전 봉심회 81
연구 보고서 / 보고서 16, 17, 19, 21,
    34, 36
영광 / 영광군 55~58, 99, 165~168
『영남일보』 87, 92
영릉 81, 82, 85, 88, 98, 105, 114,
    129, 183, 199
예수 탄신 266, 267
예술대학 83, 185, 186
예의 / 훈민정음 예의 68, 72, 222
°오동일 215, 216
500돌 / 500주년 81, 85~87, 99, 100,
    141, 142, 181, 184, 225, 248,
    258
510주년 146~148, 229, 248, 274,
    278, 279, 283
520~570돌 152~154
5·16 105
『온갖것』 23, 160, 163
왜정 71, 89, 142, 230, 231, 233,
    259
외래 강점자 292
외래 문화 250, 254
외래 제국주의 281
외솔회 121, 127

용례 18, 223

*우동희 216

우리글 / 우리 글 22, 27, 40, 41, 43,
    47, 48, 61, 84, 89, 134, 143,
    149, 151, 161, 164, 170, 171,
    185, 226, 239, 268, 270

우리 글과 말 51, 113

「우리글 노래」 70

우리 글자 151, 152, 154, 156, 295,
    296 ☞우리 문자

「우리글 창제 기념가」 22, 24, 25,
    160~162

우리말 / 우리 말 22, 84, 112, 113,
    118, 134, 140, 161, 173, 178,
    185, 225, 226, 239, 243, 244,
    250, 255, 259, 266, 268~270,
    290

우리 말글 53, 125, 167, 255, 262

우리(의) 말과 글 84, 110, 113, 118,
    135, 139, 142, 226, 247, 249,
    254, 261, 262, 267, 268, 270

「우리말 생각하는 노래」 163

우리 문자 59~61, 149, 151, 157,
    271, 284, 285, 288

우수성 72, 154, 161, 238, 253, 268,
    271, 272, 276, 278, 284, 285,
    287, 289, 296

운용법 277

원본 / 훈민정음 원본 18, 72, 257,
    277, 295

원사 / 후보원사 147, 150

유네스코 72, 268, 272

유능성 230

*유억겸 78, 79, 83, 84, 87, 99, 226

유엔 세계지식재산권기구 272

*유제한 96

6·25 122, 191, 248, 259, 266

*윤보선 104, 105, 110

*윤이상 193, 205

*윤치호 44~46, 48, 61, 65

율리우스력 68, 69, 257

음력 21, 26~33, 37~44, 47, 51, 62,
    66~69, 73~75, 136, 137, 143,
    157, 165, 171, 256~258, 260,
    264, 279, 284

『음악』[국민학교 교과서] 193

『음악 공부』/『전시 음악 공부』[국민
    학교 교과서] 191, 193~195, 202

음악 교과서 177, 192, 213, 217

『음악 2』 199, 200, 202~204

『음악 3』 199, 203, 204

『음악 3~4』 215

『음악 4』 203

『음악 5』 203, 204

『음악 6』 203, 204, 206, 208, 209,
    213~215

음악회 55, 87

음운 관계 275

음운 조직　145, 150
음운 체계　157, 290
음절문자　284, 288, 290
응용언어학　292
의식용 노래　179, 199, 199, 208, 209
의식의 노래　210, 211
의주시　55
「2007 교육과정」　214, 216, 217
「2009 교육과정」　215, 216, 217
「2015 교육과정」　215, 217
「2022 교육과정」　218
*이강렴　199
*이관구　63, 113, 249, 253
*이광수　60, 61
*이광종　49
*이규영　22~24, 160, 162, 163
*이규택　129
*이극로　59, 72, 79~82, 173~178, 182~184, 189~191, 199, 201
　　☞ 리극로
*이근수　75
*이긍종　45
*이기문　17, 19
*이낙연　139
*이능화　17~19, 21, 35, 220
*이대로　120
*이명칠　69
*이병기　31~33, 35, 36, 50, 51, 53, 60, 67, 68, 71, 81, 86, 98, 184~186
*이병도　35, 60, 83
*이상준　172
*이상춘　205
*이상협　45
*이서구　60
*이선로 / 리선로(리현로)　18, 223, 294
*이성환　63
*이세정　50
*이숭녕　68, 75, 79, 85
*이승만 / 리승만　89, 104, 106, 228, 238, 282, 287
*이승학　191, 194, 211
*이시영　180
28자　17~20, 27, 84, 143, 220~224, 229, 246, 275, 279
*이언도　216
*이완응　50
*이원갑　79
*이원규　50
*이원철　69
*이윤재　35, 36, 38, 45, 48, 60, 65, 77, 144
*이은상　70
*이응창　179, 180
*이응호　171, 183, 195, 196
*이종린　45, 63
*이중화　82

*이해남 178
*이해찬 119
*이홍구 118
*이홍수 216
*이희승 39, 80, 87, 173
 인민성 149, 284, 285, 288, 289, 291, 293
 인민적 문풍 291~293
 인쇄 기술 294, 296
 인정 교과서 182, 191
 인천 117, 140
 1910년 24, 25, 162
 1945년 72, 77, 80, 108, 115, 141, 155, 173~175, 178~181, 186, 196, 258
 일본 25, 52, 58, 84, 178, 186, 226, 247, 248, 259
 일본말 / 일어 173, 227
 일본 제국주의자 281, 286, 287
 1443년 21, 27, 143, 274, 279, 284
 1444년 33, 74, 143, 276, 279, 284, 294, 295
 1446년 21, 36, 37, 69, 73, 144, 157, 240, 275, 276, 279, 295
 1월 15일 74, 113, 142~146
 일제日帝 26, 51, 58, 72, 87, 178, 254, 256, 257, 264, 266, 268, 281, 286, 290~292
*임경재 31, 32

*임광규 94
 임시 공휴일 81, 99, 258
 임시 수도 96, 97, 189, 190, 196, 197

ㅈ
 자동기계화 253
 자모(子母) 220
 자모字母 148~150, 224, 284, 290
 자모문자 / 자모글자 284, 288, 290, 295
 자모음(子母音) 89, 246
 자모-음절문자 288
 자모자子母字 26
 자유 민주주의 254
 『자유신문』 84, 95, 97, 100, 174, 189, 190, 226, 228
 자음자 17, 220, 224
 자주성 123, 250, 265, 281, 287
 자주 의식 250
 자주 정신 113, 233, 253, 254, 264, 269
*장기범 214, 216
*장지영 31, 32, 50, 67, 78, 79, 83
 전국문화단체총연합회 104, 182
 전라남도 55, 58, 92, 94, 165, 166, 168
 전라북도 55, 113, 149
*전몽수 145

전시회 / 전람회 69, 89, 92, 120
전자篆字 18, 222
*전택부 127
*전형필 72, 81
*정광 76
*정동윤 56
*정렬모 35, 36, 48, 51, 53, 60, 61,
    79, 80
정보화 118, 130, 270
*정세문 216
*정용호 154, 158
*정원식 118
정음 18, 31, 32, 34, 35, 45~47, 48,
    61, 65, 223, 274
정음 기념일 61
정음날 44, 61
정음 문자 291
정음반포기념회 61
정음 창조 / 정음 창작 27, 29, 30,
    32, 33
정음회 61, 62, 64
*정인승 72, 78, 83, 175
*정인지 / 정린지 17~19, 21, 37, 73,
    74, 157, 170, 220, 222~224, 275,
    277, 279, 285, 294
*정진우 205, 212
정통 73, 141, 157, 257, 258
제국주의 281, 282, 286, 287
「제1차 교육과정」 188, 193, 204, 206,
    208, 209, 212
「제2차 교육과정」 204, 206, 208, 211
「제3차 교육과정」 206, 208, 211, 212
「제4차 교육과정」 205, 206, 214, 215
「제7차 교육과정」 214, 215
제국주의 281, 282, 286, 287
제정 발표 40, 42
제주 / 제주도 88, 140
『제주신보』 87
제헌절 101, 102, 106, 133, 195, 200,
    208, 238, 259, 261, 264, 266
「제헌절 노래」 191, 195, 208, 210,
    212
조국광복회 291
조국전선 148, 152, 153
*조규수 34, 63
*조대현 217
*조룡 56
*조상현 203, 206, 211
조선광문회 23, 24, 162
조선글 55, 155, 277, 285
조선글날 155, 156
조선로동당 147, 148, 151, 281, 286
『조선말 대사전 (증보판)』 76, 156,
    157
『조선말 사전』 292
『조선말 큰사전』 / 『큰사전』 86, 100,
    139, 247, 248
조선 문자 / 조선 글자 277, 278, 281~

283, 286, 287, 291
『조선신문』 141, 143
조선어 / 조선말 25, 29, 35, 40, 42,
　44, 49~51, 60, 69~71, 113, 150,
　165, 274~278, 280~287, 289~
　293 ☞한국어
조선어강습원 23, 24, 53, 160
조선어 강습회 50, 51
조선어 교과서 49, 50
『조선어 문법』 282, 292
조선어 및 조선문학 연구소 147~149
조선어 철자법 287
조선어문연구회 142~146
조선어사전 156, 173
『조선어 신철자법』 145, 150, 282
『조선어 연구』 145
조선어연구회 29~33, 36, 38, 40~
　43, 47~52, 55, 60~62, 64, 65,
　67, 69, 74, 76, 116, 143, 165,
　171, 247, 256 ☞조선어학회
조선어자전 23, 24, 162
「조선어철자법 통일안」 69, 145
조선어학연구회 38
조선어학회 30, 31, 33, 38, 39, 55,
　69~73, 76~79, 81, 82, 85, 86,
　90, 100, 106, 141, 144, 149,
　171~175, 180~183, 185, 238,
　247, 248, 257, 258 ☞한글학회
조선어학회 수난 72

조선언문회 30, 53, 160 ☞한글모
『조선일보』 26, 27, 29, 30, 34, 40~
　42, 46~48, 50, 53, 54, 57, 58,
　61~ 63, 65~67, 70, 72, 81, 82,
　90, 98~100, 166, 169, 171, 182,
　186, 201, 225
『조선주보』 175
조선총독부 50, 58
*조성환 193
*조운 56, 167
조음기관 290
조음 특성 290
*조종현 66
*조창제 216
조합 가능성 273
*조헌영 79
*조효임 214
*주시경 17, 19, 21, 23, 30~32, 48,
　53, 64, 160, 163, 220, 239, 247,
　281 ☞한힘샘
*주요한 67
주체성 237, 239, 243, 246, 289
주체 의식 235, 236
주체적 정신 244
주최권 115, 120, 258
중국말 224, 277
『중등 국어교본』 182
『중등 노래교본』 185, 186
『중등음악』 206, 210, 211

중등음악교과서 편찬위원회 175,
　　177, 178
『중등 음악교본』/『임시 중등 음악
　　교본』 177, 178, 189
중등학교 (음악) 교과서 175, 214~
　　216
중앙(의) 기념식 55, 91, 97, 108,
　　114, 117, 120, 181, 199
중앙기독교청년회관 42, 43, 48, 77
『중앙신문』 178
중앙여자고등학교 197, 201
중앙여자상과학교 80, 180
중앙정부 55, 84, 96, 116, 126, 132,
　　138, 151, 182, 189, 190, 196,
　　199, 217, 258
중추 회원 36, 52, 72
중학교 (음악) 교과서 188, 193, 199,
　　203~206, 208, 209, 211, 212,
　　216, 217
『중학 음악』/『중학교 음악』 205,
　　211, 216, 217
지구촌 시대 120
지방의 기념행사 55, 88, 92, 93, 98,
　　113, 165, 168
*지석영 19, 44, 45, 48
진단학회 39, 77, 81
진명여고 108, 201
집현전 233, 276, 280

ㅊ
*차무로 171
*차일로 171
*차정순 178
창작 반포 29, 30
창정 227
창제 17, 18, 20~24, 27~30, 32, 39,
　　74, 76, 118, 142~152, 154~158,
　　160~162, 164, 171, 179, 220,
　　221, 223, 229, 233, 236, 240,
　　242, 243, 244, 246, 247, 248~
　　250, 254, 269, 274~280, 283,
　　284, 287, 289, 290, 294~296
창제 기념식 22~25, 161, 164
창제 기념일 33, 74, 76, 113, 143,
　　144, 146~148, 150, 156, 278,
　　287
창제·반포 129, 159, 165, 221~223,
　　231, 243
창제 원리 294
창제일 16, 143, 150
창조 20, 27~33, 41, 74
창조 기념회 26, 31~33, 143
창조 반포 기념식 29, 30
창조성 269
창조 정신 269
창조 8회갑 32
*채동선 174~176, 178, 182, 183
천도교 강당/천도교당 77, 78, 100,

180

천안 / 천안읍　55, 56

청원 / 청원서　121, 124, 125, 129,
　　263

체계 정립성　280

『초등 국어교본』　182

『초등 국어 5-1』　178, 182

『초등 노래책』　187

『초등 음악책』　183, 189

총무처　106

최고인민회의　146, 147, 149

*최두선　87

*최만리　244, 276, 280, 290

*최세문　58

*최정후　152

*최항　17, 19~21, 170, 220, 223, 224,
　　294

*최현배　39, 48, 50, 51, 53, 63, 67,
　　68, 72, 79, 85, 102~104, 112,
　　115, 189, 192, 193, 196, 201,
　　208, 229, 242

*최희남　178

추도회　77, 79

축하기　77, 79, 80

축사 / 축하말씀　67, 70, 71, 78, 83,
　　86, 88, 91, 109, 110, 139, 140

축하식　32, 64, 165

축하연　32, 43, 47, 57, 64, 65

축하회　32, 37, 41, 47~50, 52~54,

61, 62, 64~68

춘천부　88

충청남도　55, 94, 113

「칙령 제86호」　16

ㅋ

카나리아회　167

코로나19　138

ㅌ

타이프라이터　228

타자기　288

탄생 기념일　107

탄생일　137

탄신　116, 261, 262, 267, 268

*태영호　155

『태조실록』　19

태평양 전쟁　72, 248

토론회　113, 121, 128, 150, 154,
　　155, 262

토박이말　95, 163, 294

「특수학교 교육과정」　215

ㅍ

8·15　89, 106, 173, 178~180, 196,
　　201, 238, 291

8회갑 / 제8 회갑　32, 34, 35, 37, 39,
　　41, 42, 44, 171, 256

8회 주갑 / 제8 주갑　26, 28, 231

편수과 / 편수국 196
편수관 / 편수사 196
*편진옥 56
평안남도 55, 142
평안북도 55
평화 통일 254, 255
포항 55, 58
표음문자 281
표의문자 284

ㅎ

하기 국어강습소 24, 48, 163, 164
학무국 88
학부 16, 17
학술 강연회 120, 149
학술 발표회 / 학술대회 79, 120
학술 토론회 150
*한갑수 178
한겨레 16, 22, 25, 26, 28, 36, 44,
    52, 66, 70, 124, 142, 159
한국어 119, 139, 186, 271~273
한국전쟁 96, 98, 146, 189~191
*한규동 178
한글 23, 28, 33, 35, 42, 44, 48,
    50, 51, 53, 55, 58, 62~68, 71,
    73~76, 78, 79, 82, 83, 86~90,
    92, 93, 98~100, 103, 105, 106,
    110~113, 118, 119, 126, 128~
    132, 134, 139, 155, 156, 167,

169, 179, 182, 185, 188, 192,
197, 198, 202, 203, 205, 207,
225, 228, 229, 230, 233~242,
244, 246~251, 253~255, 257,
259, 265~273, 289
『한글』 33, 53, 74, 78, 144, 171,
    174, 180, 181, 183, 237, 258
한글 강습회 173
한글 간소화 / 한글맞춤법 간소화 94,
    96, 151, 287
한글 글씨 55, 65
한글기념가 159, 166, 168, 169, 174,
    183, 184, 187
「한글기념가」 169
한글 기념일 64, 78, 207
한글날 15, 36, 39, 51, 58, 63~70,
    72~74, 77~81, 84, 85~87, 89~
    96, 98~107, 109, 111~116, 118~
    142, 145, 146, 156~158, 166,
    168, 170, 174, 180~186, 190,
    191, 199, 201, 208, 214, 225,
    229, 231~234, 238, 239, 242,
    251, 255~263, 265~268, 270
「한글날」 187, 188, 207
한글날 기념식 174, 242, 258
「한글날 노래」 159, 166, 168, 210,
    212~218
한글노래 159, 198, 199, 201
「한글노래」〔1927. 순천〕 168

「한글노래」〔이극로, 채동선〕 79, 80, 81, 83, 84, 94, 98, 173~177, 180~ 183, 189~191, 198, 199, 201
「한글노래」〔이응창〕 179
「한글 노래」〔최현배, 박태현〕 208~212, 214, 216, 217
한글동인 53, 63
한글 만세 56, 65, 67, 68, 168
한글만 쓰기 111~113, 241
「한글맞춤법 통일안」 69, 71, 95, 145
한글모 30 ☞조선어연구회
한글문화 246, 249
『한글문화』 175
한글문화보급회 77, 79, 175, 180
한글문화연대 126, 128
한글사 62
「한글 반포 오백년 기념가」 82, 85, 184~186
한글(발전)유공자 132, 253
한글보급가 159
『한글 새소식』 246, 250, 253, 256
한글연구회 65
한글 운동 68, 231, 236
「한글의 노래」〔최현배, 나운영〕 192, 194, 198, 202, 211, 212, 214
「한글의 노래」〔최현배, 박태현〕 200, 201, 204
한글 전용 92, 94, 111, 239, 248

한글전용촉진회 92
한글 정서법 / 한글 표기법 63, 65
한글찬양가 159
한글 풀어쓰기 63
한글학회 30, 32, 53, 55, 91, 96, 103~106, 108, 111, 114, 120, 122, 124, 126~129, 175, 189, 190, 197, 198, 201, 231, 238, 239, 242, 245, 247, 248, 253, 258, 268
한글학회 이사장 109, 110, 112, 117, 242, 245
한글회 56, 57, 65, 165~167
한나라글 / 한겨레글 64
*한덕수 140
한말 66
*한무영 79
한문본 훈민정음 72, 257
*한송주 166, 167
*한용운 52
한자 섞어 쓰기 / 한자 혼용 111
*한징 77
*한태선 168
*한힌샘 23, 24, 30, 53, 64, 160, 162~164 ☞주시경
함경남도 55, 58
함경북도 150
합리주의 정신 254
합창곡 178, 197

항일 (무장) 투쟁 247, 291

해례 / 훈민정음 해례 72, 73, 158, 295

해례본 /『훈민정음』 해례본 18, 38, 39, 72~74, 81, 82, 141, 156~158, 268, 272, 277, 289

해방 78, 79, 84, 102, 178, 226, 230, 231, 240, 281, 286, 287, 291

해설서 21, 36, 72, 75, 144

행정자치부 126, 134

˚허웅 52, 112, 245, 253

헌법 101, 258, 264

˚현헌 45

형태주의 표기 65, 145

『호남신문』 93

˚홍기문 142, 149, 150, 153

˚홍명희 145, 147, 151

˚홍병선 45, 48

˚홍순필 63

˚홍승구 45

˚홍이섭 75

˚홍종건 216, 217

화어華語 224

˚황부영 150

황해도 55

후기 / 훈민정음 후기 18, 73, 157, 223

훈민정음 15~23, 26~33, 35~44, 49, 51, 53, 56, 60, 62, 66, 68, 72~76, 81, 83, 98, 106, 141~155, 157, 158, 165, 166, 169, 171, 197, 221, 222, 224, 233, 238, 243, 244, 246, 256~258, 272, 274~281, 283~285, 287, 289, 290, 294~296

『훈민정음』 18, 21, 36, 38, 43, 72, 75, 76, 83, 144, 156, 157, 220, 223, 224, 229, 257, 268, 272, 275, 277, 280, 295

훈민정음 기념일 142, 144

훈민정음 반포일 39, 56, 166

훈민정음 창제일 16, 143, 150

훈민정음 창조일 28

휘문고등보통학교 29~32

지은이 **리의도**

춘천교육대학교 명예교수

1981년부터 10년 남짓 한글학회 연구원으로서 우리 말글을 가다듬고 펼치는 일을
했으며, 1994~2016년 동안은 춘천교육대학교 교수로서 학생들과 함께하였다.

초등학교 교과서 집필·연구 위원 및 심의 위원, 문화체육관광부 국어심의회 위원,
중앙선거관리위원회 자문위원, 춘천문화방송 시청자위원, 강원도 우리말위원회
위원 등으로 봉사하였다.

지은 책으로는 『우리말 이음씨끝의 통시적 연구』, 『오늘의 국어 무엇이 문제인가』,
『말을 잘하고 글을 잘 쓰려면 꼭 알아야 할 것들』, 『이야기 한글맞춤법』, 『올바른
우리말 사용법』, 『한글학회 110년의 역사』, 『우리 말글에 쏟은 정성과 노력』 등이
있다.

간행한 논문으로는 「띄어쓰기 방법의 변해 온 발자취」, 「비례법 이음씨끝의 역사」,
「우리 말글살이의 현실 문제에 대한 종합적 연구」, 「한국어 말소리와 한글 기호의
상관성」, 「한국어 한글 표기법의 변천」, 「한국 언론매체의 말글과 어문 규범」, 「한
글의 문자적 다중성」, 「헌법 조문의 말글 가다듬기 방안」 등이 있다.

한글날과 한글기념가의 역사

2024년 4월 15일 초판 1쇄 펴냄

지은이 리의도
펴낸이 김흥국
펴낸곳 보고사

책임편집 이소희
표지디자인 김규범

등록 1990년 12월 13일 제6-0429호
주소 경기도 파주시 회동길 337-15 보고사
전화 031-955-9797
팩스 02-922-6990
메일 bogosabooks@naver.com
http://www.bogosabooks.co.kr

ISBN 979-11-6587-693-7 93710
ⓒ 리의도, 2024

정가 26,000원